古代歷史文化 研究輯刊

二三編

王明蓀 主編

第 18 冊

歷史的佛教
——從吠陀《奧義書》到大乘佛經（下）

王傳龍 著

國家圖書館出版品預行編目資料

歷史的佛教——從吠陀《奧義書》到大乘佛經（下）／王傳龍
著 — 初版 — 新北市：花木蘭文化事業有限公司，2020〔民
109〕
目 2+170 面；19×26 公分
（古代歷史文化研究輯刊 二三編；第 18 冊）
ISBN 978-986-518-043-0（精裝）
1. 印度哲學 2.大乘佛教 3.歷史
618   109000491

ISBN-978-986-518-043-0

9 789865 180430

古代歷史文化研究輯刊
二三編 第十八冊   ISBN：978-986-518-043-0

歷史的佛教
——從吠陀《奧義書》到大乘佛經（下）

作　　者　王傳龍
主　　編　王明蓀
總 編 輯　杜潔祥
副總編輯　楊嘉樂
編　　輯　許郁翎、張雅淋　美術編輯　陳逸婷
出　　版　花木蘭文化事業有限公司
發 行 人　高小娟
聯絡地址　235 新北市中和區中安街七二號十三樓
　　　　　電話：02-2923-1455／傳真：02-2923-1452
網　　址　http://www.huamulan.tw 信箱 hml 810518@gmail.com
印　　刷　普羅文化出版廣告事業
初　　版　2020 年 3 月
全書字數　316138 字
定　　價　二三編 21 冊（精裝）台幣 55,000 元

歷史的佛教

——從吠陀《奧義書》到大乘佛經（下）

王傳龍　著

目

次

第四章　佛教在中國的流傳與演變

第一節　佛教傳入中國的早期狀態

　　與部派分裂的進程大致同時，佛教也在不斷向外擴散傳播。客觀上，佛教每傳播到一個陌生的地區與國家，都難免要與當地的信仰、風俗相結合，這一方面帶給了佛教新的活力因素，另一方面也促使佛教進一步變異，分裂或催生出更新的部派。這種迅猛的傳播勁頭，直到進入中國境內才出現了大幅度的放緩，甚至一度出現了長期的寧靜。中國寬闊的疆域與自身強大的文化基礎，讓佛教在佔領主流意識形態方面遭遇到了極大的阻力，直到耗費了近千年的光陰，佛教才將它的觸角滲透到了中國社會的方方面面，完成了整個的傳播過程。但從另外一個角度看，與其說佛教最終征服了古代中國，倒不如說佛教被古代中國所吸收，變成了中華文明的重要組成部分。即使在古印度本土的佛教爲外來入侵的伊斯蘭教摧毀之後，佛教仍然在中國傳承不息，這背後所體現出的，正是中國人對佛教的一種眞切的認同感：佛教不再被視爲一種外來宗教，而是已演變成爲中國人的本土信仰。

　　大體而言，佛教早期傳入中國共有三條路線：北傳、南傳、藏傳。北傳線路主要傳播大乘佛教，其典籍多爲梵文書寫，該線路自古印度的犍陀羅，經由中亞細亞，翻越帕米爾高原，進入西域，自玉門關沿河西走廊，最終抵達長安。古代的傳教僧侶由於現實的需要，大多追隨商旅同行，因而北傳線路實際上與著名的「絲綢之路」重合，而且每兩個地點間往往都不只有一條路線。南傳線路主要傳播小乘佛教，其典籍多爲巴利文書寫，該線路自南印度經海路至斯里蘭卡、緬甸、泰國、柬埔寨等國，並沿大陸沿海航線，在中

國東南海濱城市（如廣州）等地登陸。僧侶南下時多需乘坐商船，因而南傳線路基本上與著名的「海上絲綢之路」重合。隋唐後，小乘佛教也開始自緬甸、泰國經陸路傳入中國雲南西雙版納等地區，可視為南傳線路的一條主要分支。藏傳線路主要傳播密宗佛教，其典籍多為梵文書寫，該線路主要從東印度翻越喜馬拉雅山脈進入中國西藏，並經西藏傳入蒙古。從時間順序而言，密宗是大乘佛教中起源最晚的宗派，而藏傳線路在三條路線中也相對較晚。北傳、南傳線路雖然各有側重，但北傳線路同樣可以傳播小乘，南傳線路也會迎來大乘高僧，二者並不相互排斥。實際上，最早可考證的、經由北傳線路輸入中國的佛經為《四十二章經》，這是一部輯錄《阿含經》要義的經抄，一般被認為是小乘佛經，而中國大乘禪宗公認的達摩祖師，則是由南傳線路乘船而來，最後在廣州登陸上岸。但就其功用而言，北傳線路的重要性則要遠遠超過南傳線路。蓋若乘南線商船而來，平日所見者唯有海水，所攜帶者不過佛經之類，通常又只能孤身上岸，途中影響較小；若走北線陸路，既可孤身上路又可與大規模僧團、商隊同行，即可攜帶小件佛經亦可攜帶大件佛像、法器，每至一國一地還可留駐說法、吸引信眾，其影響勢必日益擴大。佛教僧侶每一次沿北傳線路行進，等於是在逐漸加深沿途地區的佛法接受程度，一座座寺廟、一尊尊塑像、一本本佛經，就這樣被一椿椿地滋生出來。共同的信仰又加強了民眾的凝聚力，沿途各國發展成為佛法傳播的中繼站，又會將佛教的影響一步步地推向更遠的地方。

在北傳線路中，最為關鍵的一站是犍陀羅。犍陀羅是古印度十六國之一，大約是今巴基斯坦白沙瓦谷地、阿富汗東部一帶。犍陀羅在公元前 6 世紀被古波斯的阿契美尼德王朝（Achaemenid Empire）占為行省，這也是拜火教（即瑣羅亞斯德教，中國古代稱之為祆教）在波斯創立並盛行的時期。拜火教崇拜善神阿胡拉・馬茲達，而火即由善神創造，象徵著無限的光明，可以分別善惡，因而拜火教的寺院中總是燃燒著聖火，信眾通過祭祀、摩拜聖火來表達對善神或尊師的敬意。拜火的儀軌既可以在公共的祆祠中舉行，也可以在信徒自己的家庭中私下舉行。拜火教雖然最後趨向消亡，但在公元 3 世紀前後卻經由絲綢之路逐漸傳入中國，流風所及，甚至在北魏、北周、北齊的宮廷中都曾奉祀「胡天」。原始佛教並不推崇個人崇拜，但當大乘佛教崛起之後，佛陀也逐漸被神格化，演變為信眾所崇拜的對象。當大乘佛教自犍陀羅國沿著絲綢之路傳入中國時，這種拜火的風俗與崇拜佛陀的習氣相結合，演變出

燒香禮佛的儀式，並一直持續到了今天。此外，拜火教的信眾在去世之後，要將屍體置於專門的場所（寂靜塔）中進行淨化，讓屍體在光照射下腐爛，最終爲禿鷹啄食乾淨，這一葬儀極可能就是藏傳密宗中「天葬」習俗的最初源頭，儘管後者在吸收這一風俗後又進行了全新的詮釋。

公元二世紀古印度貴霜王朝迦膩色伽一世時期的金幣，正面爲手指聖火的迦膩色伽王，背面爲佛像，旁爲大夏文「Boddo」（梵文 Buddha 的變體）。

犍陀羅地區主要使用佉盧字體以書寫西北印度的方言，亦即俗稱的「犍陀羅語」。這種文字沿著絲綢之路（尤其是佛教的東傳）而進入中國西域地區，並在很長一段時間內被廣泛使用，成爲絲綢之路上的國際交流語言。自公元 2 世紀之後，疏勒、于闐、龜茲等國均盛行犍陀羅語，法國探險家杜特雷依·德蘭斯（J. L. Dutreuil de Rhins）還在和田徵集到了犍陀羅語的《法句經》殘卷，該卷子屬於貴霜王朝時期的文物。近代以來，在新疆尼雅一帶曾出土了大量使用佉盧文書寫的世俗文書，這也說明即使犍陀羅語已在發源地消亡，我國新疆等地還在繼續沿用，並前後持續了數個世紀之久。1994 年 9 月，英國圖書館東方與印度事務部獲得一批用佉盧文書寫的犍陀羅語寫本，共 29 卷，書寫材料爲樺樹皮。據相關專家研究，其抄寫時間約在公元 1 至 2 世紀，可能是現存最早的佛教寫卷。〔註 1〕寫卷中包含大量譬喻故事，但情

〔註 1〕 研究此批經卷較早的學者有王邦維、邵瑞祺等人。相關成果可參考邵瑞祺《來自犍陀羅的佛經古卷：大英圖書館藏佉盧文殘片》（Ancient Buddhist Scrolls from Gandhara:The British Library Kharosthi Fragments）一書，華盛頓大學出版社，1999 年。

節簡單，而且對於現世故事、前生故事進行了明確區分，只有數個故事同時牽扯到了前世、今生的世界線，但並未突出強調三世因果的業報關係，與後世梵語、巴利語的譬喻故事有明顯不同。寫卷中譬喻故事的主人公，除了與佛陀同時代的人（如憍陳如、大迦葉）之外，主要是塞種人統治下的犍陀羅地區的本地人，其中還提到了公元 1 世紀早期的總督吉霍尼迦（Jihonika）。這也說明最遲至這一時期，犍陀羅地區已廣泛使用譬喻的手段來宣說佛法。在後世出現的各類譬喻佛經（如《撰集百緣經》《天業譬喻》）中，點明主人公身份聯繫的語句通常置於篇末，但這批抄本中類似的語句（如「阿若憍陳如即河邊的陶師」）則置於篇首，顯示出篇章結構未固定前的形態。考慮到相關故事定型的時間還應更早於抄寫時間，筆者認爲這批抄本文獻很可能體現出了大乘典籍起源之初的若干特徵，亦可佐證犍陀羅地區在從原始佛教向大乘佛教過渡的過程中發揮了重要的作用。

不僅如此，就連佛祖信仰的載體——佛像、佛塔的誕生，也與犍陀羅密切相關。公元前 326 年，犍陀羅被馬其頓帝國的國王亞歷山大所征服，這支遠征軍也將濃濃的希臘風格帶到了這裡。馬其頓人是與雅典、斯巴達等同源的一批希臘人，平素也以正統的希臘人自居，他們東征所到之處，都要修建與家鄉類似的石頭城堡，還要用希臘風格美化自己的建築，在其中雕塑神靈和人物肖像。這種藝術上的美感與先進的雕塑技術，也被希臘人帶到了犍陀羅，並令後者最終成爲古印度地區塑像藝術最有代表性的國家。亞歷山大撤軍之後，孔雀王朝的開國皇帝旃陀羅笈多（月護王）組織軍隊重新奪回了犍陀羅，並指定自己的孫子擔任總督，這位總督就是後來幾乎統一全印度的阿育王。阿育王即位之後改信佛教，不但敕諸國起八萬四千大寺、起塔八萬四千，〔註2〕還重用長老目犍連子帝須（Moggaliputta-tissa）驅除「外道」、淨化僧團，〔註3〕並在與佛陀相關的聖地（出生地、成道地等）立起石柱，減免當

〔註2〕 僧伽跋陀羅譯《善見律毘婆沙》卷一云：「（阿育）王所統領八萬四千國王，敕諸國起八萬四千大寺，起塔八萬四千。王敕諸國造立塔寺。各受王命歡喜而造。……諸國起寺來啓答王，一日俱到，白統臣言：『造塔、寺已成。』統臣入白王言：『八萬四千國起八萬四千寺、塔，皆悉已成。』」大正新修大藏經第 20 冊，No.1462。

〔註3〕 僧伽跋陀羅譯《善見律毘婆沙》卷二云：「（目犍連子）帝須教（阿育）王，是律是非律，是法是非法，是佛說是非佛說，七日竟。王敕以步障作隔，所見同者集一隔中，不同見者各集異隔。處處隔中出一比丘，王自問言：『大德，佛法云何？』有比丘答言常，或言斷，或言非想，或言非想非非想，或言世

地的賦稅。阿育王造寺建塔之風也沿著北傳線路輸入中國，早期佛教徒的建築形制因此而被確立。《魏書·釋老志》云：「塔亦胡言，猶宗廟也，故世稱塔廟。於後百年，有王阿育，以神力分佛舍利，於諸鬼神，造八萬四千塔，布於世界，皆同日而就。今洛陽、彭城、姑臧、臨淄皆有阿育王寺，蓋承其遺跡焉。」後世高僧因之而附會，乃謂阿育王所造八萬四千塔之處原本就包含中國在內。宋代釋志磐《佛祖統紀》卷三十三云：「佛滅度後百年，阿育王取佛舍利，夜役鬼神碎七寶末，造八萬四千塔。曾者耶舍舒指放光八萬四千道，令羽飛鬼各隨一光盡處安立一塔，於一日中一遍瞻部界，在震旦國者一十九所。」震旦為中國古稱，按此說法，八萬四千塔中國境內本有十九座。此語末尾注明出自《阿育王傳》，但遍查《大藏經》中《阿育王傳》《阿育王經》等古譯典籍，皆不載此語，觀其文氣必為後世偽造無疑。然此說由來已久，唐道世《法苑珠林》卷三十八中已記載了十九所古塔的具體分布情況，或為志磐《佛祖統紀》之直接來源。迄今為止，中國境內可考的「阿育王塔」不但包括高聳的石塔、磚塔、木塔，也有擺放在寺內供奉的小塔，以及盛放高僧舍利後埋入塔基的金銀器，數量應當遠遠超過十九座，可見阿育王推廣傳播佛教力度、影響之大。但佛教舊無塑像之事，若欲體現佛陀形象時則以菩提樹、佛塔、法座、法輪、經行石、羅傘、佛足等物替代之。在北傳《增一阿含經·聽法品》中提到，當佛陀去天宮說法時，「人間四部之眾不見如來久」，「優填王即以牛頭旃檀作如來形象，高五尺」，「波斯匿王純以紫磨金作如來像，高五尺」，以解思念之苦。按此說法，則佛陀本人在世時已有雕造佛像之事，然此事不載於南傳《阿含經》，亦與考古證據不合。出土的數枚阿育王石柱上並未雕刻佛像，而相傳建造於阿育王時代的桑奇大塔（The Great Stupa at Sanchi），其浮雕嵌板上儘管塑有佛陀的主要事蹟及本生故事，也並沒有出現佛陀的形象，一概用上述替代物來表示其存在。由此推斷，佛教早期鮮明的思辨精神可能讓其有意識地與婆羅門教的偶像、神靈崇拜區別開來，因而並不鼓勵造作佛陀的塑像。

間涅槃。王聞諸比丘言已：『此非比丘，即是外道也。』王既知已，王即以白衣服與諸外道，驅令罷道。其餘隔中六萬比丘，王復更問：『大德，佛法云何？』答言：『佛分別說也。』諸比丘如是說已，王更問大德帝須：『佛分別說不？』答言：『如是，大王。』知佛法淨已。」按此，目犍連子帝須所清除的外道中，不僅包括混入佛教的異教徒，也包括與其見解不同的其他部派，亦即一切反對「佛分別說」的信眾皆在清除之列。

阿育王所造鹿野苑石柱的柱頭

桑奇大塔北門門柱圖案，菩提樹代表佛陀

　　但優塡王所造牛頭旃檀佛像的傳說卻流傳久遠，後世又不斷有人宣布自己所持者即爲此瑞像，僅中國古代就出現數種之多。據《四分律行事鈔資持記》下三《釋僧像篇》記載：「時優塡王思念如來，命目連引三十二匠往彼天中，以旃檀木各圖一相。……後生羅什，齎至姚秦。」〔註 4〕又，《續高僧傳》卷二十四《釋慧乘傳》：「（隋大業）十二年，於東都圖寫龜茲國檀像，舉高丈六，即是後秦羅什所負來者，屢感禎瑞，故用傳持，今在洛州淨土寺。」〔註 5〕按此，則鳩摩羅什已將一種優塡王所造旃檀佛像自龜茲國帶入中國，惟《增一阿含經》記載所造佛像「高五尺」，與此並不相符。另據《梁書・諸夷列傳》稱：「十八年，（扶南王）復遣使送天竺旃檀瑞像。」〔註 6〕又，《廣弘明集》云：「荊州大明寺檀優塡王像者，梁武帝以天監元年夢見檀像入國，乃詔募得八十人往天竺，至天監十年方還。及帝崩，元帝於江陵即位，遣迎至荊都，後靜陵側立寺，因以安之。」〔註 7〕儘管兩種記載有所出入，但梁元帝時所得一種優塡王所造檀像，當確有其事。中國古代典籍所載另有數種檀像，其與上述兩種關係爲何，仍難具體考知。《貞元新定釋教目錄》卷一云：「秦景使還，於月支國得釋迦像，是優塡王栴檀像師第四作也。來至洛陽，帝即勅令圖寫，置清涼臺及顯節陵上供養。」〔註 8〕若照此記載，則似優塡王當初所造栴檀佛像並不僅一座，可知其時栴檀瑞像逐漸增多，舊說亦不得不隨之修正。此類旃檀瑞像應當皆爲託名，蓋《增一阿含經》中既有優塡王造像之說，後世紛紛託此以自重身價。推究其出現緣由，則當因原始佛教不造作佛像，但佛陀被偶像化、神格化之後，信眾又出現了實際的參拜需要，故造像之風漸起，後世高僧遂虛構優塡王造像之事，並在晚期結集時收入經藏之中。南傳《阿含經》中既未載此事，則此說當發端於部派分裂之後；考古證據表明阿育王時尚無雕造佛像之風，則此說最早出現於孔雀王朝末期。其說誕生後，爲大乘佛教所推波助瀾，於是《佛說大乘造像功德經》之類的佛經被大量生產出來，不但宣揚「若有淨信之心造佛形象，一切業障莫不除滅，所獲功德無量無邊，乃至當成阿耨多羅三藐三菩提，永拔眾生一

〔註 4〕元照《四分律行事鈔資持記》下三《釋僧像篇》，大正新修大藏經第 40 冊，No.1805。
〔註 5〕道宣《續高僧傳》卷二十四《釋慧乘傳》，大正新修大藏經第 50 冊，No.2060。
〔註 6〕《梁書》卷五十四《列傳》第四十八《諸夷》，清乾隆武英殿刻本。
〔註 7〕道宣《廣弘明集》卷十五，大正新修大藏經第 52 冊，No.2103。
〔註 8〕圓照《貞元新定釋教目錄》卷一，大正新修大藏經第 55 冊，No.2157。

切苦惱」，而且聲稱佛陀在前世「已造無量諸佛形象，已悔無量諸罪惡業」。
〔註9〕

　　阿育王之後，古印度重回割據時代，西北印度一度為希臘人所佔據，而希臘國王也開始成為佛教的信徒。佛經中的《彌蘭陀王問經》（漢譯《那先比丘經》），即為希臘國王彌蘭陀（Menander，即米南德一世）與比丘那先（Nagasena，又譯那卡塞納、那伽斯那）在王宮中的佛理問答，此事發生在公元前 2 世紀中期，最終彌蘭陀王皈依佛門，並從此成為佛教的守護者。在彌蘭陀王所鑄造的貨幣中，仍以法輪的行狀代表佛陀，在法輪的四周則鑄有 Dharmikasa 的字母，意為「佛法的追隨者」。希臘人習慣塑造自己所信仰之神靈的形象，因而在改信佛教之後，應當很快即將這一風氣引入古印度。希臘人帶來了先進的雕塑技術，優填王造像之說的產生又解決了佛像的製造許可，再加上大乘佛教出於傳播需要，大肆鼓勵信眾造像，造像之風遂日漸熾烈，其藝術中心則仍在犍陀羅。犍陀羅的佛像雕塑有明顯的希臘風格的烙印，而且由於東、西方文化的交流借鑒，顯得更加精美絕倫，至今仍然是世界各大博物館爭先收藏的文物精品。總體而言，犍陀羅風格的佛像大多通肩袈裟，左手捏住袈裟一角，其餘部分則緊貼在身軀之上，突出強調衣服上的褶紋，立體感強烈。佛像所披的袈裟雖然很薄，但由於衣褶明顯，有種剛從水中撈出的質感，這種處理在傳入中國後直接影響到了中國的雕塑、繪畫等領域，敦煌北朝晚期的造像中仍明顯保留著這類技巧，而古代人物畫中所謂的「曹衣出水」也由此孕育而生。

〔註9〕 提雲般若譯《佛說大乘造像功德經》卷上：「佛告波斯匿王言：『……我於往世為求菩提，以眾寶栴檀彩畫等事而作佛像。……我復云何作無畏說，言造佛像決定能盡諸惡業耶？……大王！我已久斷一切惡業，能捨難捨，能行難行。所捨身命過百千億，已造無量諸佛形象，已悔無量諸罪惡業。』」大正新修大藏經第 16 冊，No.694。

犍陀羅佛像（公元 2～3 世紀）

　　佛教最初傳入中國，不僅帶來了佛法要義，還同時帶來了建築樣式（阿育王塔寺等）、塑像技術（優填王像等）及各類儀軌（布施懺悔等）。但佛教最早在何時傳入中國，恐怕已很難考證清楚。唐代道宣《廣弘明集》據《列子‧仲尼篇》有「據斯以言，丘聞西方有聖人焉」之語，因指「孔子深知佛為大聖」，以證春秋時中國已有佛教傳入。然《列子》一書本為推崇道家之作，習慣假託孔子之語以抬高道家，而觀其原文「丘聞西方有聖人焉，不治而不亂，不言而自信，不化而自行，蕩蕩乎人無能名焉」，則顯然指道家之聖人（黃帝、老子等）而言，況且佛則名之為「佛」，又有「應供」「正遍知」「調御丈夫」等十種別稱，自非無能名者。又，孔子在世時佛教初創未久，而《論語》所稱聖人者皆為堯舜等古聖先王，皆可佐證道宣之語不過欲借孔子以抬高佛陀，並非事實。此外又有伯益時傳入、燕昭王時傳入種種異說，但皆取自後世的志怪、傳奇之類，荒誕不羈，不足一哂。宗教界則以「明帝求法」之事

作爲佛教傳入中國之開端，其事載於《四十二章經》之中：

> 昔漢孝明皇帝夜夢見神人，身體有金色，項有日光，飛在殿前，意中欣然，甚悅之。明日問群臣：「此爲何神也？」有通人傅毅曰：「臣聞天竺有得道者，號曰佛，輕舉能飛，殆將其神也。」於是上悟，即遣使者張騫、羽林中郎將秦景、博士弟子王遵等十二人，至大月支國寫取佛經四十二章，在第十四石函中。登起立塔寺，於是道法流佈，處處修立佛寺。遠人伏化，願爲臣妾者不可稱數；國內清寧，含識之類蒙恩受賴於今不絕也。〔註10〕

　　此段文字雖然載於佛經之中，但查究其實，則當爲佛經翻譯者所作之序，其產生年代亦無從細考。蓋此說有靈異感夢之事，似顯佛法之不可思議，因而爲佛教徒所信受。但「孝明皇帝」爲諡號，則其文必作於東漢明帝駕崩之後，故當爲後人追記之詞，而文中出使西域的「使者張騫」又爲西漢武帝時人，則其史事記載亦多訛誤。梁啓超深辨此說之妄，謂：「最初見者爲西晉王浮之《老子化胡經》，……稍有識者皆知其妄，獨所造漢明求法說，反由佛教徒爲之傳播，洵一怪事也。」〔註11〕但明帝求法之事不可信，並非意味著此前尚無佛教傳入，恰恰相反，幾乎可以確定在漢明帝之前佛法已經傳入了中國。據《後漢書・楚王英傳》記載：「（楚王英）晚節更喜黃老，學爲浮屠齋戒祭祀。永平七年（64），詔令天下死罪皆入縑贖。英遣郎中令奉黃縑白紈三十匹詣國相曰：『託在蕃輔，過惡累積。歡喜大恩，奉送縑帛，以贖罪愆。』國相以聞，詔報曰：『楚王誦黃老之微言，尚浮屠之仁祠，潔齋三月，與神爲誓，何嫌何疑，當有悔吝？其還贖以助伊蒲塞、桑門之盛饌。』因以班示國中。」〔註12〕其中「浮屠」爲佛陀之古譯，「伊蒲塞」「桑門」分別爲優婆塞、沙門之異譯。楚王劉英爲漢明帝的異母兄弟，當明帝下令犯死罪者可以納縑贖罪時，劉英上絹贖罪，這顯然並非是現實意義上的死罪，而是指前世或今生所造之罪業。劉英所習「齋戒祭祀」「潔齋三月」之儀軌，應是佛教戒律之類，故而意識到自己雖無刑律之罪，但卻有宗教意義上之罪業。從明帝的回覆來看，朝廷認定劉英無罪，而所退之縑帛以「助伊蒲塞、桑門之盛饌」的名義，可推斷朝廷也已知佛教布施供養之義，但又謂「與神爲誓」，則將佛陀視爲神靈之一，顯然對佛法的認識並不深刻，僅停留在偶

〔註10〕《四十二章經》，大正新修大藏經第 17 冊，No.784。
〔註11〕梁啓超《漢明求法說辨僞》，中州古籍出版社，2011 年，第 51 頁。
〔註12〕《後漢書》卷四十二《光武十王列傳第三十二》，百衲本景宋紹熙刻本。

像崇拜的階段。《後漢書‧西域傳》亦稱:「楚王英始信其術,中國因此頗有奉其道者。」然則在當時而言,楚王劉英的確是信仰佛教較早的知名人士。又,北魏酈道元《水經注》云:「獲水自淨(宋本無此淨字)淨溝東徑阿育王寺北。或言楚王英所造,非所詳也,蓋遵育王之遺法因以名焉。」〔註13〕若此記載屬實,則劉英不僅遵守佛教戒律,還曾督造過阿育王寺。考慮到劉英所供養之伊蒲塞、桑門當有居住之所,則建寺以容納也屬順理成章之事。無論此寺是否為劉英所建,但既以阿育王為名,可知佛教傳入中國時亦同時輸入了建築樣式。既然永平年間朝廷和藩王已經對佛教有了初步的認識,則由常理推斷,佛教傳入中國的時間應當更早,惟至此則由民間而普及至權貴階層耳。據《魏書‧釋老志》記載:「漢武元狩中,遣霍去病討匈奴,⋯⋯獲其金人,帝以為大神,列於甘泉宮。金人率長丈餘,不祭祀,但燒香禮拜而已。此則佛道流通之漸也。及開西域,遣張騫使大夏還,傳其旁有身毒國,一名天竺,始聞有浮屠之教。哀帝元壽元年,博士弟子秦景憲受大月氏王使伊存口授浮屠經,中土聞之,未之信了也。」漢代多稱銅為「金」,漢武帝所獲匈奴金人,未知是否即銅佛像,但「燒香禮拜」之俗卻極似受拜火教習俗影響之後的佛教儀軌,《魏書》將其視為佛教傳入中國之始,或去事實不遠。蓋佛教欲傳入中國內地則必經西域,西域當時既在匈奴控制之下,則浸染佛風亦是自然之事。大勝匈奴之後,武帝將金人列於甘泉宮,則朝野上下當對此並不陌生,故後世編造「明帝求法」之事時,謂其所夢之神人「身體有金色」,或即承此而來。張騫鑿空西域,沿途所見佛像必甚多,故「始聞有浮屠之教」。絲綢之路既已打通,大月氏使臣口授佛經之事亦順理成章,惟此時佛教教義初傳中國,故「中土聞之,未之信了」。綜考而言之,佛教傳入中國內地當不早於漢武帝時,而自張騫開拓絲綢之路後,佛教才逐漸傳播至京畿地區。若以今日之中國疆域而言,佛教傳入中國西域的時間應在漢武帝之前,惜當時西域古國早已覆滅,而可供記載用的紙張尚未通行,佛法傳播亦多口耳相授,故史料缺失,難以確考。外國僧人大量來華則當在漢明帝時期,故「明帝求法」之說才流行頗廣,乃至韓愈《諫迎佛骨表》中猶云「漢明帝時始有佛法」。又,晉干寶《搜神記》卷一三云:「漢武帝鑿昆明池,極深,悉是灰墨,無復土。舉朝不解,以問東方朔。朔曰:『臣愚,不足以知之,可試問西域人。』帝以朔不知,難以移問。至後漢明帝時,西域道人

〔註13〕酈道元《水經注箋》卷二十三,明萬曆四十三年李長庚刻本。

入來洛陽，時有憶方朔言者，乃試以武帝時灰墨問之。道人云：『經云：天地大劫將盡，則劫燒。此劫燒之餘也。』乃知朔言有旨。」〔註14〕《搜神記》雖然雜記神怪之事，但干寶的寫作意圖卻是欲「發明神道之不誣」，故其中故事往往真偽屬雜。東方朔之語未必真實，但昆明池出灰墨之事當屬實，而且以今日之眼光看來，則灰墨當為煤炭無疑。至其所述漢明帝時西域道人入洛陽，亦可佐證漢明帝時實為佛法東傳之關鍵點，而「劫灰」之論又顯然出於佛教教義。梁代慧皎《高僧傳》亦載此事，而謂此道人為竺法蘭。今考竺法蘭確於漢明帝時來華，並在洛陽傳授佛法、翻譯佛經，時間、身份皆相吻合，此說或許有一定的可靠性。然至明帝時方可得西域道人以詢問此事，亦可反推此前極少有西域僧侶來至洛陽，是故佛教縱然早已進入中國，但尚未引發朝野重視，「中土聞之，未之信了」云云當非虛語。

明帝之後，佛法漸興，至東漢末年時狀況已頗為可觀。下邳國國相笮融，僅為一地方官員，「乃大起浮圖祠，以銅為人，黃金塗身，衣以錦綵，垂銅盤九重，下為重樓閣道，可容三千餘人，悉課讀佛經，令界內及旁郡人有好佛者聽受道，復其他役以招致之，由此遠近前後至者五千餘人。戶每浴佛，多設酒飯，布席於路，經數十里。民人來觀及就食且萬人，費以巨億計」。〔註15〕其中「垂銅盤九重，下為重樓閣道」應當是對佛塔的描述，「銅盤九重」指塔頂的相輪而言，「下為重樓閣道」說明塔的形制屬於樓閣式塔，這是古印度阿育王時期的窣堵波（stūpa）在經過犍陀羅風格的薰陶之後，又進一步與中國的樓閣建築相結合而造就的新塔形。從笮融的所作所為來判斷，可供崇拜的偶像（此銅人極可能為佛像）已具備，專屬的宗教建築面積廣闊（可容三千餘人），宗教日課（課讀佛經）十分完善，傳播對象（聽受者五千餘人）數量龐大，地方習俗已養成（浴佛、布施酒飯），由此可見，自漢明帝之後僅一百餘年的時間，佛教已在中國進入了興盛期。據北魏崔鴻《十六國春秋》所載王度奏疏云：「佛出西域外國之神，功不施民，非天子諸華所應祠奉。往者漢明感夢，初傳其道，惟聽西域人得立寺都邑以奉其神，其漢人皆不得出家。魏承漢制，亦循前軌。」〔註16〕蓋漢代自武帝「罷黜百家，獨尊儒術」之後，華夷之辨深入人心，故雖允許佛教傳播，但並不許

〔註14〕干寶《搜神記》卷十三，明《津逮秘書》本。

〔註15〕陳壽《三國志》卷四十九吳書四，百衲本景宋紹熙刊本。

〔註16〕崔鴻《十六國春秋》卷十五後趙錄五，明萬曆刻本。

漢人出家。按此說法，則笮融所建寺院中當以西域外國之僧人居多，而此時佛經翻譯尚在草創期，能每日課讀佛經者亦當多為外國僧侶。但聽眾既繁多，勢必有漸欲出家者，是以至王度所處的北朝後趙之時，由於名僧佛圖澄的感化，百姓「率多奉佛，皆營造寺廟，削髮出家」。〔註17〕王度重申舊制禁令，並以華夷之辨的理由請求禁止百姓及公卿士大夫燒香禮佛，然而並沒有得到上位者的支持。後趙國王石虎出於羯族，本非漢人，華夷之辨的理由適得其反，加之他又十分敬奉佛圖澄，廣建佛寺，故而下令「其夷趙百姓，有舍於淫祀、樂事佛者，悉聽為道士」。〔註18〕禁令既開，從此佛教的傳播掃平了最後一道障礙，佛、法、僧三寶齊備，乃漸成規模。尤其是自西晉八王之亂後，中國經歷了將近兩百年的戰亂時期，北方的少數民族大舉入侵中原，原本占絕對統治地位的儒家禮法制度逐漸失去了約束力，民眾獲得了思想意識領域的相對自由。戰火持續不休，政權頻繁更迭，再加上持續的饑荒與瘟疫，致使無數的百姓掙扎在死亡線上，過著顛沛流離的苦難生活。在這樣的現實狀況下，人們迫切需要某種精神上的慰藉，以重新燃起生活的希望。佛教主張三世輪迴，宣稱今世的苦難是源於前世的惡業，只要今生堅持行善積德，來世就可以獲得福報，而那些今生作惡多端的人則會墜入地獄中受苦以贖罪。這些主張很好地適應了當時的社會需要，也是儒家、道教所無法提供的安慰劑，這讓越來越多的下層民眾開始接受佛教信仰。西晉永嘉時全國佛教寺廟僅四十二座，北朝後趙石虎時佛圖澄所興立佛寺八百九十三所，而至南朝梁武帝在位時，僅一朝的寺廟總數就超過了兩萬座，佛教的傳播速度之快由此可見一斑。杜牧有詩「南朝四百八十寺，多少樓臺煙雨中」，極言南朝寺廟之多，而所謂「四百八十寺」者，若非虛指，則亦僅舉其著名大寺而言爾。

第二節　佛教早期的傳播策略

　　佛教在最初進入中國時，面臨著嚴重的水土不服。除了國人根深蒂固的「華夷之辨」外，漢朝推崇儒學，注重孝道，而佛教則鼓勵剃髮出家，割捨家庭關係，種種儀軌皆與中國風俗不合。針對這種不利的情形，佛教主要採

〔註17〕崔鴻《十六國春秋》卷十五後趙錄五，明萬曆刻本。
〔註18〕崔鴻《十六國春秋》卷十五後趙錄五，明萬曆刻本。

取了四類手段，以實現在中國成功「落地」：

其一，聲稱佛教源於中國。漢代除了儒家的孔子之外，道家的老子同樣受人尊重。實際上，漢代最初建國時曾推行黃老之法，施行「無爲而治」，而且這一治國方略延續了數朝而未變。即使在漢武帝獨尊儒術之後，由於儒家系統中的聖人孔子生前曾向老子問禮，因而老子在某種意義上就成了聖人之師，地位仍然十分超然。根據史料記載，老子晚年西出函谷關後不知所蹤，因而在佛教傳入中國之後，部分信眾就編造出老子出關後即爲佛陀的說法，以宣揚佛教本爲中國聖人所創。楚王劉英「喜黃老，學爲浮屠齋戒祭祀」，則似已將黃老與佛陀混同而祀，惟其詳情不得而知。《後漢書‧桓帝紀》稱桓帝「飾芳林而考濯龍之宮，設華蓋以祠浮圖、老子」，〔註19〕則此風可謂代不乏人。另據《後漢書‧襄楷傳》，襄楷上疏桓帝云：「或言：老子入夷狄爲浮屠。浮屠不三宿桑下，不欲久生恩愛，精之至也。天神遺以好女，浮屠曰：『此但革囊盛血。』遂不眄之。其守一如此，乃能成道。」〔註20〕此亦可見老子即佛陀之說在東漢末年已頗爲流行，而佛陀求法之神話事蹟，則被視爲道家「抱精守一」之表現。其說誕生之後，並爲道教所喜，因其更爲抬高老子之地位。然佛陀既與老子等而爲一，佛教在消除傳播障礙後信眾漸廣，道教卻僅得虛名而無其實，是以不滿日滋，爭鬥日盛。西晉惠帝時，天師道祭酒王浮因與沙門帛遠爭勝，遂撰《老子化胡經》一卷，藉以抬高道教、貶低佛教，後人在此基礎上又增至十卷（另附《議化胡經狀》一卷），不僅修正了王浮之內容，而且增加了老子創立摩尼教的說法，但因各卷內容並非成於一時一地，故內容並不統一。《老子化胡經》在後世屢遭禁燬，今《大正藏》僅收卷一、卷十兩卷，敦煌藏經洞中又出土卷一、卷二、卷八、卷十等數種殘卷，但皆出自十卷本。前輩學者多以王浮最初之一卷本久佚無存，乃至種種考證推測，實際上在唐陸海羽《三洞珠囊》卷九中仍保留有原文。經筆者考證，《三洞珠囊》所存之《老子化胡經》與北周甄鸞《笑道論》中所引用者基本吻合，惟其文末云「《化胡經》乃有二卷不同，今會其異同，錄此文出也」，〔註21〕則其所見共有兩種抄本，文字互有差異，所收者乃是綜合校勘之後的文本。據此種《老子化胡經》文本所稱，老子西出函谷關，爲尹喜作五千文，並相約三年

〔註19〕 《後漢書》卷七《孝桓帝紀第七》，百衲本景宋紹熙刻本。
〔註20〕 《後漢書》卷三十下《郎顗襄楷列傳第二十下》，百衲本景宋紹熙刻本。
〔註21〕 《三洞珠囊》卷九，明正統道藏本。

後重見。三年後尹喜如約而到，老子乃攜其西至罽賓國，國王不識聖人，乃指以爲妖，而積薪燒之、墜石沉之皆不死。尹喜索天兵天將下凡，欲盡誅胡人，胡王乃率臣屬髡頭剃鬚，哀告求免，並發誓終身不娶妻，以至死侍奉。老子見胡人受化，乃與作六十四萬言經，並制定不得殺生等種種戒律，令胡人守此以爲法。《老子化胡經》極盡詆毀蠻夷之能事，並云佛經、戒律皆老子所傳，實爲老子即佛陀之升級版，但文中敘老子在收尹喜爲徒之後，告訴胡王要以尹喜爲師，則已較早期之說有所變化，於是遂又啓發《三天內解經》之類的僞經形成。在成書於晉宋之際的《三天內解經》中，道教轉而宣稱「老子遂令尹喜乘白象，化爲黃雀，飛入清妙口中，狀如流星，後年四月八日剖右脅而生」佛陀。〔註22〕尹喜爲老子之徒弟，既然佛陀由尹喜所投胎而生，則佛陀地位自當居於老子之下，後來十卷本的《老子化胡經》也吸收了這種說法。另據《南史》所載，北齊顧歡云：「道經云：『老子入關，之天竺維衛國。國王夫人名曰淨妙，老子因其晝寢，乘日精入淨妙口中。後年四月八日夜半時，剖右腋而生，墜地即行七步，於是佛道興焉。』此出《玄妙內篇》。」〔註23〕《玄妙內篇》之敍述，較襄楷所聞者更爲詳細，也更爲靈異荒誕，但與《三天內解經》所云大段類似，則當同出一源。道教早期雖有長生、物化、成仙諸論，卻並無投胎轉世之說，足見此說是在吸收佛教教義之後方能編造。《玄妙內篇》既被收入道經之中，可知老子化胡之說自創生之後流傳漸廣，已成道教所公認之理論。然顧歡雖採納老子化佛陀之論，主張「道則佛也，佛則道也」，其真實用意卻在宣稱「佛道齊乎達化，而有夷夏之別」，〔註24〕夷之法並不適用於夏。此時佛法在北朝已然大興，是以崇佛之僧俗群起反擊，謝鎮之《與顧道士書》、明僧紹《正二教論》、朱昭之《難顧道士夷夏論》、朱廣之《咨顧道士夷夏論》、慧通《駁顧道士夷夏論》、僧愍《戎華論折顧道士夷夏論》皆從不同角度反駁顧歡之文，佛道之爭遂趨於白熱化。道教既編造《老子化胡經》《三天內解經》《玄妙內篇》《文始先生無上真人關令內傳》等經文宣揚老子化胡說，佛教在大興之後，又以彼之道還施彼身，編造《清淨法行經》《須彌圖經》《空寂所問經》《天地經》《大灌頂經》等經文，宣揚「佛遣三弟子震旦教化：儒童菩薩，彼稱孔丘；光淨菩薩，彼稱顏淵；摩訶迦葉，

〔註22〕《三天內解經》卷上，明正統道藏本。
〔註23〕《南史》卷七十五《列傳》第六十五《隱逸上》，清乾隆武英殿刻本。
〔註24〕《南史》卷七十五《列傳》第六十五《隱逸上》，清乾隆武英殿刻本。

彼稱老子」〔註25〕、「寶應聲菩薩化爲伏羲，吉祥菩薩化作女媧，儒童應作孔丘，迦葉化爲李老」〔註26〕等奇葩怪論，以互相攻伐。從時代背景而言，隨著佛教的規模和勢力逐漸興盛，不僅外國僧人加速來華，輸入的佛經數量日益增多，越來越多的中國才智之士也投入到佛教陣營中，自覺地發揮智力以捍衛其說，而道教關於哲學理論方面的論述遠不能與佛教相媲美，僅以各種煉丹術、驅魔術、祈禳術見長，故而逐漸形成了術多而學少的局面。此消彼長之下，佛教很快就有意識地與道教劃清界限，並駁斥《老子化胡經》是後人僞造的經典，根本不足爲信。從早期的蜜月期到後來的反目成仇，背後所體現的其實是佛教從委曲求全以謀發展，直到勢力壯大之後，自主意識徹底覺醒的過程。關於《老子化胡經》的眞僞之爭曠日持久，其中最具代表性的是北魏孝明帝正光元年（520）、唐高宗顯慶五年（660）、元憲宗八年（1258）三次官方組織的大辯論，而道教皆在辯論中落敗。元世祖至元十八年（1281），詔令焚毀涉嫌僞造且謗訕佛門的道經，《老子化胡經》因此被徹底毀棄，這場前後持續上千年的論爭才徹底被劃上句號。

其二，主張佛法與儒家、道教主旨不異。從現存文獻來看，最早進行這一嘗試的是牟子《理惑論》一書。由於《理惑論》最初沒有標明作者姓名，而《弘明集》收錄時稱「一云蒼梧太守牟子博傳」，〔註27〕《隋書》在「《牟子》二卷」條下云「後漢太尉牟融撰」，〔註28〕實皆爲揣測之詞。明代胡應麟始疑此書之僞，稱「疑六朝晉宋間文士因儒家有《牟子》，僞撰此論以佐右浮屠」。〔註29〕胡氏認定《隋書》所載之《牟子》爲儒家之作，又因牟融「在漢明前，其時佛法固未入中國」，因而認定被收入佛典中的《理惑論》爲僞書。胡氏肇始於前，梁啓超、常盤大定等人揚波於後，皆認定此書爲僞作，而湯用彤、余嘉錫等人又力主其眞，陳垣則因「佛之名稱爲後漢末所無，當時稱佛爲浮屠」，故認定此書「必經後人改竄，不盡原文也」，〔註30〕持眞僞參半之說。筆者力主此書不僞，今擇其要者陳述如下：首先，《理惑論》的作者不詳，既非牟融，亦非牟子博。南朝梁僧祐《弘明集》稱「一云」，

〔註25〕 《廣弘明集》卷第八轉引《清淨法行經》，大正新修大藏經第 52 冊，No.2103。
〔註26〕 《廣弘明集》卷第十二轉引《須彌圖經》，大正新修大藏經第 52 冊，No.2103。
〔註27〕 《弘明集》卷一，大正新修大藏經第 52 冊，No.2102。
〔註28〕 《隋書》卷三十四《經籍志》，清乾隆武英殿刻本。
〔註29〕 胡應麟《少室山房筆叢》丁部《四部正訛》下，明萬曆刻本。
〔註30〕 陳智超編《陳垣來往書信集》，上海古籍出版社，1990 年，第 179 頁。

並非肯定語氣，而只是記錄異說，可知當時作者姓名已難以確定。從現存《理惑論》的序言來看，所述作者籍貫、履歷均與以上二人不符，蓋後人妄標牟姓名人耳。宋釋志磐《佛祖統紀》稱「（初平）二年，蒼梧儒生牟子，因世亂無仕官意，銳志佛道，而世多非之，乃製《理惑論》以爲勸」，又「述曰：牟子不得其名」，〔註31〕當較爲接近事實。此亦可見宋人並未採信牟融、牟子博二說。其次，隋書所收《牟子》，即《理惑論》一書，並非別有一儒家牟子。清代周廣業即已駁斥胡應麟之論，云：「諸群書所引《牟子》，皆出自《理惑論》。胡氏臆爲揣測，難爲定論。」〔註32〕今核劉孝標注《世說新語》、六臣注《文選》等書，其所引《牟子》者確出《理惑論》，周氏所言不虛。又《法論目錄序》稱：「牟子不入教門而入，緣序以持載漢明之時像法初傳故也。」〔註33〕按此，牟子並非佛教中人，其書之所以被收入佛典之中，只是因爲其中記載了佛教初傳之事，有重要的參考價值。牟子本爲蒼梧儒生，胡氏所謂儒家牟子者亦即此人。其三，凡專有名詞，各地往往別有稱呼，而外來之名詞尤甚。譬如《春秋》時楚國稱虎爲「於菟」，而漢代揚雄《輶軒使者絕代語釋別國方言》收錄各地方言異稱，皆此類也。近代以來，Karl Marx 的名字也有麥喀士、馬克爾斯、麥克司等十幾種不同譯法，最後才被確定爲馬克思。同樣道理，我們不能因所見東漢官方文獻中均使用了「浮屠」一詞，就否認當時已有「佛」的譯法。官方文獻自有其固定性，但並不代表民間別無其他稱謂，且蒼梧之佛法應自南傳線路而來，與北方西域傳入者有所差異，也是世之常情。其四，南朝宋陸澄所撰《法論》一書已收入《理惑論》，可知其成書遠早於此時。又，老子化胡之說在漢末時已漸成爭訟之焦點，而《理惑論》雖頗斥諸論，竟無一語及之，亦可反證其成書甚早。多方參證，則《理惑論》一書成於漢末當無疑問。

《理惑論》除序跋外一共三十七章，每章的篇幅都不長，它採用問答體的方式，解釋了當世人對於佛教的種種疑惑，並對若干批評佛教的言論進行了駁斥。牟子本人博覽群書，通曉諸家之說，所以《理惑論》大量援引孔子、老子、莊子的言論爲佛教辯護，認爲佛經的教義並不違背儒家、道家經典，只是側重點有所不同。從牟子的敘述來看，他已對釋迦牟尼出家前的各種傳

〔註31〕　志磐《佛祖統紀》卷三十，大正新修大藏經第 49 冊，No.2035。
〔註32〕　周廣業《意林注・意林附編》，貴池劉世珩校刊《聚學軒叢書》第五集。
〔註33〕　僧祐《出三藏記集》雜錄卷十二《宋明帝勑中書侍郎陸澄撰法論目錄序第一》，大正新修大藏經第 55 冊，No.2145。

說事蹟頗為熟悉，對佛教的戒律儀軌也有所瞭解，雖身不入佛門，但顯然傾心佛教。漢代辭賦中問答體盛行，多為作者預設一虛構人物提問，而借回答之機敍述個人見解。但《理惑論》中向牟子提問者自稱「吾昔在京師，入東觀，遊太學」，「嘗遊于塡之國，數與沙門道人相見，以吾事難之，皆莫對而辭退，多改志而移意」，〔註34〕而觀其所發之問，皆為佛教在中國傳播時所面臨重大之障礙，乃直擊對方理論要害，則竟似實有其人，確曾身為太學生並遊于塡（于闐）國，且具備與僧侶辯難之經驗。據序文所稱，牟子年少時即奉母避世於交趾，年二十六又歸蒼梧娶妻，一生足跡皆在南方。按此，則無論提問者是確有其人還是虛擬其人，《理惑論》實際上都代表著南方新興佛學與北方傳統儒學間的較量。牟子對於儒家、道教文獻十分熟悉，而且邏輯清晰嚴密，借力打力，在辯論中明顯居於上風。當提問者質疑「佛有三十二相、八十種好」為不實之詞時，牟子則舉證儒家典籍中「堯眉八彩，舜目重瞳，皋陶鳥喙，文王四乳」的傳說，證明異人之相存在；當提問者援引《孝經》「身體髮膚受之父母，不敢毀傷」以指責佛教剃髮時，牟子則援引孔子稱讚祝髮文身的泰伯「可謂至德」，證明「苟有大德，不拘於小」；當提問者指責出家修行使人損財絕後時，牟子又援引孔子稱讚餓死於首陽山的伯夷、叔齊「求仁得仁」，而並不譏其無後無財；當提問者援引孔子「夷狄之有君，不如諸夏之亡」以申夷夏之辨時，牟子則援引《論語》「子欲居九夷」，且云「君子居之，何陋之有」，以指明夷夏之學並非互相矛盾。〔註35〕凡此種種，牟子均未從佛教義理方面立論，而是使用了與對方同一體系中的材料，運用了歸謬式推理，讓對方的問題無法立足。此外，《理惑論》還宣揚佛教的教義要比道教的長生之說更為尊貴，道教之說猶如捕風捉影，並非大道。牟子本人對於道教神仙之說毫不相信，貶之為「妖妄之言」，並頻繁援引儒家五經之說加以駁斥。但與此同時，牟子又宣稱佛陀可以「恍惚變化，分身散體，或存或亡，能小能大，能圓能方，能老能少，能隱能彰，蹈火不燒，履刃不傷，在污不辱，在禍無殃，欲行則飛，坐則揚光」，〔註36〕足可見牟子已接受了神格化的佛陀，在某些觀點上採納了雙重標準。牟子甚至宣稱「道有九十六種，至於尊大，莫尚佛道也」，〔註37〕其揚佛抑道之立場灼灼可見。《理

〔註34〕 《弘明集》卷一《牟子理惑》，大正新修大藏經第 52 冊，No.2102。
〔註35〕 《弘明集》卷一《牟子理惑》，大正新修大藏經第 52 冊，No.2102。
〔註36〕 《弘明集》卷一《牟子理惑》，大正新修大藏經第 52 冊，No.2102。
〔註37〕 《弘明集》卷一《牟子理惑》，大正新修大藏經第 52 冊，No.2102。

惑論》自身所包含的矛盾性，實際上正是佛教初傳期的一種特點：一方面，佛教必須借助已在中國佔據主流意識形態的儒家、道教來包裝自己，讓自己獲得更爲流暢的傳播途徑；另一方面，佛教又需要突出強調自己的優越之處，以維護自身的體系完整與宗教尊嚴，不甘心永遠充作他人的附庸。三國時康僧會勸說吳主孫皓，亦稱：「《易》稱積善餘慶，《詩》詠求福不回，雖儒典之格言，即佛教之明訓。」孫皓反問：「若然，則周孔已明，何用佛教？」康僧會答道：「周孔所言略示近跡，至於釋教則備極幽微。」〔註38〕不僅如此，在康僧會所譯的《六度集經》中，其內容雖然是講敍菩薩的各種本生故事，卻大幅度強調了儒家的孝道觀念，乃至有「違父之教爲不孝矣」之類的言論。由此可見，宣揚佛教與儒家、道家同理而不同名，正是佛教早期傳播中的一大特色。

　　將這種風氣發揮到極致的，則要屬魏晉時期開啓的玄言之風。東漢之後，儒家體系失去官方扶持，不再對社會風俗有強大的約束力，加上魏晉改朝之際政治傾軋、派系屠殺嚴重，士大夫開始以玄談爲尚，熱衷於作哲學之論辯，探討幽深微妙的形而上學。儘管時移世易，但風氣既成，則人人用力於此，清談不僅成爲士族生活的交際日常，也是揚名於世的最佳手段。老莊重玄貴無，雖然哲思高妙，但在邏輯論證、演繹推導方面則與佛學有較大差距。而佛經中頻繁宣說的「空」義，與道家中「無」的概念相近，因而存在互相詮釋的可能性。外來僧侶需要借助與士林的交流以推廣佛法，而不少中國僧人在出家之前又本爲士族，於是僧侶就成爲玄談的重要參與階層。以東晉高僧支遁（字道林）爲例，其「家世事佛，早悟非常之理」，初至京師，名士王濛即譽其「造微之功，不減輔嗣」，〔註39〕殷融則以之爲「衛珍重見」。輔嗣爲王弼字，他是魏晉玄學的創始人，而衛珍則一向被視爲王弼的繼承者。時人常以佛寺作爲玄談之所，而支遁卓然出群之處，自然是援引佛理以闡釋老莊玄學。《世說新語・文學》云：「許掾年少時，人以比王苟子，許大不平。時諸人士及於法師並在會稽西寺講，王亦在焉。許意甚忿，便往西寺與王論理，共決優劣。」〔註40〕許、王爭辯之時，擔任評判者即爲支遁。又劉孝標注引《高逸沙門傳》：「王濛恒尋遁，遇祇洹寺中講，正在高坐上，

〔註38〕　慧皎《高僧傳》卷一《康僧會》，大正新修大藏經第 50 冊，No.2059。
〔註39〕　慧皎《高僧傳》卷四《支道林》，大正新修大藏經第 50 冊，No.2059。
〔註40〕　《世說新語》卷上之下，《四部叢刊》景明袁氏嘉趣堂本。

每舉塵尾，常領數百言而情理俱暢，預坐百餘人皆結舌注耳。濛云：『聽講眾僧向高坐者，是缽盂後王、何人也。』〔註41〕此亦可見，支遁不僅頻繁參與士林清談，也時常對諸僧宣說佛理，但王濛聞講之後，評價他是手持缽盂的王弼、何晏，後二者恰是正始玄學的兩大代表人物。與支遁情形類似的還有僧肇、慧遠等一批僧人，他們或用老子的「本無」來對譯佛經中的「眞如」，或用佛經中的「諸法緣起」來詮釋莊子的「齊物論」，又以「坐禪」類「坐忘」，以「空觀」擬「逍遙」，乃至孫綽著《道賢論》把竺法護、帛遠、支遁等名僧比作魏晉之際的「竹林七賢」，〔註42〕足見此風之盛。以佛法重新闡釋道家思想，可以推陳出新、炫人耳目，既便於在玄談中脫穎而出，又可以喚起士林乃至百姓之興趣，讓更多的人去瞭解並接受佛法要義，這也是佛教早期推廣的一大利器。

其三，僞造佛經以迎合當世，開懺悔之風。漢代以孝治天下，養老制度十分完善，從官方到民間都將孝道視爲人倫之根基。古人就學，自幼即以《孝經》等書開蒙，而《孝經》稱「夫孝，天之經也，地之義也」，「人之行，莫大於孝」，「不愛其親而愛他人者，謂之悖德」，〔註43〕與佛教出家之舉可謂格格不入。爲了迎合當世，佛教徒僞造了《佛說父母恩重難報經》之類經文，不僅分十月逐月渲染母親懷胎分娩之苦難，更宣揚母親於子女有十種大恩：第一懷胎守護恩；第二，臨產受苦恩；第三，生子忘憂恩；第四，咽苦吐甘恩；第五，回乾就濕恩；第六，哺乳養育恩；第七，洗濯不淨恩；第八，遠行憶念恩；第九，深加體恤恩；第十，究竟憐愍恩。與之對照，此經還渲染子女的種種不孝情形，最終歸結爲「父母恩德，無量無邊；不孝之愆，卒難陳報」，比儒家之《孝經》空談哲理更加鮮明生動，樸實通俗的語言也更能引發百姓的共鳴。經文又宣稱：「欲得報恩，爲於父母書寫此經，爲於父母讀誦此經，爲於父母懺悔罪愆，爲於父母供養三寶，爲於父母受持齋戒，爲

〔註41〕 劉孝標注《世說新語》卷上之下轉引《高逸沙門傳》，《四部叢刊》景明袁氏嘉趣堂本。

〔註42〕 《高僧傳》云：「孫綽製《道賢論》，以天竺七僧方竹林七賢。」另據《避暑錄話》卷上：「《高僧傳》略載孫綽《道賢論》以當時七僧比七賢：竺法護比山巨源，帛法祖比嵇叔夜，竺法乘比王濬沖，竺法深比劉伯倫，支道林比向子期，竺法蘭比阮嗣宗，于道邃比仲容。各以名跡相類者爲配，惜不見全文。」明津逮祕書本。

〔註43〕 《古文孝經》，清知不足齋叢書本。

於父母布施修福。若能如是，則得名爲孝順之子；不作此行，是地獄人。」〔註44〕此經借佛陀之口以宣揚孝道，破除了佛教徒出家爲不孝的印象，又借孝道之名推廣佛教，鼓吹孝子皆應布施懺罪，故雖屬一種本土所造之僞經，但對於推廣傳播佛教之力不可估量。經文要求孝子書寫讀誦，否則「是地獄人」，其文本等於具備了自我複製及傳播之功能，很快就能不脛而走，覆蓋整個中國古代社會。在佛教傳入的早期，類似的製造僞經之舉可謂遍地開花，隨需而生。東晉高僧道安所撰《安公疑經錄》中已列舉二十六種僞經，南朝梁僧祐《出三藏記集・新集疑經僞撰雜錄》在前者之上又增列二十種，至隋代彥琮《眾經目錄》時則已羅列疑僞經二百零九部，可見造作僞經勢頭之如火如荼。造作僞經者迎合了當世的需要，儘管混淆了佛理眞僞之別，但客觀上也起到了吸引信眾、推廣佛教的功效。此類僞經在佛法大興之後已無存在的必要，因而大多都逐漸亡佚無傳，但在敦煌藏經洞出土之後，仍發現數量不少的僞經抄本，可證當時流傳之盛。

與造作僞經相輔而行的是懺悔消罪之風。佛教講究三世因果，今生所遭繫於前世所造之業，來世所往又與今世所爲密切相關。爲求今生、來世之福報，懺悔消罪就成了最便捷的途徑。如《大般涅槃經》卷十九云：「王若懺悔懷慚愧者，罪即除滅，清淨如本。」又，《大乘本生心地觀經》卷三稱：「若能如法懺悔者，所有煩惱悉皆除。」楚王劉英納絹以贖未犯之死罪，顯然是出於類似的考慮。僞經《佛說壽生經》宣稱，今世爲人者「先於冥司下，各借壽生錢」，因而今世必須歸還冥司欠債，甚至預先爲來世燒下壽生錢，「今生早燒壽生錢，三世富貴；今生不燒，三世貧賤，後世難得人身」。而《佛說父母恩重難報經》《佛說長壽滅罪護諸童子陀羅尼經》等僞經又鼓勵爲父母、爲子女懺悔罪愆，是不僅懺悔己罪，乃至應代親友以懺悔求福。實際上，在大乘崛起時所編撰的《盂蘭盆經》《地藏王菩薩本願經》《法華經》《金光明經》等經文中，已蘊含懺悔消罪之法門，但眞正將推行懺法作爲宗教推廣之手段，卻是在佛教傳入中國之後。據《廣弘明集・悔罪篇》云：「道安、慧遠之儔，命駕而行茲術，至於侯王宰伯咸仰宗科，清信士女無虧誠約。」〔註45〕按此，

〔註44〕《佛說父母恩重難報經》並未收錄於《大正藏》《龍藏》等藏經，但在中國流傳極廣，各大寺廟常見其印本流通，亦有私人或財團刷印者，譬如念恩精舍印經會印行、中台山佛教基金會印行等等。

〔註45〕道宣《廣弘明集》卷第二十八下《悔罪篇第九》，大正新修大藏經第 52 冊，No.2103。

則懺罪之風在東晉時方始流行。從《廣弘明集》所收錄的懺悔文來看，其作者包括梁簡文帝、沈約、梁武帝、陳宣帝、陳文帝等帝王及文壇領袖，其懺悔內容則包括六根障業、高慢、今世各種罪業之類，可謂無所不能懺。而懺悔文中又有很大一部分並未敍述自己所犯罪業，而是陳述自己所作禮佛功德，以祈求佛、菩薩度化解脫，抑或祈求慈航普渡，令一切眾生之罪盡皆消滅。後一類懺悔文頗類學習佛法之後的心得，是更高層次上的心靈懺悔。據慧皎《高僧傳》載：「（釋曇宗）嘗為孝武唱導，行菩薩五法。禮竟，帝乃笑謂宗曰：『朕有何罪，而為懺悔？』宗曰：『昔虞舜至聖，猶云「予違爾弼」，湯武亦云「萬姓有罪，在予一人」。聖王引咎，蓋以軌世。陛下德邁往代，齊聖虞殷，履道思沖，寧得獨異？』帝大悅。」〔註46〕按此邏輯，帝王無論自認有罪無罪，皆應懺悔軌世，概莫能外。懺罪之風既由帝王將相倡之於上，民間百姓自然聞之風動，至今各地寺院仍盛行《梁皇寶懺》《慈悲水懺》《大悲懺》《藥師懺》《淨土懺》《地藏懺》等各類懺法。除此之外，以布施、放生、抄經等行為懺罪求福的方式亦極為盛行。尤其在密宗崛起之後，密宗的咒語（如「大圓滿陀羅尼神咒穢跡真言」）、儀軌（如布置「曼荼羅」）也被吸納進來，成為各類漢地水陸法會的重要組成部分。「江、淮、兩浙、川、廣、福建，水陸佛事，今古盛行。或保慶平安而不設水陸，則人以為不善；追資尊長而不設水陸，則人以為不孝；濟拔卑幼而不設水陸，則人以為不慈。由是富者獨立營辦，貧者共財修設。」〔註47〕明初朱元璋還下令擬定佛道科儀格式，要求「即今瑜伽顯密法事儀式及諸真言密咒，盡行考較穩當，可為一定之規，行於天下諸山寺院，永遠遵守，為孝子順孫慎終追遠之道、人民州里之間祈禳伸情之用」。〔註48〕至此，則各種佛教儀軌不僅最終完成了定型，而且正式成為國家所認可、地方所推行的禮法制度，頻繁用於各種風俗教化、祭祀典禮的場合。如前所述，《佛說大乘造像功德經》之類的佛經宣揚「若有淨信之心造佛形象，一切業障莫不除滅，所獲功德無量無邊」，因而捐錢請工匠造像也成為十分便捷的懺罪方式。千百年來信眾前仆後繼，令石窟造像蔚為大觀，今中國境內四大佛教石窟，其開鑿時間皆始於南北朝時，且相當一部分佛像

〔註46〕慧皎《高僧傳》卷十三《釋曇宗》，大正新修大藏經第 50 冊，No.2059。

〔註47〕宗賾《水陸緣起》，載宗曉所編《施食通覽》，卍新纂大日本續藏經第 57 冊，No.961。

〔註48〕朱元璋洪武十六年五月二十一日詔，載葛寅亮《金陵梵剎志》卷二，明萬曆刻天啟印本。

有供養人題記，屬於信眾爲全家、爲亡父母、爲親友所造者。與此同時，對於佛像的保護也曾一度上升到國家刑法的程度。隋開皇二十年詔盜毀佛及天尊像者以不道論，沙門、道士壞佛及天尊者以惡逆論，〔註49〕而「不道」「惡逆」皆屬於十惡不赦之大罪，其重視程度可見一斑。

其四，依附國主，展現靈異。古印度「幻術」較爲發達，而這類能夠從事幻術表演的人也往往被視爲具有神通力，從而獲得信眾的布施與供養。佛陀在世時，對幻術的評價不高，也不甚看重，但仍然承認其存在。由於幻術具有不堅固的特性，佛陀還時常以之爲譬，來說明不可執著於色法。在南傳《相應部・帝釋相應》中，阿修羅王還向帝釋天表示：「幻術導地獄，因此參婆羅，百年墮地獄。」然而在最早結集而成的《阿含經》中，同樣保留了大量世尊展現神通乃至用神通收服外道的事蹟，而「十大弟子」之一的目犍連在使用「天眼通」時，儘管引發了諸比丘的懷疑，佛陀也當眾對目犍連進行了肯定。〔註50〕在較爲固定的小乘體系中，佛陀及俱解脫阿羅漢共有六種神通：天眼通、天耳通、他心通、宿命通、神足通、漏盡通。佛教認爲外道也可以擁有其餘五種神通，但「漏盡通」則爲證得解脫的佛或阿羅漢所獨有。但經筆者考查，在《雜阿含》中羅列各神通時並無「神足通」，可知其進入「六神通」的時間相對最晚。蓋因其餘神通若有人配合則不易辨別眞僞，惟神足通要在眾人面前消失而在它地出現，則非常容易被揭穿。大乘佛教崛起後，對佛、菩薩的神通渲染更爲濃烈，在《維摩詰經》中，維摩詰居士已能「入於三昧，現神通力，以其右手斷取妙喜世界，置於此土」。種種不可思議之神通，在古印度皆被認定爲可能之事，其主要原因之一即爲幻術之盛行。

幻術自西域傳入中國之時代，尚在佛教傳入之前。《列子・周穆王》云：「周穆王時，西極之國有化人來，入水火，貫金石，反山川，移城邑，乘虛不墜，觸實不硋。」〔註51〕周穆王是西周時富有傳奇色彩的一位君主，據《山

〔註49〕《隋書・高祖本紀》：「（二十年）辛巳，詔曰：佛法深妙，道教虛融，咸降大慈，濟度群品，凡在含識，皆蒙覆護。所以雕鑄靈相，圖寫眞形，率土瞻仰，用申誠敬。……敢有毀壞偷盜佛及天尊像、嶽鎮海瀆神形者，以不道論。沙門壞佛像、道士壞天尊者，以惡逆論。」
〔註50〕佛陀肯定目犍連神通之事載於《南傳律・經分別・比丘戒・四波羅夷法・波羅夷四〔上人法戒〕》。
〔註51〕《列子》卷三，《四部叢刊》景北宋本。

海經》《穆天子傳》等書記載，他曾駕八駿西巡天下，登崑崙之丘，見西王母。此事稍嫌荒誕，故今人多有不同解讀，但《春秋左氏傳》《竹書紀年》《史記》等史書也記載其西巡之事，可知周穆王之時確與西域等地有所交流。此類化人顯然是身懷幻術之人，但此時佛陀尚未出世，顯然與佛教無關。然而在佛教傳入中國之後，佛教徒乃謂此化人即爲文殊菩薩等聖者。據道宣《律相感通傳》：「至穆王時，文殊、目連來化，穆王從之，即《列子》所謂化人者是也。」〔註52〕此事雖屬妄加攀附，但佛教早期在中國的傳播確與幻術頗有關係，甚至許多高僧都是身懷此術之人，這也成爲他們宣說佛法、說服國主的重要手段。

漢武帝派張騫鑿空西域之後，身懷幻術的胡人即沿絲綢之路陸續來到中國。據《史記・大宛列傳》記載：「漢使還，而後發使隨漢使來觀漢廣大，以大鳥卵及黎軒善眩人獻於漢。」〔註53〕大鳥卵應爲鴕鳥蛋，而善眩人即擅長幻術之人，亦即古代之魔術師。漢武帝獨尊儒術，而孔子「不語怪力亂神」，故此類幻術表演在儒家體系中一直被視爲奇淫技巧，難登大雅之堂。然而世人皆有獵奇之心，幻術能聳人聽聞，渲染靈異，在歷朝歷代皆不缺少觀眾。東漢光武帝自認應讖緯之語而上位，故對於神秘之事極爲熱衷，此後的東漢歷代皇帝亦承襲此風。〔註54〕據《後漢書・南蠻西南夷列傳》載：「永寧元年，撣國王雍由調復遣使者詣闕朝賀，獻樂及幻人，能變化吐火，自支解，易牛馬頭。明年元會作之於庭，安帝與群臣共觀，大奇之。」〔註55〕永寧爲漢安帝所用年號，既然上位者愛好此道，自後西域持幻術而售者遂絡繹不絕。據《舊唐書・音樂志》載：「安帝時，天竺獻伎，能自斷手足，刳剔腸胃，自是歷代有之。我高宗惡其驚俗，敕西域關令不令入中國。」〔註56〕由此可見，自東漢安帝至唐高宗五百餘年間，前來中國從事幻術表演者皆不絕

〔註52〕 道宣《律相感通傳》，大正新修大藏經第 45 冊，No.1898。

〔註53〕 《史記》卷一百二十三《大宛列傳》，清乾隆武英殿刻本。

〔註54〕 《後漢書・光武帝紀》：「彊華自關中奉《赤伏符》，曰：『劉秀發兵捕不道，四夷雲集龍鬥野，四七之際火爲主。』群臣因覆奏曰：『受命之符，人應爲大，萬里合信，不議同情，周之白魚，曷足比焉？今上無天子，海內清亂，符瑞之應，昭然著聞，宜答天神，以塞群望。』光武於是命有司設壇場於鄗南千秋亭五成陌。六月己未，即皇帝位。」劉秀以讖言登基爲帝，又常以圖讖決疑，凡名應圖篆者皆賜高官厚祿，故《後漢書・方術列傳》謂其「尤信讖言」。此後明、章二帝沿襲此風，遂使讖緯之書遍布天下。

〔註55〕 《後漢書》卷五十一《李陳龐陳橋列傳第四十一》，百衲本景宋紹熙刻本。

〔註56〕 《舊唐書》卷二十九《志第九》，清乾隆武英殿刻本。

其人。但此類幻術表演若不與僧侶修行相結合，終究被上位者視爲「伎」，而不被當成神通。

　　最早一批來中國傳法的外國高僧，其中若干位都曾修習幻術，這種以佛法哲理爲依託、以幻術靈異爲輔助的弘法方式，在實踐中取得了極大的效果。據《神僧傳》記載：「（石勒）召（佛圖）澄問曰：『佛道有何靈驗？』澄知勒不達深理，正可以道術爲教，因言曰：『至道雖遠，亦可以近事爲證。』即取器盛水，燒香咒之。須臾生青蓮華，光色曜日。勒由此信伏。」〔註57〕佛圖澄在石勒前所表演的這種空盆生物的幻術，至今仍是魔術師表演的傳統魔術之一。除此之外，佛圖澄還可以表演「胸孔放光」「引腸水洗」之類的幻術，再加上軍事上的預言卜算之類，「於是中州胡晉略皆奉佛」，僧團之盛前所未有。另一位弘法極著名的高僧是鳩摩羅什，但此人有破戒娶妻生子之事，因而不得不施展幻術以挽回聲譽。據《晉書・藝術傳・鳩摩羅什》載，鳩摩羅什「忽下高坐，謂興曰：『有二小兒登吾肩，欲鄙須婦人。』興乃召宮女進之，一交而生二子焉。興嘗謂羅什曰：『大師聰明超悟，天下莫二，何可使法種少嗣。』遂以伎女十人，逼令受之。爾後不住僧坊，別立解舍。諸僧多傚之。什乃聚針盈缽，引諸僧謂之曰：『若能見效食此者，乃可畜室耳。』因舉匕進針，與常食不別，諸僧愧服乃止。」〔註58〕鳩摩羅什當年表演的這種吞針之術，至今仍在中國魔術界盛行不衰。但《高僧傳》等書謂鳩摩羅什娶妻之事爲被迫所爲，非其本意，與《晉書》所載頗有異，故宗教界多以此爲據，指斥《晉書》污蔑高僧。然若非吞針之事過於離奇，恐《晉書》也難以無中生有而自行杜撰。即以《高僧傳》而論，其中亦載：「（鳩摩羅什）告資曰：『又不能爲益，徒煩費耳。冥運雖隱，可以事試也。』乃以五色系作繩結之，燒爲灰末，投水中，灰若出水還成繩者，病不可愈。須臾，灰聚浮出，復繩本形。」〔註59〕這種燒繩爲灰、灰復聚爲繩的幻術，也是今天傳統魔術的保留劇目之一，而鳩摩羅什則欲以此來說服呂光聽從自己的諫言。能夠展現幻術、靈異的僧人，又不止筆者所列佛圖澄、鳩摩羅什兩人，明成祖《御製神僧傳》所載自漢明帝時摩騰、法蘭，終於元世祖時國師帕克巴，凡二百零八位，可謂洋洋大觀。《御製神僧傳》所錄皆爲有靈怪事蹟之名僧，其中先唐僧人約占三分之一，又以外國僧人占絕大多數；唐代人數最

〔註57〕《神僧傳》卷第一《佛圖澄》，大正新修大藏經第 50 冊，No.2064。

〔註58〕《晉書》卷九十五列傳第六十五藝術，清乾隆武英殿刻本。

〔註59〕慧皎《高僧傳》卷第二《鳩摩羅什》，大正新修大藏經第 50 冊，No.2059。

多，約占全書一半，而中國僧人比例已超越外國；宋代則僅有十六人，遼、金無一人，這也與佛教在中國的傳播情況相吻合。中國古代幻術之種類，據清光緒唐再豐所編《鵝幻彙編》共載三百二十餘種，其中相當多數量即為從西域所傳入者。大抵時代越古，則聲稱有神通之僧人越多；科學越倡明，則靈異事件越難有藏身之所。

佛教傳播的初期，曾試圖模擬古印度的傳教方式，先在中下層百姓中普及，進而影響到上流社會。但佛教進入中國時，面臨的是高度集權的帝制王朝，而且已有官方統一的主流意識形態，這與古印度列國分立、宗教自由的狀況差異很大，所遇到的障礙和困難極多。儘管西漢楚王劉英時已有佛法流傳，但由於上位者並不提倡，劉英最後也因牽扯謀反事件而被貶斥至死。東漢時朝廷下令中國百姓不得出家，僅此一條律令，幾乎就斷絕了佛教的傳播之路。自下而上的路線走不通，身懷幻術的僧侶開始改走自上而下的路線，先打動掌權者，然後借助世俗權力以弘揚佛法。像前秦國王苻堅、後涼太祖呂光、後趙國主石勒之類的君主，都在短時間內大力擴建佛寺、招募僧人、翻譯經書，讓佛教在各自的勢力範圍內迅速興盛。冉閔滅胡，高僧道安也被迫離開襄陽，他在總結其師佛圖澄的弘法經驗之後感慨：「今遭凶年，不依國主則法事難立，又教化之體宜令廣布。」〔註60〕自此之後，依附國主以弘揚佛法，就成為中國佛教傳播的基本方略。從現實情況來考量，在中央高度集權的帝制時代，這的確是最容易見效、效率也最高的方式，佛教也正是由此而在中國立足了根基，並最終蔓延成為第一大宗教勢力。但與此同時，由於大多數君主並非是真正虔誠的信仰者，往往只揀選對自己有利的內容，而且喜怒無常，獨斷專行，佛教興衰與否繫於一念之間，這也讓佛教僧侶逐漸喪失其獨立性，而轉變為掌權者的附庸。甚至於為了贏得帝王的歡心，佛教僧人不惜扭曲佛法的主旨，乃至奉帝王以為佛祖，脫俗出世的精神日益淡漠，世俗化、人間化的傾向逐漸嚴重，原始佛教的教義幾乎面目全非。武則天以女子之身欲登帝位，於是敕沙門法朗九人重譯《大雲經》，以懷義、法明為首的僧侶並偽造《大雲經疏》以獻，內宣稱武曌乃是彌勒菩薩所轉生，應當以女身而為皇帝。武則天登基後投桃報李，認為佛教「開革命之階……自今以後，釋教宜在道法之上，緇服（僧人）處黃冠（道士）之前」。〔註61〕

〔註60〕慧皎《高僧傳》卷第五《道安》，大正新修大藏經第50冊，No.2059。
〔註61〕《唐大詔令集》卷一百十三《政事》「釋教在道法之上制」條，民國適園叢書刊明鈔本。

又，歐陽修《歸田錄》載：「太祖皇帝初幸相國寺，至佛像前燒香，問：『當拜與不拜？』僧錄贊寧奏曰：『不拜。』問其何故，對曰：『見在佛不拜過去佛。』……故微笑而頷之，遂以爲定制。」〔註62〕凡此種種，皆見僧人諂媚王權之醜態。在大多數朝代，佛教領袖已不依賴修行境界而評定，而是通過統治者的冊封來體現。當帝王不僅是世俗的掌權者，同時上升爲宗教之最高權威時，佛教之氣節品性因之大壞，不得不爲現世之利益著意尋求，這也是依附國主所必須付出的沉重代價。

第三節　判教之風與「斷酒肉文」

古印度時期佛教宗派紛爭十分激烈，不僅有大眾部與上座部的根本分裂，兩部又因爲觀點不同而繼續分裂爲數十派，再加上大乘崛起後所創造的新理論體系，整體教義不僅雜亂無序，而且彼此間往往充滿矛盾。但在佛教傳入中國之後，情況卻發生了神奇的變化。由於語言不通加之文化隔膜，中國百姓對於古印度的派系爭鬥不僅毫無所知，而且也缺乏瞭解的興趣，一切傳入的佛經皆想當然地認定爲佛陀所說。小乘佛經和大乘佛經幾乎同時傳入中國，前輩學者往往對中國最後選擇大乘頗爲疑惑，乃至援舉宗派教義以舉證大乘之優越性，最後歸結爲大乘思想更爲適合中國之社會實際。類似的邏輯不僅倒果爲因、循環論證，而且從一開始就沒有抓住重點，乃屬一葉障目而不見泰山。在筆者看來，這是一個十分自然而又單純的選擇：大乘宗派既然崛起於原始教義之後，在小乘的佛經（以《阿含經》爲主體）之中自然不會有任何討論、貶低大乘的內容；大乘佛教則意欲爲新理論、新宗派正名，故而頻繁在大乘佛經中貶低原始教義，稱其爲方便說、不徹底說，並大幅度抬高菩薩地位，同時壓低阿羅漢之境界。在將一切佛經均視爲佛說的情況下，中國民眾最終接受大乘佛教，就成了順利成章、不言而喻的選擇。

儘管選擇大乘佛教是必然的結局，但早期的傳播狀況仍然十分雜亂。大量的佛經沒有譯出，所譯出的佛經觀點又自相矛盾，而不同的外來高僧又皆有其宗派立場，這也導致中國最早的一批僧侶往往各擇一經，奉行其是。舉例而言，東晉義熙年間法顯與佛陀跋陀羅（意譯「覺賢」）譯出《大般泥洹經》六卷（相當於曇無讖譯本《大般涅槃經》的初分前十卷），其中稱「此摩訶衍般泥洹經，一切諸惡無不治故，唯除一闡提。所以者何？無菩提因

〔註62〕歐陽修《歸田錄》卷一，明稗海本。

故」、「永離善心，名一闡提」、「彼一闡提於如來性所以永絕，斯由誹謗作大惡業，如彼蠶蟲，綿網自纏而無出處。一闡提輩亦復如是，於如來性不能開發起菩提因，乃至一切極生死際」、「彼一闡提亦復如是，壞善種子欲令改悔生其善心，無有是處，是故名為一闡提也」。按此類經文所述，一闡提人永離善心，無菩提因，於如來性永絕，顯然永遠無法成佛。但道生在接觸此經前曾輔佐鳩摩羅什譯《大品般若經》《小品般若經》，因而接受了般若性空思想，既然諸法皆為因緣假合，無所住，自性空，則根本上並不存在永絕善心之人。道生由此立論，宣布一闡提人也可成佛，因而引發群僧激憤，被逐出建康，不得不退隱吳之虎丘山。待曇無讖譯出《大般涅槃經》全本之後，中國僧眾發現後半部分又有「一切眾生悉有佛性，乃至一闡提等亦有佛性。一闡提等無有善法，佛性亦善，以未來有故，一闡提等悉有佛性。何以故？一闡提等定當得成阿耨多羅三藐三菩提故」、「若人心口異想異說，言一闡提不得阿耨多羅三藐三菩提，是人亦名謗佛法僧」等語，佛教界於是轉而佩服道生的遠見卓識，甚至編造出了「生公說法，頑石點頭」的傳說。風波至此似乎獲得了圓滿解決，但研究者若邏輯清晰，則會發現後出的經文雖然支持道生的觀點，但並不能抵消前面的經文，二者實際上自相矛盾。站在文獻學的立場而論，《大般涅槃經》屬於不同宗派、不同時代的思想雜糅累積而成，故而前後的理論體系並不統一。從小乘的《大般涅槃經》（相當於漢譯《長阿含經》中的《遊行經》，所記為佛陀臨近涅槃時之事蹟）到大乘法顯所譯《大般泥洹經》再到曇無讖所譯《大般涅槃經》，不僅反映了經文內容的偷樑換柱，也體現了大乘的成佛思想逐漸趨向包容的過程。而《大乘入楞伽經》又稱一闡提人共有兩種，一者捨一切善根，另一種則為菩薩自願方便，而畢竟不能成佛的則為後一種「菩薩一闡提」。因為菩薩憐愍一切眾生，若諸眾生不能成佛，則菩薩誓不成佛。《楞伽經》立意又與《涅槃經》不同，故一闡提的分類及概念皆無法統一。類似的經文矛盾多如牛毛，其產生的根源是古印度的派系分立、各持己說，但中國僧人既將一切佛經皆視為佛說，故不得不對經文再行析分，宣稱「如來常依二諦說法，一者世諦，二者第一義諦。故二諦唯是教門，不關境理」。〔註63〕亦即佛陀所說經文可分兩類：一類只是隨順世俗，依凡夫之有而說有，是說現象之幻有，並非真實不虛之理；另一類則是說超越世俗之義理，揭示諸法實相，是究竟的真理。在這樣的指導

〔註63〕吉藏《大乘玄義》卷一，大正新修大藏經第 45 冊，No.1853。

思想之下，中國佛教界的「判教」之風開始盛行。判教是對現存的佛經進行分類，認定某些佛經是了義經，所宣說爲第一義諦（又稱眞諦、聖諦、勝義諦），是深妙殊勝之眞理；某些佛經是不了義經，只是陳述世諦（又稱俗諦、世俗諦），不可視爲究竟眞實之理。判教還可以根據說法的對象、形式、方法、順序、內容、意義等項，對繁雜的佛經進行更爲細緻的分類和評估，以實現系統化和階段化。經過這種人爲劃分之後，不同佛經所導致的概念混亂、體系矛盾之病即可有望解決，這堪稱是中國僧人的一大發明創造。但在實際執行的過程中，不同高僧的判教方式並不一致，僅在南北朝時就有十家較爲著名，若再包括後世而論，判教方式共有二十幾種之多。不同的判教方式會帶來對終極佛理的不同認識，也會更爲看重被自己視爲了義經的佛經，因而又派生出若干不同的修行法門。判教方式的差異，也是促使中國大乘佛教宗派分立的主要動因之一。

　　判教產生的實際根源，是因爲中國古代的僧侶缺少歷史文獻的發展觀念，同時又出於虔誠的宗教信仰，將不同時代、不同作者、不同宗派所結集出的佛經，一概視爲西方所傳入的佛陀的眞實教語。儘管早期從事佛經翻譯的僧人也進行過認眞的辨僞工作，但其認定僞經的主要依據是看相關的佛經有無對應的梵語文本，以判定是否爲中國人所自行僞造。由於語言的隔膜、材料的不足和考證能力的缺失，他們無法判斷梵文佛經結集於何時，成於何地，乃至是否符合佛陀本人的眞實教義，而將其全部視爲眞經無疑。當發現不同佛經的內容文字、理論體系充滿矛盾之後，中國僧人不得不對此進行解釋，加之孔子倡導的「因材施教」的觀念在中國深入人心，於是一切佛經就被視爲佛陀對不同聽眾使用不同方式所宣說的不同教義。這種處理方式試圖說明佛經並非彼此矛盾，而是適應於不同階段、不同對象的，彼此之間是相互補充的關係，這是現實困境中的最佳選擇，也是佛教傳播本土化的產物。判教的創意雖然十分巧妙，但它本質上否定了佛陀在覺悟之後所宣說的是同一體系下的唯一眞理，而將佛陀從宗教領袖的角色轉變爲一位卓越的教育家。由於若干佛經在判教之後，被定性爲只是對根器不足的聽眾所宣說的不完全眞理，因而對佛經的取捨就受制於個人的喜好與境界。由尚未覺悟解脫的中國僧人，來判定什麼才是眞正覺悟解脫後的佛理，這是一種宗教意義上的邏輯悖論。在這種情形之下，體系框架更大、內容涵蓋更多、文采渲染更濃、靈異展現更奇、迎合民眾更甚的大乘佛經全面勝出，在所有的判教方式

中都居於小乘佛經之上，原始佛教之教義因此日益不受重視。古印度大乘佛教崛起的早期，原始佛教教義雖然被貶為小乘，但仍然被視為佛教修行的基礎階段，更強調阿羅漢的回小向大、轉向大乘；中國在經歷判教的洗禮之後，出於對大乘佛經及後世大乘高僧論著的重視，轉而採用了新的修行次第，號召一切僧人直接從大乘菩薩道起修，不再經過阿羅漢階位。儘管大乘佛教普遍宣稱，在菩薩道的初步階段已涵蓋了小乘的修行內容與法門，但實際上卻已對原始教義的導向進行了徹底的顛覆。原始教義以出離塵世作為擺脫煩惱的方式，對塵世的厭離心是打破輪迴鏈條中的關鍵一環；大乘菩薩道則以「發菩提心」作為修行成佛的前提，一開始入門就要發四弘誓願，「一者誓度一切眾生，二者誓斷一切煩惱，三者誓學一切法門，四者誓證一切佛果」，甘願承受輪迴諸苦以利益他人，對眾生的慈悲關切才是成佛的關鍵。價值取向既截然不同，大乘菩提道次第中卻欲涵蓋原始佛教的修行方式，則其衝突不合處皆需修改增訂。經此一役，中國的大乘僧侶只需專研大乘經論即可，而小乘《阿含經》名存實亡，漸成無人探討之典籍。

　　早期梵文《大事》（MahAvastu）在記載佛陀的菩薩行事蹟時，敘及菩薩可分「十地」，亦即成佛所經歷的十個階段，分別為難登（durAroha）、結意（baddhamAna）、華飾（puSpamaNDita）、明輝（rucira）、廣心（cittavistara）、具色（rUpavatI）、難勝（durjaya）、生緣（janmanideZa）、王子位（yauvarAjya）、灌頂（abhiSeka）。稍早的大乘佛經如《菩薩本業經》《菩薩十住經》《十住斷結經》中，則提及菩薩可分為「十住」，分別為初發心、治地、應行（進學）、生貴、修成（具足方便）、正心（成就直心）、不退轉、童眞、法王子（王子位）、灌頂。兩相對照，十地、十住若干項重合，有明顯的關聯性，應當同出一源。蓋十住本為十地之異名，例如鳩摩羅什所譯《十住經》與尸羅達磨所譯《佛說十地經》，雖有廣略之別，卻無疑是同一種經典，足見兩詞混用之頻。從小乘教義和早期的大乘理論來看，菩薩十地的劃分，只是為了說明釋迦牟尼從出生到成佛的階段。據無著《大乘莊嚴經論》云：「菩薩有四種果：一者，入初地時生如來家，是須陀洹果；二者，於第八地中而得授記，是斯陀含果；三者，於第十地中而得受職，是阿那含果；四者，佛地，是阿羅漢果。前三是學果，第四是無學果。」〔註64〕將菩薩十地對等小乘四果，並將佛果視為阿羅漢果，顯然這種劃分仍沒有完全擺脫原始佛教的定義。但

〔註64〕無著《大乘莊嚴經論》卷第十二，大正新修大藏經第31冊，No.1604。

大乘在徹底崛起之後，菩薩逐漸由凡夫而轉變爲一種介於羅漢與佛之間的階層，高階菩薩的境界被視爲遠超阿羅漢之境界。況且既名「十地」，譯名中卻無「地」字，並不符合漢地的語言習慣，故《大品般若經》所立十地之名爲乾慧地、性地、八人地、見地、薄地、離欲地、已作地、辟支佛地、菩薩地、佛地，此十地之名已屬新起之概念。在中國判教之後，《華嚴經》的地位急劇攀升，被視爲「高山頓說」，屬專爲悟性高的菩薩所說之法，而此經中所敘菩薩十地之名稱，歡喜地、離垢地、發光地（明地）、焰慧地、極難勝地（難勝地）、現前地、遠行地、不動地、善慧地、法雲地，也就成爲中國最流行的階段劃分方法。惟《華嚴經》在十地之外，還同時敘述了十住、十信、十行、十迴向，而其十住內容又與上文相符，這顯然是晚出佛經漸次增廣之結果。但《華嚴經》十住、十地雖兩立，品味經文之意，卻未曾將其視爲二十種階段，而十信、十行、十迴向更是與修行次第無關。中國古代僧人既尊奉《華嚴經》，又不能深入探討「十地說」之演變，故將經內所述十住、十行、十迴向、十地皆混同爲菩薩階位。《菩薩瓔珞本業經》《仁王經》《大佛頂首楞嚴經》又有菩薩十信之說，作爲初入地前菩薩所應修行之法，其中《菩薩瓔珞本業經》已將十住、十行、十迴向、十地再加上等覺、妙覺合稱爲「四十二賢聖」。後世僧人再將「十信」補入，作爲菩薩最初之階位，於是乃有「菩薩五十二階位」之說出。從最初菩薩階段的「十住」，到「十住」被別譯爲「十地」，只是輕微的訛變，大多概念仍維持其原本內涵；由「十地」的名稱而演變出新的「十地」概念，是原始概念「十住」與新出概念「十地」並行的階段；在「十住」「十地」之外，另增「十行」「十迴向」的概念，只是爲了解釋每個修行階段所需要輔佐的助力，是理論體系進一步的擴充和完善；在「十住」「十地」「十行」「十迴向」之前又增加「十信」，是補充了正式進入菩薩行之前需要具備的條件，是體系的進一步細化；將十信、十住、十地、十行、十迴向再加上等覺、妙覺視爲菩薩修行的五十二個階位，則是對經文的扭曲與附會，也是在判教之風盛行後，由於過於迷信和推崇個別佛經所造成的惡果。後世中國僧人習而不察，於是又謂「菩薩五十二階位」爲《華嚴經》所宣說。實則《華嚴經》既未言十信，亦非將十行、十迴向等視爲菩薩階位，而其自身也屬於較晚出的、經後世層層增補之後的佛經，與原始教義相去不可以道里計。

　　在接受晚出的大乘教義之後，中國佛教界借助判教的手段，確立了佛經的選擇標準，並搭建起了新的大乘修行體系，但在戒律方面仍然缺少革新的

理由與動力。一方面，原始佛教在經歷「十事非法」的事件之後，對戒律進行了重新的結集與討論，後期宗派分裂之後雖然各有戒律，但絕大部分條款相差不大；另一方面，戒律在原始佛教時本為因事而設，佛陀又曾有「小小戒可捨」的遺訓，再加之傳播過程中遭遇到不同的本土風俗，因而戒律的執行往往並不嚴厲。此外，大乘佛教風氣寬鬆，強調人人皆可成佛（即使是善根斷盡的一闡提人），倘若因為重罪而被擯除佛門，抑或是主動還俗破戒，只要誠心悔過，仍可能被重新接納。凡此種種，導致戒律在中國並未被特別看重，鳩摩羅什蓄妻生子仍被視為高僧，甚至還一度被其他僧人所傚仿；慧可「或入諸酒肆，或過於屠門」，〔註65〕也未曾因此被視為犯戒。中國僧人集體不遵守古印度僧侶的乞食制度和捉金銀戒、站立小便戒、伐草木戒等項，也並未引發任何非議。蓋戒律一項雖然在佛教體系中十分重要，被視為增強定力的方法，但終究只是外在的輔佐方式，其意義不僅無法與佛法主旨相媲美，甚至較坐禪數息等修行方法亦有所不及。然而正是在這樣的歷史背景下，中國佛教竟然因為一位信佛皇帝的倡議，掀起了一輪巨大的戒律革新風波，並由此形成了漢傳佛教「禁肉」的特色，這不能不說是一樁美麗的意外。

佛陀在世時，提婆達多曾經倡議新增五條戒律，其中一條即為禁食魚、肉，但卻遭到了佛陀的拒絕，佛陀明確允許弟子食用「不見、不聞、不疑三事之清淨魚、肉」。所謂不見，指沒有親眼見到動物死亡之場面；所謂不聞，指沒有親耳聽到動物死亡之哀嚎；所謂不疑，指並不懷疑動物因己而死，滿足這三種條件的肉被稱為「三淨肉」，佛陀許可僧團可以隨意食用。儘管如此，這種禁食魚、肉的做法在古印度的宗教之中很有市場（耆那教等教派即有此條戒律），因而提婆達多以此為藉口，成功率領五百位比丘從僧團中分裂出走。據《四分律》《五分律》記載，佛陀差遣舍利佛去勸回分裂僧眾，並要求他「作是唱言：若受調達（即提婆達多）五法教者，彼為不見佛法僧」。〔註66〕在佛教的典籍記載中，這場風波以提婆達多的完全失敗收場，但歷史

〔註65〕《景德傳燈錄》卷三：「（慧可）韜光混跡，變易儀相：或入諸酒肆，或過於屠門，或習街談，或隨廝役。人間之曰：『師是道人，何故如是？』師曰：『我自調心，何關汝事？』」大正新修大藏經第51冊，No.2076。

〔註66〕《彌沙塞部和醯五分律》卷三：「『舍利佛！汝往調達眾中，作是唱言：若受調達五法教者，彼為不見佛法僧。』舍利弗言：『我昔已曾讚歎調達，今日云何復得毀訾？』佛言：『汝昔讚歎，為是實不？』答言：『是實。』佛言：『今應毀訾，而毀訾亦復是實。』」而據《十誦律》《根本說一切有部毗奈耶破僧事》，佛陀所差之人為阿難。

事實可能並非如此。法顯、玄奘、義淨等西行求法的高僧，雖然行走路線不同，但都在國外遇到了遵循提婆達多五法的僧人，其時距離提婆達多去世已有千年之久，可見此派教義沿襲之久遠。大乘佛教崛起之後，充分迎合民眾的心理需求，儘管不能完全承認提婆達多的五法，但禁食魚、肉一條既有廣泛的群眾基礎，又可以實際減少殺生，與大乘倡導的慈悲精神相吻合，因而逐漸被吸納進晚出的大乘佛經之中，在《大般涅槃經》《央掘摩羅經》《楞伽阿跋多羅寶經》《梵網經》等經文中已經明確出現了禁食一切肉類的內容。佛經已變而戒律未改，這本是大乘佛經晚出的具體表現之一，但中國僧人既無科學的文獻史觀，又傾向於信仰大乘教義，導致這種矛盾很難自圓其說。在禁肉的律令出臺之前，儘管戒律並不禁止食用「三淨肉」，但不少高僧仍主動選擇禁食一切肉類，以保證同時不違背經文。但這種屬於個體的自覺行為，並不能代表僧團的整體風氣，當時寺廟僧眾進入市集買肉烹調仍然是非常普遍的現象。直到南朝梁武帝時期，這一切才最終發生改變。

　　中國古代對佛教有好感的帝王數量不少，但論及信仰之虔誠，恐怕無一人可以與梁武帝蕭衍相比。蕭衍早年學周孔儒道，弱冠即通六經，累官至雍州刺史。在起兵討伐東昏侯蕭寶卷獲勝之後，蕭衍又逼迫南齊皇帝蕭寶融禪位給自己，正式建立了梁朝。即位之後，由於道士陶弘景獻祥瑞圖讖，印證了梁朝建立符合「天命」，梁武帝因而耽信道教。然境內道教教眾叛亂之事頻繁，梁武帝逐漸對道教失去興趣，乃制《捨事李老道法詔》，宣布棄道從佛：「弟子經遲迷荒，耽事老子，歷葉相承，染此邪法。習因善發，棄迷知返，今捨舊醫，歸憑正覺。……涉大乘心，離二乘念，正願諸佛證明，菩薩攝受。」〔註67〕典籍中記敘此詔書的發布時間為天監三年（504）四月八日，此時梁武帝四十一歲，但與事件中所牽扯到的人物身份、時間多有不合，〔註68〕故而有不少學者斥責其為偽作。但從梁武帝晚年信仰佛教的狂熱程度而言，後世佛教徒並無偽造此詔書之必要，蓋「天監三年」之年代為後人追述時偶然誤記，梁武帝皈依佛教之事實在其晚年。此詔書頒布之後三日，梁武

〔註67〕　道宣《廣弘明集》卷四《捨事李老道法詔》、法琳《辨正論》卷八《梁武皇帝捨道敕文》均載此文。

〔註68〕　文下提及「至四月十七日，侍中、安前將軍、丹陽尹、邵陵王上啓云：『臣綸……今啓迷方，粗知歸向，受菩薩大戒』」，但蕭綸在天監三年尚未出生。今考蕭綸自大同七年（541）之後始遷安前將軍、丹陽尹，則《捨事李老道法詔》頒布時間不得早於此年。大同七年，梁武帝七十九歲，與《南史‧梁本紀》「晚乃溺信佛道」的記載相符。

帝又下詔稱：「老子、周公、孔子等，雖是如來弟子，而化跡既邪，止是世間之善，不能革凡成聖。其公卿百官、侯王宗族，宜反僞就眞，捨邪入正。」〔註69〕按文意，梁武帝此時已完全接受了佛教的觀點，將其置於至高無上之地位，以爲儒家、道教只是佛教之附庸，而且他不再滿足於自己個人皈依佛教，而欲以佛教爲國教，令朝野上下盡皆棄道從佛，足見其信仰之堅決。據《南史·梁本紀》記載：

> 晚乃溺信佛道，日止一食，膳無鮮腴，惟豆羹糲飯而已。或遇事擁，日倘移中，便嗽口以過。製《涅槃》《大品》《淨名》《三慧》諸經義記數百卷。聽覽餘閒，即於重雲殿及同泰寺講說，名僧碩學、四部聽眾常萬餘人。身衣布衣，木綿皁帳，一冠三載，一被二年。自五十外便斷房室，後宮職司貴妃以下，六宮褘褕三翟之外，皆衣不曳地，傍無錦綺。不飲酒，不聽音聲，非宗廟祭祀、大會饗宴及諸法事未嘗作樂。〔註70〕

梁武帝蕭衍身爲一國之君，奉養如此儉損，可謂能遠離聲色之欲。在位期間，梁武帝不惜耗費鉅資興建寺廟，京城建康寺院多達五百餘所，僧尼十萬餘人，而全國寺廟合計兩千八百餘所，僧尼八十餘萬人。據《魏書·島夷蕭衍》：「曾設齋會，自以身施同泰寺爲奴，其朝臣三表不許，於是內外百官共斂珍寶而贖之。衍每禮佛，捨其法服，著乾陀袈裟，令其王侯子弟皆受佛戒，有事佛精苦者輒加以菩薩之號。其臣下奏表上書，亦稱衍爲『皇帝菩薩』。」〔註71〕若據《梁書·武帝本紀》，梁武帝曾於大通元年（527）三月、中大通元年（529）九月、太清元年（547）三月共三次捨身同泰寺，除初次未記載贖金外，後二次皆由公卿以下費錢一億萬贖回，幾令國庫爲之一空。若據《南史》，則梁武帝共捨身四次，所增多一次在中大同元年（546）三月，云「仍施身」，但並未記載贖金，而《三國典略》則謂「八日，於同泰寺設無遮大會，捨朕身及以宮人並所王境土供養三寶。四月丙戌，公卿以錢二億萬奉贖」。但司馬光《資治通鑑考異》認爲此條並不可信，因爲「按韓愈《佛骨表》云『三度捨身爲寺家奴』，並此則四矣，今從《梁書》」，〔註72〕然古代

〔註69〕梁武帝《捨事李老道法詔》，載道宣《廣弘明集》卷第四，大正新修大藏經第52冊，No.2103。

〔註70〕《南史》卷七《梁本紀中第七》，清乾隆武英殿刻本。

〔註71〕《魏書》卷九十八列傳第八十六，清乾隆武英殿刻本。

〔註72〕《資治通鑑考異》卷第七轉引《（三國）典略》並下按語，四部叢刊景宋刻本。

「三」本有「多」義，未必一定為實指。梁武帝捨身事佛的舉動，明顯是追摩阿育王之作為，據《阿育王傳》「（阿育王）以己身及拘那羅群臣大地盡用布施」，〔註73〕而東晉法顯所記阿育王塔南石柱銘文「阿育王以閻浮提布施四方僧，還以錢贖，如是三反」，〔註74〕兩人事蹟若合符節。《阿育王傳》西晉時已有安法欽譯本，而梁天監五年開始重譯《阿育王經》時，梁武帝還「親臨法座，筆受其文，然後乃付譯人盡其經本」，〔註75〕可知梁武帝對阿育王捨身之事並不陌生。梁武帝還曾在詔書中敘述阿育王建八萬四千塔之事，並認定長干寺阿育王塔所出土之佛陀舍利、爪牙即為阿育王所建塔供養者，甚至為此設無礙會、大赦天下。〔註76〕中國亙古未有帝王捨身之舉，梁武帝獨能效法阿育王而首為之，可見其晚年佞佛之誠。而梁武帝奉行佛道又不僅停留在外在形式上，他還親自講說佛經、撰述經義，詔編《眾經要鈔》《經律異相》《義林》等佛教類書，敕徐勉撰皇帝捨身儀注，組織臣下批判范縝《神滅論》，創設「慈悲道場懺法」（後世稱「梁皇懺」），頒行《在家出家受菩薩戒法》，凡此種種皆表明其並非僅欲為一護法國王，而是自承為一方之教主。正是由於梁武帝的這種自我定位，他最終才會頒布《斷酒肉文》，決意對佛教戒律進行修正，而這也是影響後世佛教甚為深遠的一大舉措。

　　關於《斷酒肉文》所頒布的時間，史書並未明載，而《佛祖統紀》載於天監十年，《佛祖通載》則繫於天監十一年。今考《斷酒肉文》中有「弟子已勒諸廟祝及以百姓，凡諸群祀，若有祈報者，皆不得薦生類」，〔註77〕而《梁書·武帝本紀》載「（天監十六年）夏四月甲子，初去宗廟牲」，〔註78〕與《隋書·禮儀》所載去牲諸詔令時間吻合，則《斷酒肉文》當作於此年之後，《佛祖統紀》等書所載時間均有誤。當今學者多據郭祖深上梁武帝書中有「陛下皇基兆運二十餘載」「僧尼皆令蔬食」等語，認定《斷酒肉文》為接納郭氏諫

〔註73〕《阿育王傳》卷第三，大正新修大藏經第50冊，No.2042。

〔註74〕法顯《高僧法顯傳》，大正新修大藏經第51冊，No.2085。

〔註75〕道宣《續高僧傳》卷一：「大梁御宇搜訪術能，以天監五年被敕徵召，於楊都壽光殿、華林園、正觀寺、占雲館、扶南館等五處傳譯，訖十七年，都合一十一部四十八卷，即《大育王經》《解脫道論》等是也。初翻經日，於壽光殿，武帝躬臨法座，筆受其文，然後乃付譯人盡其經本。」

〔註76〕梁武帝《出古育王塔下佛舍利詔》，載道宣《廣弘明集》卷第十五，大正新修大藏經第52冊，No.2103。

〔註77〕梁武帝《斷酒肉文》，載道宣《廣弘明集》卷第二十六，大正新修大藏經第52冊，No.2103。

〔註78〕《梁書》卷二本紀第二，清乾隆武英殿刻本。

言而制定，故其上限不早於普通三年（522），但郭氏此句上下文爲「聽畜奴婢。婢唯著青布衣，僧尼皆令蔬食」，〔註79〕似亦可解爲僧尼令所蓄奴婢皆蔬食。若照此解，則郭氏此疏反當作於僧尼自身斷肉之後。從《斷酒肉文》發布之前的情況來看，梁武帝早已開始私下蔬食，「雖自內行，不使外知，至於禮宴群臣，肴膳按常」，直至搞得自己「體過黃羸」仍堅持不懈。但是，梁武帝最初的蔬食之因，卻是出於不及奉養父母的孝心，並非源自佛教。〔註80〕直至天監十六年，梁武帝下令太醫不得以生類爲藥、宗廟祭祀去牲，其理由爲「無益至誠，有累冥道」，「以去殺之理，欲被之含識」，〔註81〕則顯然是已經接受了佛教戒絕殺生的教義。由斷殺再至斷肉，既是梁武帝誦讀大乘佛經之心得，也應歸因於他護持佛法之心切。《斷酒肉文》開頭即稱「匡正佛法是黑衣人事，乃非弟子白衣所急。但經教亦云『佛法寄囑人王』，是以弟子不得無言」，可見梁武帝雖然認爲戒律制定是僧團之事，但同時認爲身爲帝王的自己同樣有護法責任。此句尚爲謙語，而從後文的宣令而言，梁武帝稱：「若復有飲酒啖肉不如法者，弟子當依王法治問。諸僧尼若披如來衣，不行如來行，是假名僧，與盜戒不異。如是行者，猶是弟子國中編戶一民，今日以王力足相治問。」似此等句，則是以王權置於僧規之上，凡所有不聽斷酒肉令者皆認定其不配爲僧，梁武帝自居法王而欲汰別僧侶之心乃躍然而出。梁武帝之律令並非嚴以待人、寬以律己，他自己就率先發誓：「弟子蕭衍，從今以去，至於道場，若飲酒、放逸、起諸淫慾、欺誑、妄語、啖食眾生，乃至飲於乳蜜及以酥酪，願一切有大力鬼神先當苦治蕭衍身，然後將付地獄閻羅王，與種種苦，乃至眾生皆成佛盡，弟子蕭衍猶在阿鼻地獄中。」蓋梁武帝有如是之信心、決心，並非來自掌握權勢後的囂張跋扈，而是源於對大乘經文的深信不疑，他堅信自己的一切所爲才眞正符合佛陀本意。大乘佛經中有斷肉之明文，小乘戒律卻無斷肉之律條，則梁武帝執律以從經，至少從邏輯上並無障礙。

梁武帝的斷肉之舉並非一帆風順，在最初宗廟去牲之時，已導致「公卿異議，朝野喧囂」。〔註82〕儒家強調宗廟「血食」，即殺牲取血以祭，若不能行血食，則預示國祚斷絕或帝王絕後，梁武帝所面臨的輿論壓力可想而知。

〔註79〕《南史》卷七十列傳第六十循吏《郭祖深》，清乾隆武英殿刻本。
〔註80〕梁武帝《敬業賦》，載《廣弘明集》卷二十九，大正新修大藏經第 52 冊，No.2103。
〔註81〕《南史》卷六《梁本紀上第六》，清乾隆武英殿刻本。
〔註82〕《南史》卷六《梁本紀上第六》，清乾隆武英殿刻本。

在頒布斷酒肉的禁令之後，亦有僧尼倡言「律中無斷肉事及懺悔食肉法」，〔註83〕不肯接受這條戒律，因而梁武帝又舉行了數次辯論，當眾與三寺之律師相駁難。從雙方辯論的文字記載來看，梁武帝的邏輯清晰、言辭銳利，可謂直擊對方之漏洞，占盡上風。首先，針對莊嚴寺法超、奉誠寺僧辯、光宅寺寶度三位律師皆主張律中許食「三淨肉」的說法，梁武帝著重反擊了三淨肉中的「不疑」。從邏輯上而言，若去市集買肉，既非昏亂之人，自然心中有疑，會懷疑此肉是因我而來。因為若無買主，賣家自然不會繼續殺生賣肉。僧辯反駁，僧人可以認為這是自然死亡者之肉，則不疑是為我而殺，但梁武帝一針見血的指出：「若自死者處處應有，寺中亦應有自死者，何假往屠肉家買？」僧辯無從反駁，只好再次承認「理中居然是疑」。既然有疑，則市集之中並無「三淨肉」，就是斷絕了買肉之路。其次，僧辯主張戒律只是為了接引初入教之人，故允許食肉只是暫時的行為，最終會引導其達到斷肉的境界。梁武帝指出戒律條文是為受具足戒的僧人所說，並非針對童蒙，更不可以初教之律教導受具足戒者。僧辯又強調戒律是「接續初教，通於五時」，梁武帝則指出：「《涅槃經》有斷肉，《楞伽經》有斷肉，《央掘摩羅經》亦斷肉，《大雲經》《縛象經》並斷肉。律若至涅槃，云何無斷肉事？」更何況，僧辯也承認律是優波離所出，梁武帝反問：「佛般泥洹時，優波離既親在坐，云何律文不斷食肉？」僧辯至此已無話可應。再次，三律師之外，下座龍光寺道恩聲稱優波離僅集前四時之律，不集涅槃時，因為佛陀在涅槃時不複製戒。梁武帝則舉《涅槃經》「夫食肉者，斷大慈種」「我從今日制諸弟子，不得復食一切肉」「一切悉斷，及自死者」諸語，質問道恩：此是戒非戒？道恩亦啞口莫辯。最後，宣武寺法寵主張食肉後若能加以懺悔，則是大丈夫，是清白法。梁武帝則指出「先道慚愧而猶啖食，此是知而故犯，非謂慚愧」，法寵亦不能復答。在辯論獲勝之後，梁武帝又令始興寺景猷當眾宣讀《楞伽》《央掘摩羅經》所明斷肉經文，告誡諸僧斷肉實為佛陀之言，確保人盡皆知。至此，梁武帝完成了法令的強制、個人的示範、輿論的引導、文獻的舉證四重任務，戒斷酒肉最終為僧團所接受。

〔註83〕梁武帝《斷酒肉文》：「其後諸僧尼或猶云：律中無斷肉事及懺悔食肉法。其月二十九日，又勅請義學僧一百四十一人、義學尼五十七人，於華林華光殿，使莊嚴寺法超、奉誠寺僧辯、光宅寺寶度等三律師升高座，御席地施座，餘僧尼亦爾。制旨問法超等三律師曰……」下文所引辯論文字亦出此文。

　　過去學者多主張中國大乘僧人斷肉是梁武帝利用權力所強制，但此論看似正確，其實經不起推敲。梁武帝當然使用了強制手段，但這絕非斷肉被漢傳佛教界接受的根本原因。以同代言之，梁武帝的勢力範圍只在南朝，北朝則不需遵從其法令；以異代言之，無論隋唐抑或宋明，更不需要理會前朝皇帝之法令。斷酒肉之令之所以被中國佛教界普遍接受，是因為它符合大乘佛教的慈悲精神，而且自提波達多開始，佛教內部就盛行著一種以斷肉為高尚的風氣。法超、僧辯雖然為戒律許食三淨肉辯護，但法超自己早斷肉食，而僧辯也承認食肉非慈心，只是由於疾病故才會暫開。由於所有反對《斷酒肉文》的僧侶，自身又均認可大乘佛經的教義，而後者之中又有佛陀明令嚴禁食肉的語句，因而梁武帝開啟的是一場必然會獲勝的戰爭。佛經與戒律之間明顯具有矛盾，古代僧侶既無文獻史觀，又不敢懷疑大乘佛經晚出，就只能陷入悖論的怪圈。梁武帝以快刀斬亂麻之勢戒絕一切酒肉，實際上是消弭了佛教內部一個巨大的隱患，令大乘的理論體系更為順暢融洽，這也是後世都接受此條律令的深層原因。

　　梁武帝崇佛之誠難可匹敵，稱之為佛教護法之功臣實不為過，但最終卻亡國殞身，故而如何對其評價就成了佛教界的一大難題。韓愈《諫迎佛骨表》謂梁武帝「後竟為侯景所逼，餓死臺城，國亦尋滅。事佛求福，乃更得禍，由此觀之，佛不足事」，〔註84〕直接將其當成了佞佛無益的反面教材。自此之後，每當朝廷興起抑佛之風，梁武帝都會被頻繁提起，以佐證信佛之無助於治國。相比之下，佛教的反擊則顯得有些蒼白無力。釋契嵩《鐔津集》云：「梁武帝齋戒修潔過於高僧，亦享垂五十年，而江表小康，其壽特出於長壽，此亦佛法助治之驗也。」〔註85〕此論將長壽與在位時間久視為重佛之效驗，但終究於史實不合，蓋梁武帝信佛乃在其晚年，顛倒因果並不可取，且長壽而不得善終，亦非古人心目中之福報。釋念常《佛祖通載》云：「韓退之嘗曰梁武『餓死臺城』，蓋謂其屏嗜欲，絕午後食，至臨終齋戒不衰，在恣情豐美享用者視之，近乎餓死耳。猶孔子稱伯夷、叔齊餓死首陽，其微意乃所以成其美焉，豈謂不得食而餓死哉！」〔註86〕此論將梁武帝擬之餓死首陽山的伯夷、叔齊，未免有強充門面之嫌，蓋伯夷、叔齊為不肯食周粟而主動絕食，梁武帝則屬被侯景圍困宮中，因無食而餓死，並非其所願。此說難服

〔註84〕《朱文公校昌黎先生文集》卷之三十九，《四部叢刊》景元刊本。
〔註85〕契嵩《鐔津文集》卷九，《四部叢刊三編》景明弘治本。
〔註86〕念常《佛祖歷代通載》卷第九，大正新修大藏經第 49 冊，No.2036。

人心，故佛教內亦絕不見有響應者。隱子《梁室論》雖承認梁武帝之亡國為失敗，但認為其過不在崇佛，而在侯景之叛亂：「要之，隆污有定數，不可以苟延之也。自古君臣父子篡弒、狂盜內悔何可勝紀？今曲言侯景之叛而誣於佛，何耶？」〔註87〕侯景之叛因何而起，與崇佛之風有無關聯，此事難下定論，但此說縱然能辯白崇佛無害，亦未見供佛之大利益處。時至明代，佛教一改之前立場，不再試圖為梁武帝翻案，而倡導因果報應之說。據葛寅亮《金陵梵刹志》轉引《如如居士語錄》云：「武帝一日詔師至闕，師忽顰蹙低頭興歎。帝問之，師曰：『敵生也。』帝罔措。蓋是年侯景生於鮮卑懷朔鎮，即東昏侯後身也。」〔註88〕梁武帝乃討伐東昏侯而得天下，如如居士指侯景為東昏侯轉世，則梁武帝之惡報實出於從前殺戮之罪業，自食其果恰可昭示佛教因果之不虛。經過數百年的糾結，佛教徒們終於還是運用自己最擅長的三世因果理論，給梁武帝也找出了一個前世冤家，成功地消解了崇佛亡國的不利輿論。

第四節　寺廟經濟的運營模式

古印度風俗，出家人多棲息在林中（阿蘭若），平時以乞食為生，偶而去信徒家中接受宴請。修道者追求心靈的境界或生命的歸宿，通常對於物質財富的渴求較為淡漠或被嚴令禁止（譬如原始佛教中的「捉金銀戒」），而由於輪迴觀念在古印度被普遍接受，當地居民也樂於向乞食的出家人布施齋飯，以求取來世的福報。因此緣故，彼時僧眾與俗眾處於一種微妙的平衡之中，除非教派發展至極為龐大，否則通常不需要構建精舍、祭壇等大型公共活動場所。佛陀在世之晚年，由於富商及君主的支持，加上弘法佈道之需要，開始出現了竹林精舍、祇園精舍等活動中心，但僧尼仍然來去自由，只是將此作為雨季時結夏安居之場所。換言之，在佛教發展的早期，僧侶與寺院的聯繫較為鬆散，僧人並沒有被長期固化在寺院之中。

南傳《沙門果經》《梵網經》均於八戒之外，又強調「遠離受蓄金銀，遠離受生穀物，遠離受生肉，遠離受婦人、少女，遠離受男、女之奴僕，遠離受牝牡之山羊，遠離受雞、豬，遠離受象、牛、牝牡之馬，遠離受耕田荒

〔註87〕熙仲《歷朝釋氏資鑒》卷第四轉引隱子《梁室論》，卍新纂大日本續藏經第76冊，No.1517。
〔註88〕《金陵梵刹志》卷三轉引《如如居士語錄》，明萬曆刻天啟印本。

地，遠離差使、中介所爲之事，遠離買賣，遠離欺瞞秤、升、尺，遠離賄賂、詐欺、虛僞之邪行，遠離傷害、殺戮、捕縛、劫奪、竊盜、強盜，此爲比丘戒之一份」。其中開列諸條，多爲資生之器具與生活方式。佛陀涅槃之後，部派趨向分裂，其中「十事非法」中就有針對「捉金銀戒」（遠離受蓄金銀）的激烈爭論。大乘崛起之後，又將蓄積財物進一步細分爲八種，稱之爲「八不淨法」或「八種不淨」。《大般涅槃經》中即頻繁提及八不淨，但並未具體羅列。澄觀《華嚴大疏鈔》卷五十八云：「疏：『八種不淨，是謂資生』者，即《涅槃・第六邪正品》經文廣列而不分數。疏案《善生》《優婆塞經》具列：一畜田宅，二種植根栽，三貯聚穀粟居店求利，四畜奴婢人民，五畜眷屬群畜，六畜金銀錢寶，七畜象牙金銀刻鏤諸寶大床綿褥氍氀，八畜銅鐵釜鑊。」〔註89〕古代高僧在注釋出處時往往僅憑記憶，是以錯訛頗多。今按《善生經》所述爲「六損財業者：一者耽湎於酒，二者博戲，三者放蕩，四者迷於伎樂，五者惡友相得，六者懈墮」，《優婆塞戒經》則爲優婆塞（居士）所守之種種戒條，均未開列「八不淨」之條文。今所見最早敍述「八不淨」者，爲《修多羅般若波羅蜜經》：「須菩提言：世尊，何爲名八不淨法？佛言：須菩提，汝好諦聽，憶念受持，我今爲汝次第說之。一不畜奴婢，二不畜七寶金銀，三（不）畜□米倉庫，四不畜牛馬畜生，五不畜販賣求利，六不畜陳薨宿，七不得自手作食，八人不與物不得自取，是名八種不淨。」但此經《大藏經》不載，又七、八兩條並非蓄積之事，後世高僧多疑其僞，〔註90〕反而澄觀所疏八條更爲盛行。此亦可見，無論是原始佛教還是大乘佛教，均將受蓄金銀財物確立爲非法，如《四分律》所云：「若見沙門釋子以我爲師，而捉金銀若錢珍寶，則決定知非沙門釋子法。……若比丘自手捉錢若金銀，若教人捉，若置地，受者得罪。」但隨著社會歷史演進，商業活動進一步發展，金銀貨幣的作用日益凸顯，相比之下，乞食制度不但耗費大量的時間，而且食物難以存儲，無法應付不時之需。伴隨著部派分裂及大乘佛教崛起，宗教事務日益繁多，若干習俗及戒律也開始鬆動改變。《優婆塞戒經》中提到：「若優婆塞受持戒已，畜養象、馬、牛、羊、駝、驢一切畜獸，不作淨施未受戒者，是優婆塞得失意罪，不起墮落，不淨有作。」《大般涅槃經》中亦云：「若

〔註89〕澄觀《大方廣佛華嚴經隨疏演義鈔》卷第五十八，大正新修大藏經第 36 冊，No.1736。

〔註90〕唐定賓《四分律疏飾宗義記》卷五：「有一卷《修多羅般若波羅蜜經》列八不淨，然尋彼經，似是爲（僞）經，不可依之。」

諸弟子無人供須，時事飢饉，飲食難得，爲欲護持建立正法，我聽弟子受蓄奴婢、金銀、車乘、田宅、穀米，賣易所需。雖聽受蓄如是等物，要須淨施篤信檀越。」細品以上條文，則在一定條件之下，蓄積金銀、牲畜等財物已在許可之內，但必須要將此財物淨施於旁人（未受戒者、篤信檀越）。據《大智度論》：「爲道故施，清淨心生，無諸結使，不求今世後世報，恭敬憐憫故，是爲淨施。」〔註91〕僧侶雖暫可經手財物，但事後必須無條件施與他人，不可長期佔有。但後世高僧對於上述條文的理解似乎出現了偏差，將「要須淨施（與）篤信檀越」理解爲「要須淨施（源自）篤信檀越」，主張只要是被認定爲「淨施」之金銀財物，則僧侶便可蓄積。因此，凡向僧侶寺院布施金銀錢財者，要經過一項「說淨」的程序，只要布施者聲明這是「淨施」，就不再被視爲違背戒律。不僅如此，寺院還更進一步，發明出了另外一種規避犯戒風險的方法。各寺院會提前在寺內設置一名或數名「淨人」，由其充當「未受戒者」或「篤信檀越」，凡布施之錢財均由其代收，或將金銀買爲可蓄積之物。所謂「淨人」，是隸屬於寺院的下層勞動者，凡僧侶礙於戒律而不便爲、不能爲之事，皆由其代勞，其職能即「爲僧作淨，免僧有過」。淨人的設置由來已久，早在瓶沙王時期，國王即將捕到的五百賊人贈給大迦葉充當泥房等雜役，但這仍只是偶爾爲之。眞正將淨人作爲規避觸犯「捉金銀戒」的工具，應當在部派分裂之後，不會早於「十事非法」的論爭。據道宣《四分律刪繁補闕行事鈔·隨戒釋相篇》：「錢寶說淨有二：若白衣持來施於比丘，比丘言：此不淨物，我不應蓄。若淨當受，即當說淨。二者，淨人言易淨物蓄，即當說淨。若彼此不語，取，得捨墮。」〔註92〕此鈔還援引了若干經律記載，論證在一定條件下可以蓄積財物，而佛陀在世之時，僧團確曾接受過信眾布施財物，這也成爲後世僧侶援引之口實。至大乘《文殊師利問經》，則云：「爲供養佛法僧並般若波羅蜜及父母兄弟，得畜財物。爲起寺舍，爲造像，爲布施，若有此因緣得受金銀財物，無有罪過。」若依大乘此說，則僧侶雖然不得爲本人之利益收受錢財，卻可以爲建築寺舍或供養三寶而受持錢財。由於佛教「掌控」著眾生來世的命運，寺院在吸引信眾布施方面擁有著無可匹敵的優勢。此風一開，寺院從一個功能單一的宗教活動場所，逐

〔註91〕《大智度論》卷第十一釋初品中舍利弗因緣第十六，大正新修大藏經第 25 冊，No.1509。

〔註92〕道宣《四分律刪繁補闕行事鈔》卷二《隨戒釋相篇》，大正新修大藏經第 40 冊，No.1804。

漸演變爲一個會計收支的經濟實體，寺院經濟最終成爲一股能夠左右歷史進程的巨大力量。

佛教最初傳入中國之時，乞食制度一度無法執行，而僧侶、佛經、佛像從一開始就被固化在了寺廟之中。一方面，是因爲中國舊無輪迴轉世之概念，且又嚴守華夷之別，早期的外來僧侶只能依附於權貴之門，接受長期的、固定的供養。朝廷早期嚴禁本國人出家，所以佛法雖然傳入中國，但國內並無本土的僧侶產生。信眾既然一直在家生活，也就不存在乞食之需要。在此情形之下，異國來華的僧人不僅需要一個固定的居住場所，更需要一個公共的活動中心，以吸引民眾前來聞聽佛法，最快地將佛法傳播開去。另一方面，佛教在傳入中國之時，部派分裂的高潮基本結束，以寺廟爲主體的宗教模式已趨向成熟。由阿育王倡導的異域弘法及造寺建塔之風的盛行，也讓佛法與寺廟建築幾乎同時輸入了中國。被佛教界視爲佛光東漸之始的攝摩騰、竺法蘭來華事件，最後就是由朝廷敕建洛陽白馬寺，以供其居住及翻譯佛經。而中國早期的佛塔幾乎皆以阿育王命名，並形成了塔在寺前、因塔建寺的固定樣式。僧侶居住在寺廟之中，譯經於寺廟之中，說法於寺廟之中，滅度於寺廟之中。甚至可以說，佛教在中國傳播的歷史，也是一部寺廟興衰的歷史。與古印度長期處於列國紛爭的狀況不同，中國絕大多數時期都處於高度集權的帝制社會，若無法獲得上位者的支持，宗教傳播往往難成氣候，甚至會遭遇到種種非難與障礙，是以道安才會有「不依國主則法事難立」之感慨。因此緣故，佛教在中國走了一種自上而下的傳播模式，外來僧侶首先試圖說服的對象是統治者及地方官僚。由於上位者掌握著巨大的權力與財富，往往一念之間，即可以憑藉世俗威權引發宗教的全面振興，前文所述下邳國國相笮融、梁武帝皆爲其例。郭祖深曾上疏梁武帝，描述了當時佛教的繁盛狀況：「都下佛寺五百餘所，窮極宏麗；僧尼十餘萬，資產豐沃。所在郡縣，不可勝言。道人又有白徒，尼則皆畜養女，皆不貫人籍，天下戶口幾亡其半，而僧尼多非法，養女皆服羅紈。」〔註93〕郭祖深對此狀況憂心忡忡，因而進諫梁武帝，要求檢括僧尼，勒令四十歲以下的人還俗附農。根據歷史記載，漢人最早受戒出家者爲朱士行，地點即在洛陽白馬寺，時間在三國魏嘉平二年（250）。自朱士行至蕭衍，不過兩百餘年的時間，「天下戶口幾亡其半」，佛教的寺院經濟竟發展至如此驚人的境地。至唐中宗時，辛替否上疏云：「今

〔註93〕《南史》卷七十列傳第六十循吏《郭祖深》，清乾隆武英殿刻本。

天下之寺益無其數，一寺當陛下一宮，壯麗之甚矣，用度之過矣。是十分天下之財而佛有七八，陛下何有之矣，百姓何食之矣？」寺院經濟從一個外來事物躍居爲社會財富最主要的集中地，代表佛教自上而下傳播模式的成功，但這種盛況顯然不能僅依賴個別官員或某位皇帝的支持而實現，其背後必然有較爲完善的財富聚斂之道。筆者認爲，考察寺院經濟的運營模式，其實是一把揭開佛教傳播與演變眞相的關鍵鑰匙。

　　中國的寺院大致可分爲官辦與民辦兩大類，官辦又可細分爲敕建與地方官造兩種，民辦則可分爲僧建與百姓自建兩種。寺廟爲一泛用稱呼，若嚴格區分，「蓋官賜額者爲寺，私造者爲招提、蘭若，杜牧所謂『山臺野邑』是也」。〔註94〕民辦之寺廟若未獲得官方賜匾額，則並非國家正式承認之寺廟，其資質與身價均較正式寺廟爲差。但在非正式的場合，招提、蘭若亦作爲寺院之代稱、別稱，鮮作區別。本書中所謂「寺廟」者，亦取其廣義而言。所謂敕建者，由皇帝下旨興建，建寺之費用由國庫支出，首任寺院住持也由朝廷指定。據清朝檔案記載，康熙四十三年（1704）五月十三日，西安將軍博霽、陝西巡撫鄂海奏稱：「四十二年多，皇上臨幸陝西，回鑾時特頒諭旨，賞銀交付奴才，於教場西北隅創建大廟。工竣，奴才等奏聞，覆奏請廟名、大殿掛匾。蒙皇上體恤，以大字書廟名，命名爲『廣仁寺』，並賜大殿御書『慈雲西蔭』大字匾額，一併齎到後，奴才等恭雕兩匾額字工竣，已於去年十月初七吉日敬懸。今年正月十一日，敬移開元寺諾特哈達喇額赫佛供獻畢，我等遵旨以喇布札布巴喇嘛爲達喇嘛，選小喇嘛十五名，共祝聖壽無疆，誦經七日。時西安滿漢文武大小官員、兵丁、通城士民等皆齊集，紛紛拈香叩頭，不勝歡悅，言皇上臨幸西安，遍賞天恩，且建此大廟，未令民出一力，賞賜庫銀，爲國民照內地式樣建美廟。」〔註95〕據此奏疏可知，廣仁寺爲康熙皇帝特頒諭旨修建，不僅賞賜了庫銀，而且敕賜寺名及匾額，並親自選定了寺院住持，「未令民出一力」，這也是古代敕建寺廟的標準流程。所謂地方官造者，指未奉皇帝諭旨而由地方官所自行督造者，前述下邳國國相笮融所建者即屬此類。特殊情況下，地方官員也會捐獻自己的宅院，直接改爲寺廟之用。據李大臨《聖興寺護淨門屋記》：「成都府城之東偏有寺，曰聖興，御

〔註94〕司馬光《資治通鑒考異》卷第二十二，《四部叢刊》景宋刻本。
〔註95〕中國第一歷史檔案館編《康熙朝滿文朱批奏摺全譯》，中國社會科學出版社，1996年，第316頁。

史大夫王承俊之宅也。大曆初，杜鴻漸領東西川節度使，改爲永泰寺。」〔註96〕又如王維《請施莊爲寺表》：「臣遂於藍田縣營山居一所，草堂精舍，竹林果園，並是亡親宴坐之餘，經行之所。……伏乞施此莊爲一小寺，兼望抽諸寺名行僧七人，精勤禪誦，齋戒住持，上報聖恩，下酬慈愛。」〔註97〕但由於儒家思想長期佔據著主流意識形態的地位，而在科舉制度盛行之後，地方官員又多從儒學出身，他們限於身份與聲譽，通常不便動用權力直接開建佛教寺廟（王維捐自家莊園爲寺還要上表請求許可），而更多採用捐資重修的方式。捐資重修除了施捨經像、塗金彩繪、修葺塔殿、擴建寺院之類，也有相當一部分其實是舊址重建，而只是借用了「重修」的名義。官員親自捐資倡導，民間鄉紳勢力往往會相繼攀附追隨，事成爲速而無擅興勞役之名，官員可憑此表現自己的信佛之誠，爲精神覓一寄託，爲來世求一福報。所謂僧建者，即由僧人發願修建寺廟，其資金多爲化緣而來，背後幾乎無官方扶持，這也是中國寺廟最主要的修建模式。僧建寺廟通常不及敕建、地方官造者宏偉壯麗，但選址靈活，數量眾多，滿足了中下層百姓的日常信仰需要。據《夢粱錄》記載：「或僧行欲建道場殿宇，則持缽遊於四方，能事者干緣，不日可以成就。」〔註98〕僧雖與民有別，但建寺之資實源出於信眾，故亦將僧建寺廟歸於民辦之內。僧人自行選址建寺，往往挑選山林幽靜之處，以滿足禪修之需要，因而古人遂有「天下名山僧占多」之感歎。所謂百姓自建者，指鄉民爲信仰之需要而自行集資修建之寺廟。此類寺廟往往不嚴守傳統寺院規制，狹小簡陋，亦無僧人住宿，而僅擺設佛像、菩薩像之類以供祭祀。此類寺廟若無神怪靈異以吸引信眾香火，往往數十年間即破敗毀棄，難以爲繼。隨著鄉民信仰之轉變，這類小廟也時常會被改作他用，轉變爲祠堂、土地廟，或是充作私塾。資產較富裕的百姓，常在自己的宅內單闢一間爲齋堂，或設置一處佛龕，以供家人日常祭拜，但這類「袖珍型」的寺廟一般不對外開放。在探討寺院經濟模式時，我們只關注前三種模式的寺廟（敕建、地方官造、僧建），因爲這些寺廟之中有僧人居住，日常勢必有開銷支出，亦勢必要有盈利收入方能維持運轉，寺廟才會成爲一種獨立的經濟實體。百姓自

〔註96〕程遇孫《成都文類》卷三十八，清文淵閣《四庫全書》補配清文津閣《四庫全書》本。
〔註97〕《王摩詰文集》卷第三《請施莊爲寺表》，宋蜀本。
〔註98〕吳自牧《夢粱錄》卷十五《城內外寺院》，清學津討原本。

建之寺廟，若是香火鼎盛，規模擴大，也通常會延請僧人入住以維持日常事務，此後即可納入寺院經濟模式之中，無需作單獨之探討。

寺院經濟可分爲三方面：原始財富的積累，日常的開銷支出，現有資本的增值與盈利。寺廟原始財富的積累主要源於信眾的布施，但三種模式下的額度卻相當懸殊。梁武帝以身布施同泰寺，群臣以億萬錢贖回，後世常以之作爲佞佛的典型，但從歷史文獻記載來看，類似的行爲絕非個案。據唐代石刻《特賜寺莊山林地土四至記》：

> 昔大魏第六主孝文皇帝延興二年（472），石壁曇峪鸞祖師初建寺，至承明元年（476）寺方就，至太和十八年，本寺重修，大會感甘露降。厥後帝遷洛陽，至十九年，特賜寺莊爲夜飯莊子，東至大和北夜叉嶺下水心大河，南至東橫嶺東昊至龍崗寨南至武遂溝掌石州分水嶺，西至大河南水松嶺西昊小溝子大河北五十嶺分水，北至左掩溝掌後東海眼西海眼爲界。大唐德宗貞元十一年，營大會，甘露降，重賜。憲宗皇帝元和七年，復三賜石壁寺至文谷，賜莊一百五十里有餘。謹記。大唐長慶三年五月二十三日。[註99]

從碑文來看，石壁寺本爲僧建，後因有甘露祥瑞，獲得北魏皇帝賞賜大片土地作爲「夜飯莊子」。此後雖然朝代更迭，但隨獲重賜，這份田產一直掌握在寺廟手中。至唐憲宗時，又加賜「至文谷」，賜莊約有一百五十里有餘。這份龐大的賞賜，足以供養寺院群僧之日常開銷，還當頗有盈餘。寶山寺之情形與覺山寺類似，北魏武定四年，皇帝敕賜寶山寺常住白藥石山等土地，至北齊天保元年、大隋開皇五年，又皆重賜其地。據遼代石刻《重修覺山寺碑記》，遼道宗敕賜覺山寺「山田五處，計一百四十餘頃，爲歲時寺眾香火贍養之資」。[註100] 宋紹熙元年（1190），直秘閣張鉉「乞以臨安府民山門裏所居屋舍爲十方禪寺，仍捨鎮江府本家莊田六千三百餘畝供贍僧徒，禮部、太常寺擬慶壽慈雲禪寺爲額」，[註101] 帝命從之。皇家賞賜經常因勢利導，直接將寺院周邊的土地、山莊劃歸寺院所有，氣象自然雍容不凡。一般情況下，官員與富民的布施力度難以與皇家匹敵，但特殊情況下亦有例外。王室宗親、節度使、大將軍一類的官員，鹽商、綢緞商、大地主一類的富民，手中往往

〔註99〕陸心源《唐文拾遺》卷十，清光緒刻本。
〔註100〕向南《遼代石刻文編》，河北教育出版社，1995年，第689～670頁。
〔註101〕徐松《宋會要輯稿》，中華書局，1957年，第7896頁。

掌握著龐大的私人財富，而且布施己財不像皇帝本人動用國庫一樣有所顧忌。唐代西川節度使章仇兼瓊、韋皋先後各捐俸錢二十萬、五十萬續修凌雲寺大彌佛石像（即今樂山大佛），段文昌自捐緡錢三十萬重建福成寺，皆為其例。遼代義州大橫帳蘭陵郡夫人蕭氏捐資修建靜安寺，「遂施地三千頃，粟一萬石，錢兩千貫，人五十戶，牛五十頭，馬四十匹，以為供億之本」。〔註102〕金代大長公主「降錢三百萬建寺於燕京城，額曰昊天，給田百頃」。〔註103〕南宋淳熙十三年（1187）承節郎河東薛純一「以家所有山陰田千一百畝，歲為米千三百石有奇，入大能仁禪寺」，〔註104〕開禧元年御史林紹堅「奉宋寧宗萬壽龍牌入開元寺，歲時致祝，而以所置海陽及大埔等處田六千八百四十畝施入寺中，祝聖並贍僧」。〔註105〕一般無顯赫背景的富民，手筆雖無如此之大，但也有頗為可觀者。據《大金澤州松嶺禪院記》載，信士劉嚴「乃捨安莊社山莊一所，敬施山門以充常住」，居民張權誠「施梨川社田五頃，俾供佛僧以資冥福」，皆為此類布施。〔註106〕尤其是並無子嗣之信眾，往往在身後將所有資產捐贈寺院。據《大陽資聖寺記》載，「本社宋阿李，生前為無後，將本戶下地土一頃五十餘畝施與本寺充常住」。〔註107〕信眾所布施的土地、錢財，完成了部分寺院最原始的財富積累，不僅可以供給僧侶吃穿用度，也會成為寺院經濟盈利的資本。

　　上述巨額捐贈畢竟不算常見，更多的寺院必須從其他的途徑籌措資本。除了各寺或多或少都會有的香火錢之外，唐代初年所推行的均田制，將僧尼也歸為授田品類之中。據《唐六典》云：「凡田分為二等，一曰永業，一曰口分。丁之田二為永業，八為口分。凡道士給田三十畝，女冠二十畝，僧尼亦如之。」〔註108〕僧尼所獲得的田產，在其身後往往會成為寺院的公產，這也成為寺院最基礎的土地資本。但授田制度是否在全國貫徹執行，政策的持續性又到底有多久，仍然大有疑問。從現有的文獻來看，僧尼的授田應當只是在部分區域，其方式則以寺院配額為主，再由寺院決定是否分配至個

〔註102〕 向南《遼代石刻文編》，河北教育出版社，1995年，第362頁。

〔註103〕 釋覺岸《釋氏稽古略》卷四，大正新修大藏經第49冊，No.2037。

〔註104〕 陸游《渭南文集》卷一八《能仁寺舍田記》，《四部叢刊》景明活字本。

〔註105〕 盧蔚猷《（光緒）海陽縣志》卷四十二，清光緒二十六年刊本。

〔註106〕 胡聘之《山右石刻叢編》卷二十三《大金澤州松嶺禪院記》，清光緒二十七年刻本。

〔註107〕 李俊民《莊靖集》卷八《大陽資聖寺記》，舊鈔本。

〔註108〕 李林甫《唐六典》卷三，明刻本。

人，而且若干寺廟可能只是「虛授」，並不嚴格遵守三十畝的限制。事實上，隨著社會進步，人口日益增加，而土地總體數量有限，加之兼併現象嚴重，均田制在歷史上很少能得到長期實行，因而寺院又催生出一種更爲暴利的手段——「詭名寄產」。由於寺院之田產享有賦稅上的減免優惠，甚至一度達到「寸絹不輸官庫，升米不進公倉」的地步，因而「所在編民相與入道，假慕沙門，實避調役，猥濫之極」。〔註109〕百姓將自己的田產獻寄於寺院，所有權雖名義上歸寺院所有，但自己仍可掌握使用權，向寺廟所繳納的租稅遠比需要繳納國家者爲少。據《舊唐書》云：「自聞泗州有壇戶，有三丁必令一丁落髮，意在規避王徭，影庇資產。自正月已來，落髮者無算。」〔註110〕此類詭名寄產雖然損害了朝廷稅收之權益，但對於寺院而言卻是平白增添了大量的財富，許多僧侶都憑藉類似的手段變成了大地主。唐代爲抑制寺院兼併土地，還曾出臺了相關《田令》，要求「諸官人、百姓，並不得將田宅舍施及賣易與寺觀，違者錢物及田宅並沒官」，〔註111〕然而收效甚微，至唐代宗時「凡京畿之豐田美利多歸於寺觀，吏不能制」。〔註112〕宋代《天聖令·田令》沿襲《唐令·田令》條文而未改，但同樣未能眞正限制住寺院擴占田畝，甚至統治者還帶頭破壞律令。據《續資治通鑑長編》載：「初，眞宗崩，內遣中使賜荊門軍玉泉山景德院白金三千兩，令市田，院僧不敢受。本路轉運使言：『舊制，寺觀不得市田以侵農。』上謂宰相曰：『此爲先帝殖福，其勿拘以法，仍不得爲例。』」〔註113〕稍後天聖三年（1025），皇太后又賜靈隱寺「買田錢」，靈隱寺遂於錢塘縣買林田五頃，於鹽官縣思亭鄉買水田一千頃，於秀州崇德縣積善鄉買水田一千頃，可見並非「不得爲例」。既然皇帝本人都相信捐田產給寺院可爲其父殖福，上行下效，民間照此辦理者更加難以約束。宋神宗熙寧八年（1075）四月，「司農寺言：州縣百姓多捨施典賣田宅與寺觀，假託官員姓名」，〔註114〕可見相關律令僅成具文，寺廟田產數量還在進一步擴張之中。

　　除詭名寄產之外，收納祭田也是一個重要的占田途徑。中國古人尤其看

〔註109〕《魏書》卷一百一十四《釋老志》，清乾隆武英殿刻本。
〔註110〕《舊唐書》卷一百七十四列傳第一百二十四《李德裕》，清乾隆武英殿刻本。
〔註111〕唐代《田令》已佚，其復原情況參考戴建國《唐〈開元二十五年·田令〉研究》，《歷史研究》2000年第2期。
〔註112〕《舊唐書》卷一百一十八列傳第六十八《王縉》，清乾隆武英殿刻本。
〔註113〕《續資治通鑑長編》卷一百二，清文淵閣《四庫全書》本。
〔註114〕《續資治通鑑長編》卷二百六十二，清文淵閣《四庫全書》本。

重祖先的祭祀，但世事無常，今日所有之田產、財物，若逢時局動盪、子孫不肖，難免不能常保，祖先祭祀因此便可能無力維持。宋杜去輕《興教寺祭田記》云：「王政不復，民不能常有其產。產之為釋氏有者，法視官有。官有，不通貿易，故久；民有，不保其不貿易，故不常。由是人之欲以奉其先者，多歸產於釋子。……蓋人莫重於奉先，奉先莫善於能久。欲久而無其方，必度其可久者而託其久。」〔註115〕由於寺田性質與官田接近，故能常保不失，甚至在改朝換代之後，新朝廷也會重新認可其產權。因此，百姓在有餘力之時，可將部分田產的所有權歸於寺廟，寺廟只需承擔每年對其祖先的祭祀責任。這種祭田託納之法不僅盛行於民間，也能上及皇族，《元史》「甲辰，奉安顯宗像於永福寺，給祭田百頃」，〔註116〕此即屬皇族託納之祭田。寺廟所承擔的祭祀責任，有時是按年給其子孫後裔一定的銀兩，以備墓地展拜祭祀之用，有時則是在佛殿內供奉其祖先牌位，常備香火祭品，若逢特殊之日還要念經超度。

在唐代中期百丈懷海制定《禪門規式》（即《百丈清規》），倡導「一日不作，一日不食」之前，掘地、斬草、種樹等活動為僧尼戒律所禁止，因此即使寺院擁有了大批田產，仍然需要覓人耕種。據《魏書·釋老志》云：「曇曜奏：平齊戶及諸民，有能歲輸穀六十斛入僧曹者，即為『僧祇戶』，粟為『僧祇粟』，至於儉歲，賑給饑民。又請民犯重罪及官奴以為『佛圖戶』，以供諸寺掃灑，歲兼營田輸粟。高宗並許之。於是僧祇戶、粟及寺戶，遍於州鎮矣。」〔註117〕平齊戶及諸民，其主要成份是被佔領區的軍民百姓，僧曹則是管理僧務的機關。僧祇粟的交納，實際上是將國家的部分稅收劃歸寺院所有，雖然僧祇戶的土地名義上仍掌握在自己手中，實際上卻已成為僧侶的采邑。僧祇粟設立的主要目的是給施僧侶，但每逢荒年，僧祇粟也需要承擔一定的賑災義務，類似一種社會救助基金。據北魏世宗永平四年（511）詔書：「僧祇之粟，本期濟施，儉年出貸，豐則收入。山林僧尼，隨以給施；民有窘弊，亦即賑之。」〔註118〕從運作手段來看，僧祇粟的賑濟災民並非無償，而是借貸，因而後期反以滋弊，「或償利過本，或翻改券契，侵蠹貧

〔註115〕杜去輕《興教寺祭田記》，載《全宋文》第356冊，上海辭書出版社、安徽教育出版社，2006年，第215頁。

〔註116〕《元史》卷二十九《泰定帝本紀》，清乾隆武英殿刻本。

〔註117〕《魏書》卷一百一十四《釋老志》，清乾隆武英殿刻本。

〔註118〕《魏書》卷一百一十四《釋老志》，清乾隆武英殿刻本。

下，莫知紀極」。〔註119〕由此可見，僧祇粟無論收納還是貸出，都演變成了僧侶階層剝削平民的一種手段。佛圖戶也稱「寺戶」，他們沒有人身自由，由寺院直接管理，實際上只是供寺院僧侶驅使的奴婢，不僅需要承擔寺院日常雜務，同時也需要營田輸粟，較僧祇戶之地位更為低下。此種制度並非北魏所獨有，遼代也有類似的「二稅戶」。據《金史·食貨志》：「遼人佞佛尤甚，多以良民賜諸寺，分其稅一半輸官，一半輸寺，故謂之『二稅戶』。」〔註120〕金世宗始釋二稅戶為良民，金章宗又議罷僧道奴婢，類似的不良風氣才得到緩解。此外，歷代皇帝在賞賜田產時，往往將耕種土地之農戶一併撥給，一方面是尊重僧侶不能親耕的戒律，另一方面也不至因失去土地而產生大量的流民。譬如唐高宗顯慶二年（656）六月十二日，敕建西明寺成，「遂賜田園百頃，淨人百房，車五十兩，絹布二千匹」。〔註121〕其中的百房淨人，即專供寺僧驅使之用。除了以上手段，寺院還可以用授徒、領養、購買、雇傭等方式，以獲得耕種土地所需的勞動力，自己雖然不事田畝，卻可以坐享衣食之供。

　　除了最主要的土地、金錢之外，寺院也會獲得其他種類的財富，上述車宅、牛馬、絹布皆為其類。據圓仁《入唐求法巡禮行記》記載，唐代開成五年（840）表施五臺山十二大寺「細帔五百領，綿五百屯，袈裟布一千端（青色染之），香一千兩，茶一千斤，手巾一千條」，且注明此為「每年常例」。〔註122〕除類似的年例外，逢佛誕法會、高僧忌辰等節慶日又有恩賜。據大曆三年（768）不空《謝恩命為先師設遠忌齋並賜茶表一首》所稱：「伏奉恩命，今月十五日故大弘教三藏遠忌，設千僧齋，賜茶一百一十串。」〔註123〕不空所建文殊閣上樑，皇帝又「特賜千僧齋飯，上樑赤錢二百貫，蒸餅二千顆，胡餅二千枚，茶二百串，香列湯十甕，蘇蜜食十合盤，甘橘子十五個，甘蔗四十莖」。〔註124〕若是民間布施之物，更是從瓦片、磚石到樹木、佛像，

〔註119〕《魏書》卷一百一十四《釋老志》，清乾隆武英殿刻本。

〔註120〕《金史》卷四十六《食貨志》，百衲本景印元至正刊本。

〔註121〕《文苑英華》卷八百五十五《唐長安西明寺塔》，明刻本。

〔註122〕白化文等修訂校注《入唐求法巡禮行校注》，花山文藝出版社，1992 年，第296 頁。

〔註123〕不空《謝恩命為先師設遠忌齋並賜茶表一首》，載《代宗朝贈司空大辨正廣智三藏和上表制集》卷第二，大正新修大藏經第 52 冊，No.2120。

〔註124〕不空《恩賜文殊閣上樑蒸餅見錢等物謝表》，載《代宗朝贈司空大辨正廣智三藏和上表制集》卷第三，大正新修大藏經第 52 冊，No.2120。

幾乎無所不包。據 P.4624《唐大中七年（853）八月廿六日鄧榮施入疏》記載（卷前序號為敦煌卷子統一編號，P 為伯希和編號，S 為斯坦因編號，OR為大英博物館藏本編號，BD 為中國國國家圖書館藏本編號，下同），鄧榮施給沙彌德子之物包括「黑布方氈袈裟一、粗褐長袖一，緋褐蘭方氈一領，大床一張，鐺一口，□鐵鑿一面，鞍一具，單經布裙衫一對，牙盤子一，麥拾碩，粟拾碩，甕大小四口，瓦盛一，油缸一，案板一，食刀一，故袋一口，五歲草驢一頭」，真可謂五花八門，細大不拘。

寺院的財富積累並非只進不出，其日常支出也頗為可觀。除了僧侶、寺戶必須的吃穿開銷之外，也會有許多其他需要開支的項目。敦煌所出土的文書中，保留了若干寺院大量的原始開支記錄，讓我們能更具體的瞭解寺院的日常開銷狀況。歸納而言，其日常開銷狀況約有以下數種：

其一，僧官、使臣的應酬接送。敦煌歸義軍時期僧團由都僧統司管轄，最高長官為都僧統，下設副僧統、都僧錄、都僧政、都判官等職務，再下者為僧政、僧錄、法律、判官等職。僧官不僅是寺院的頂頭上司，還在一定程度上掌管著寺院經濟利益的分配，以及寺廟間爭端的裁決，因而成為諸寺所需要重點巴結的對象。S.6452《壬午年（982）淨土寺常住庫酒破歷》載「同日夜間，酒壹角，周僧正東窟來迎用」，「六日，酒壹斗，眾法律東窟來迎用」；P.2049《同光三年（925）正月沙州淨土寺直歲保護手下諸色入破歷算會牒》背載「油壹勝半，納官送路東行僧統局席用」。諸如此類記載頗多，可見一眾僧官的送往迎來，其所轄寺院皆需出資應酬，其中又以準備酒水為主。此外，僧官去各地巡視、負責具體公務或探望高僧、工匠之時，寺院也需要出資慰勞。S.6452《壬午年（982）淨土寺常住庫酒破歷》載「十三日，酒壹角，李僧正種麥用」，「廿三日，酒壹斗，李僧正淘麥用」，「又酒壹斗，小張僧正淘麥用」；P.2040《後晉時期淨土寺諸色入破歷算會稿》背載「粟三斗，宋僧正拔毛來沽酒迎用」，「粟貳斗，宋僧政東定城置道場了回日迎候用」；P.2032《後晉時期淨土寺諸色入破歷算會稿》背載「粟七斗，臥酒，吳僧政看造鐘樓博士用」，「麵壹斗伍升、油半升、麥六升、粟四斗沽酒臥酒，十二月八日，吳僧政窟上看禪師去時（用）」。除了上述宴請接待費用，寺院還時不時要向僧官的家中送禮打點，以此疏通關節。上述 S.6452《壬午年（982）淨土寺常住庫酒破歷》後文又載「十九日，佛食酒壹斗，宋判官家送」，「十七日，酒壹斗，宋判官家送」，觀此類酒水直接送至僧官家中，顯然與上述迎用者

不同。事實上，不僅諸僧官生前需要接送應酬，即便是其喪葬之事，各寺亦需出資贊助。據 P.2040《後晉時期淨土寺諸色入破曆算會稿》背載「油肆升，吳僧統收灰骨造頓用」；P.2032《後晉時期淨土寺諸色入破曆算會稿》背載「麵三石一斗五升，副僧統和尚掩世時造勸孝並祭槃粥甕等用。麵四斗五升，納大眾贈副〔僧〕統用」「麵壹碩三斗伍升，吳僧統和尚收灰骨造頓用」；P.2032《後晉時期淨土寺諸色入破曆算會稿》背載「粟三斗七升，陰僧政遷化時僧門納贈用」。除了直接贊助葬資，各寺還需要聯手準備往生車輿等物。不僅是僧官本人喪葬，即使其親屬有亡故者，寺廟也往往需要出資助斂。P.2032《後晉時期淨土寺諸色入破曆算會稿》背載「布壹丈六尺，宋法律侄女亡時喪前念誦入」，「布三尺，吳僧政姪亡弔孝用」；P.2049《長興二年（931）正月沙州淨土寺直歲願達手下諸色入破曆算會牒》背有「布肆尺，吳法律弟亡弔用」，「布肆尺，氾僧政阿叔亡時弔孝用」。除僧官及其家眷之外，寺院還要不時接待朝廷使臣與外國僧使。P.2032《後晉時期淨土寺諸色入破曆算會稿》背載「麵四斗五升，油八合，麥一斗，粟一斗二升臥酒，天使上窟去時造食用」，「粟貳斗，看天使用」，而所謂「天使」即朝廷使臣。S.6452《某年淨土寺諸色斛斗破曆》載「十六日，于闐大師來，造飯麵三升。十七日，又造飯麵壹斗。麩貳斗，于闐大師馬吃用」，彼時于闐為西域諸國之一，這顯然是接待外國僧使的記錄。

其二，寺廟間的交際支出。能夠做到不理世事、一心求證解脫的高僧畢竟是少數，絕大多數僧侶仍處於紅塵之中，自然需要交際應酬，亦稱「人事」。譬如某寺建築落成，其餘諸寺難免需要攜禮入賀。P.3763《淨土寺諸色入破曆算會稿》背載「又布壹拾貳疋，起寺設時官私及諸寺人事入」，「立機六疋，官布拾伍疋，起齋設日官私及諸寺人事入」。同樣，某處寺廟中舉行盛大法事、高僧壽誕、喪葬弔唁等典禮，其他寺廟也往往需要出資隨禮，有時還會分配所承擔項目。出於提高僧人素質和宣傳本寺聲譽的需要，寺院還會不定期邀請各地的高僧大德講經說法，講畢之後照例也會安排飯席招待，有時還要贈送禮物。從現存敦煌佛經的題記來看，大量的抄本佛經都源自寺內僧侶的聽講筆記，如臺北中央圖書館藏敦煌文獻 004737《淨名經關中疏》卷尾題記「己巳年四月廿三日，京福壽寺沙門維秘於沙州報恩寺為僧尼道俗敷演此《淨名經》」，BD15000（新 1200）《瑜伽師地論卷四三》題記「大唐大中十二年二月十日，沙州龍興寺沙門明照於開元寺隨聽寫記」等等。P.2032《後

晉時期淨土寺諸色入破曆算會稿》背載「麵三斗五升，油升半，粟二斗，納乾元寺散講局席用」，「麵一石、粗麵一石三斗、油九升、粟一石八斗五升臥酒，窟上講堂上赤白及眾僧食用」；S.1316《某寺諸色斛斗破用曆》載「麵三碩捌斗伍勝，油壹斗捌勝，粟伍碩陸斗，充罷講時造設用」，這些都是講經的支出狀況。但某個寺院所能邀請到的外寺名僧畢竟數量有限，因而僧人需要轉益多師，雲遊各地求法。寺院間的這種交流需要十分頻繁，中國寺院因此形成了特有的、針對外來僧人的「掛單」制度。僧人雲遊至某寺，可以暫時或長久寄居在寺內，食宿皆由所在寺廟供應，而類似的情況必然會造成該寺開支的增加。寄宿之事又不僅限於雲遊僧，由於寺院廣納十方布施，因而對於上門投託者亦不便直接驅逐，部分貧苦書生也會選擇寄居寺內，傍僧侶為食。據《唐摭言》記載：「王播少孤貧，常客揚州惠昭寺木蘭院，隨僧齋飡。諸僧厭怠，播至，已飯矣。後二紀，播自重位出鎮是邦，因訪舊遊，向之題已皆碧紗幕其上。」王播感慨寺僧前倨後恭之態，遂有「上堂已了各西東，慚愧闍黎飯後鐘。二十年來塵撲面，如今始得碧紗籠」之句。〔註125〕惠昭寺雖然未能善始善終，但僧院以此交結有才之士於苦寒之際，一旦後者時來運轉，往往就會獲得豐厚的回報。特殊情況下，若某寺僧侶生活難以為繼，還會前往其他寺廟借貸，類似的情形也會產生支出。S.6452《壬午年（982）正月四日諸人於淨土寺常住庫借貸油麵物曆》載「龍興寺僧王定麵壹秤，又壹斗」，S.6452《壬午年（982）三月六日淨土寺庫內便粟曆》載「大乘寺保通便粟柒斗，至秋玖斗壹升」，皆為淨土寺的借貸支出。

其三，寺院的賦稅與日常維持。中唐之後，朝廷逐漸取消了寺院的經濟特權，僧侶也開始承擔一定量的賦稅義務。唐代以前僧尼均免除徭役，宋初雖仍可免役，但必須出免役錢、助役錢，宋仁宗後則直接廢除了僧尼的免役特權。宋高宗紹興十五年又「勅天下僧道始令納丁錢，自十千一至一千三百凡九等，謂之『清閒錢』。年六十已上及殘疾者聽免納」。〔註126〕至此，僧尼需要承擔二稅、和糴與和買、科配、免丁錢等，元太宗時也規定「其僧道種田作營運者，依例出納地稅、商稅」。〔註127〕雖然相對普通百姓而言，僧尼的賦稅程度仍較輕，但寺院的開支因此大幅度增加，僧尼的生活質量也開始明

〔註125〕王定保《唐摭言》卷七，清學津討原本。
〔註126〕志磐《佛祖統紀》卷四十七，大正新修大藏經第49冊，No.2035。
〔註127〕拜柱《通制條格》卷二十九，明鈔本。

顯下降。又，寺院是眾僧生活的場所，相關的維護修繕費用自然不能缺少。寺內照明需要燈油，僧侶打坐需要蒲團，供奉佛像需要鮮花水果，這些都是極為平常的開銷。部分寺院還飼養牛羊之類，飼料開銷也不能免。寺內雇傭工匠造幡竿、壘舍、製鎖、做鍱楬等等，不僅要支付工錢，在工匠幹活期間還要供給飲食或酒水。OR.8211/969-72《唐于闐某寺支用簿》載「廿九日，出錢壹佰貳拾，沽酒三斗，爲廚庫園子家人□得滿等掬井寒凍辛苦吃」，這些顯然是慰勞掬井人辛苦的酒水費。寺戶從屬於寺廟，屬於寺廟的重要勞動力，其家眷養病、產子，所屬寺院往往也會給予資助，以幫助其共渡難關，如 S.4642《某寺諸色斛斗入破曆算會牒》背載「麵伍斗，員住妻將病用」，P.2032《後晉時期淨土寺諸色入破曆算會稿》背載「麵三斗，油一升，義員新婦產時與用」等。

　　其四、公共事務責任。寺院擁有土地、財產、人丁，屬於社會認可之機構，自然需要承擔相應的公共事務責任。除了類似前述「僧祇粟」的賑災義務之外，病坊也往往設置於寺廟之中，令其實際上承擔了一部分公共醫療的職能。《資治通鑒》胡三省注云：「時病坊分置於諸寺，以悲田養病本於釋教也。」〔註 128〕貧苦病人的衣食、藥草，往往由寺院開銷承擔，部分高僧還持咒術、神水醫病，由於醫學上的「安慰劑效應」，偶而也會頗爲見效。逢國忌、國慶之日，朝廷還會安排在個別寺院內行香、設齋，雖然偶有賞賜，但一應物事皆由相關寺院籌備。據《佛祖統紀》，唐玄宗「敕天下僧道，遇國忌，就龍興寺行道散齋；千秋節祝壽，就開元寺。」〔註 129〕另據 P.2854v《唐龍紀元年（889）唐朝十帝及順聖皇后忌日並所在寺院僧人名》羅列，僖宗、懿宗、宣宗、敬宗四位皇帝的國忌均在開元寺設齋，但龍興寺、乾元寺、大雲寺、報恩寺、淨土寺、三界寺、靈圖寺也分別承擔了一位皇帝或皇后的國忌典禮。類似的典禮耗費巨大，所以能夠承擔其事者皆爲大型寺院，並非尋常寺院之財力所可承受。除了這類大型的節慶活動，部分民俗活動，譬如寒食踏歌、百戲雜耍、戲場表演之類，也會集中於寺廟承辦。S.4705《某寺諸色斛斗破用曆》載「寒食踏歌，羊價麥九斗，麻四斗」，S.1053《丁卯至戊辰年某寺諸色斛斗破曆》背載「粟三斗，二月八日郎君踏《悉磨遮》用」，

〔註 128〕司馬光編著、胡三省音注《資治通鑒》卷二百一十四《唐紀三十》，中華書局，1956 年，第 6809 頁。

〔註 129〕志磐《佛祖統紀》卷四十《法運通塞志第十七之七》，大正新修大藏經第 49 冊，No.2035。

類似記錄應當是支付給歌舞表演者的薪酬。儘管僧人限於戒律不能觀聽伎樂，但可以聘請伶人為民眾表演，如果寺內淨人充足，還可以自行排練歌舞，以充節日表演之用。據唐代《續高僧傳》記載：「寺足淨人，無可役者，乃選取二十頭令學鼓舞，每至節日設樂象前，四遠問觀以為欣慶，故家人子弟接踵傳風，聲伎之最高於俗里。」〔註130〕又，宋代錢易《南部新書》云：「長安戲場多集於慈恩，小者在青龍，其次薦福、永壽。」〔註131〕這類公共活動其實是提升寺院知名度、吸引人氣的重要手段，但相關的支出也必不可少。由於大乘佛教強調慈悲救世，寺院對於公益事業普遍較為熱衷，諸如修井、搭橋、治河之事皆其所樂為。P.2838《中和四年（884）正月沙州上座比丘尼體圓等諸色入破曆算會牒》載「麥壹碩、油三勝、粟壹碩，合寺徒眾修河齋時用」，P.2930《某寺諸色斛斗破歷》載「麵七斗，修井日眾僧齋時食用」，S.5008《報恩寺諸色斛斗入破曆算會牒》載「麥貳斗，粟貳斗，買笓籬納水官用」。由上述記載也可看出，僧尼不僅親自參與修河等公益事業，而且自備食物，甚至出資購買防洪物資（如笓籬）以充官用。唐代泗州水害頻發，開元寺僧明遠與郡守蘇遇等共同籌劃，在沙湖西隙地創避水僧坊，種植松、杉、楠、檜等一萬株，由是僧民皆無溺沒之患；明代海智寺僧才興倡修通津橋，「凡鐵石、木瓦、工貸、薪米之值，以金計為兩千三百有奇」，〔註132〕自此百姓因無水涉之苦。如此龐大的人力物力，雖然主要來自募捐所得，但寺院的背後支持也必不可少。敦煌歸義軍時期，個別寺廟還興辦寺學，講授儒家經典，入學者稱某寺學生或學郎、學仕郎。P.2570《毛詩卷第九》卷末題記云：「寅年淨土寺學生趙令全讀。」P.2049《長興二年（931）正月沙州淨土寺直藏願達手下諸色入破曆算會牒》背載「油伍勝半，僧錄窟上易沙窟上燃燈眾僧及學郎等用」，「麵捌斗，僧錄窟上易沙眾僧及學郎等用」。出現這類特殊情形，應當是由於當地教育資源匱乏，因而寺院承擔起了義學或私塾的義務。

寺院積累了一定量的原始財富，但由於同樣存在大量的日常開銷，因而也存在坐吃山空的危險。為了能夠可持續發展，寺院經濟必須考慮現有資本的增值與盈利。東晉釋道恒《釋駁論》稱當世僧侶「營求孜孜，無暫寧息。

〔註130〕道宣《續高僧傳》卷二十九《慧冑傳》，大正新修大藏經第50冊，No.2060。
〔註131〕錢易《南部新書》卷五，清文淵閣《四庫全書》本。
〔註132〕筆者校點《歐陽南野先生文集・重修通津橋記》，收入《儒藏（精華編）》第260冊，北京大學出版社，2014年。

或墾殖田圃，與農夫齊流；或商旅博易，與眾人競利；或矜持醫道，輕作寒暑；或機巧異端，以濟生業；或占相孤虛，妄論吉凶；或詭道假權，要射時意；或聚畜委積，頤養有餘；或指掌空談，坐食百姓」，〔註133〕可謂說盡寺院盈利之醜態。從寺院大肆聚斂財富開始，就已嚴重違背了佛陀在世時所制定的戒律，而利用財富資本再謀求增值，更是與佛教斷除一切貪愛的主旨不符。但從現實的角度出發，在最終割捨貪愛、證得解脫之前，僧人仍然需要滿足基本的生存需要，然後才能繼續參禪悟道。出家未久的僧人，一應塵念皆與出家之前變化不大，境界的提升需要時間和過程。乞食制度既然在中國難以推行，寺院就必須自謀生路，以維持合寺上下僧眾的日常生活。從另一個角度出發，中國民眾對於形而上的純理性探討始終缺乏熱情，大部分人皈依佛門只是為了獲得佛、菩薩的保祐庇護，以及謀取來世的福報，並非真正想要證得涅槃清淨。對於這部分僧侶而言，能夠在今世享受福報，自然遠比虛無縹緲的來世更令人放心可靠，這也成為他們熱衷於經商牟利的根源。

寺院牟利的手段頗多，幾乎涉及了當時社會上的一切商業活動，其最主要的手段則有三種：其一，廣置田產，固本圖末。中國古代的工商業遠不如農業發達，而農業穩定增值的特性也比較符合寺院的需求。司馬遷《史記·貨殖列傳》已倡導「以末致財，用本守之」的模式，〔註134〕即用其他方式（如商業）積累財富，然後用所得財富購買土地，才能避免經營風險，牢牢守住財富。如前所述，寺院有時能依靠賞賜、布施、授田等方式獲得土地，但更多的土地則需要寺院自行購置、兼併。資本充足的寺廟，可以用金錢去購置大批肥沃的土地；資本缺乏的寺廟，則可以去開墾無主的荒地，亦即釋道恒所謂「墾殖田圃，與農夫齊流」。唐杭州靈隱山沙門道標，「以護戒嚴謹為眾所推」，「經一十二載，置田畝歲收萬斛，置無盡財，與眾共之」；〔註135〕杭州龍興寺沙門南操，「乃於眾中率財，置田千頃，以給齋用」。〔註136〕率財即湊錢，上述兩寺購置田產的本金，應當皆源於眾籌集資。而道標之所以被選為資本的經營者，可能即因為他嚴於持戒，寺眾相信他不會損公肥私。道標後因寺務繁重，選擇歸隱西嶺之下，不再過問俗事，也體現了他的修養

〔註133〕《弘明集》卷第六《釋駁論並序》，大正新修大藏經第 52 冊，No.2102
〔註134〕《史記》卷一百二十九《貨殖列傳》，清乾隆武英殿刻本。
〔註135〕贊寧《宋高僧傳》卷十五，大正新修大藏經第 50 冊，No.2061。
〔註136〕志磐《佛祖統紀》卷四十二，大正新修大藏經第 49 冊，No.2035。

之深。對於寺院而言，購置田產是最主要的投資方式，即使盈利程度不高，也可以滿足寺院的日常飲食需要。唐代天台山國清寺承辦金光明道場，「黑白二眾無遠不屆，人才填委，飲食闕焉，典座僧患之。大和中，主事僧清蘊咨謀於（文）舉，置寺莊田十二頃，自此光明會不聞告乏」。〔註137〕一個寺廟若無田產儲備糧食、供給飲食，就只能靠購買米麵之類為生，若遇災荒之年或盛大典禮導致物資匱乏，縱有錢財亦無處採辦。國清寺屬於官修大寺，並非缺少資產，但若無沙門文舉幫忙謀劃，仍然會「飲食闕焉」，由此亦可以看出田產對於寺廟經濟之重要程度。在購置田產的同時，寺院也會隨之衍生出其他的牟利種類，譬如碾磑、榨油、釀酒等項。碾磑是靠水力驅動的石碾，多用於碾壓穀物，其效率遠高於人力、畜力。據《舊唐書》記載，高力士「於京城西北截灃水作碾，並轉五輪，日碾麥三百斛」，〔註138〕可見水碾效率之驚人。在農業為主的社會中，碾磑的使用率極高，寺院田產既豐，不僅自家的穀物需要用到水碾，還多經營水碾以謀求暴利。唐代太平公主與僧寺爭碾磑，最後由雍州司戶元紘判歸僧寺。為了一處碾磑的經營權，僧寺竟然與公主對簿公堂，而且是在公主方承恩用事之時，亦可見碾磑為利之大。此外，寺院往往同時經營榨油、釀酒等項目，以便將多餘的糧食轉化為易消耗品，售出以求利。從出土的敦煌文書來看，晚唐五代時期的寺院釀酒成風，而且僧人不持酒戒，幾乎達到日日飲酒的泛濫程度。早期漢傳佛教之不嚴守戒律，由此亦可見一斑。

其二，典當借貸，利息升值。《說文解字》：「贅，以物質錢。」〔註139〕《漢書》注云：「如淳曰：淮南俗賣子與人作奴婢，名為贅子，三年不能贖遂為奴婢。師古曰：贅，質也。」〔註140〕以他物抵押換錢暫用，古代多稱之為質，而專門經營此類典當業務者即謂之「質庫」。南北朝時期，典當業務幾乎被寺院壟斷經營，故質庫也稱之為「寺庫」。由於寺院本來即接受各種各樣的布施之物，因而寺庫可供典當者也是五花八門，非常契合貧苦民眾的應急需求。據《南史》記載：「（孫彬）嘗以一束苧就州長沙寺庫質錢，後贖苧還，於苧束中得五兩金，以手巾裹之。彬得，送還寺庫。道人驚云：『近有人以此

〔註137〕贊寧《宋高僧傳》卷十六，大正新修大藏經第 50 冊，No.2061。
〔註138〕《舊唐書》卷一百八十四列傳第一百三十四宦官《高力士》，清乾隆武英殿刻本。
〔註139〕《說文解字繫傳》通釋卷十二，《四部叢刊》景述古堂景宋鈔本。
〔註140〕《漢書》卷六十四上《嚴助傳》，清乾隆武英殿刻本。

金質錢，時有事不得舉而失，檀越乃能見還！』輒以金半仰酬，往復十餘，彬堅然不受。」〔註141〕孫彬的誠實品質令人欽佩，但從這一事件中亦可看出，寺庫不僅接受金銀典當，也同時接受一束苧這樣的微小物品，行業標準已十分成熟。在保險行業尚不發達的古代，寺院質庫事實上還充當了一部分銀行保險庫的功能，所有不方便攜帶的貴重物品（如「五兩金」），都可以通過抵押的形式暫存於寺內。凡抵押之物，其所得質錢皆遠不及實價，若逾期不贖回（俗稱「死當」），則所抵押物歸寺院所有，由此可獲利數倍至十幾倍不等。除了經營典當業務，寺院也是放貸業務的主力軍。寺院積累了豐富的資本，但僧侶由於身份所限，無法親身參與各種商業經營，因而放貸收息就成了最方便合理的選擇。資產放貸，並不侷限於金錢，而是各種日用雜物皆可放貸，這也同時盤活了質庫的死當貨物，形成了一種有效的物資循環。從以「僧祇粟」賑災的時代，寺廟已開始放貸經營，此後放貸之風愈演愈劣，直到帝制時代完結也並未完全消除。從敦煌出土文書來看，諸如 S.6452《壬午年（982）二月十三日於淨土寺常住庫內黃麻出便於人名目》載「李法律便麻貳斗，至秋貳斗陸升」之類，皆是當時寺廟的借貸記錄。由進出數據分析，寺院借貸的利潤率達到了本金的三成，雖然並不算低，但相比其他場所的借貸利息而言，已經是非常低廉了。唐初官本放貸利息一度高達七分，開元十六年二月十六日朝廷下詔：「比來公私舉放，取利頗深，有損貧下，事須釐革。自今已後，天下負舉祇宜四分收利，官本五分取利。」〔註142〕即使朝廷大幅度削減放貸利息率，仍然高於三分，而官本更是居高不下。面臨這種局面，百姓顯然更樂意赴寺院借貸，而縱然一時償還不上，僧侶也不至於暴力逼迫。據新疆丹丹烏里克地區所發現的一份唐代文書云：「建中三年（782）七月十二日，健兒馬令痣為急要錢用，交無得處，逐於護國寺僧虔英邊舉錢壹仟文。其錢每月頭分生利□佰文。如虔英自要錢用，即仰馬令痣本利並還。如不得，一任虔英牽制令痣家資牛畜將充錢直，有剩不追，恐人無□，故立私契，兩共平章，書指為記。」〔註143〕按此，用戶向寺院借貸之時，往往要用自己的家資作為抵押，並簽訂相關契約文書，以免日後產生糾紛。但也有個別資產富裕的寺廟，放貸全靠信用，並不簽訂契約。據唐代韋述《兩京新記》記載，

〔註141〕《南史》卷七十列傳第六十循吏《甄法崇、孫彬》，清乾隆武英殿刻本。
〔註142〕王溥《唐會要》卷八十八，清武英殿聚珍版叢書本。
〔註143〕斯坦因《古代于闐考》附錄 A。《敦煌資料》第一輯亦收入此文書。

化度寺「寺內有無盡藏院，即信行所立，……每日所出，亦不勝數。或有舉便，亦不作文約，但往至期還送而已」。〔註144〕寺院儲存資產之倉庫與放貸之倉庫、典當之倉庫經常合三爲一，又謂之「長生庫」「無盡藏」，「寺院長生錢，律云無盡財，蓋子母展轉無盡故」。〔註145〕放貸的利息稱爲「利潤」，如 P.2032《後晉時期淨土寺諸色入破曆算會稿》背載「粟伍斗，龍義子利潤入。粟一石五斗，龍葛盈利潤入」，P.2040《後晉時期淨土寺諸色入破曆算會稿》背載「粟三斗，孫判官利潤入」，皆屬此類。由於放貸需要本金，因而長生庫也會吸納外來資金注入，寺院會將利潤的一部分返還給出資人，這實際上又承擔了一部分信託基金的功能。據《夷堅志》載：「永寧寺羅漢院，萃眾童行本錢，啓質庫，儲其息以買度牒，謂之長生庫。」〔註146〕這是將沙彌（童行）們的錢集中起來，放貸生息，並用所得利息作爲向官府購買度牒之資。另據《黃氏日鈔》記載，孫越之叔祖對其十分看重，「且留錢浮屠氏所謂長生庫，曰：此子二十歲登第，吾不及見之矣，留此以助費」。〔註147〕這種爲家人託寄錢財於長生庫的方式，已經十分類似今日之家族信託基金。寺院經營放貸業務，有時還會獲得皇帝的公開支持。據《重修覺山寺碑記》，道宗皇帝在重修覺山寺之後，「仍賜錢十萬緡，即於本邑開設賈肆，以所入子錢日飯緇素」。〔註148〕元代「詔復立大護國仁王寺昭應宮財用規運總管府，凡貸民間錢二十六萬餘錠」，〔註149〕這也是由皇帝所支持的寺觀放貸業務，其規模較寺院自營者遠爲龐大。除了上述常見模式，清代寺院還誕生出一種消費宗教信仰的放貸模式，稱之爲「觀音庫」。據《二知軒詩續鈔》記載：「羊城觀音山寺僧，例於每歲正月初五至初十日宣言菩薩開庫，聽善男信女借作貨本，用紙封制錢五文爲一分，或借一分、借數分、借數十分皆可。於是眾男女紛紛至寺頂禮稱貸，每借一分，先給和尚香資八十文，復書緣簿，利息以五百文爲率，期至明年正月歸還本利。攜所借之庫錢還家，維謹。其或貿易利，則以爲菩薩所賜，當倍償之，往往五文母錢竟有償以子錢二三千者。」〔註150〕這類放貸藉

〔註144〕韋述《兩京新記》，清佚存叢書本。

〔註145〕《釋氏要覽》卷下，大正新修大藏經第 54 冊，No.2127。

〔註146〕《夷堅支志》癸卷八《徐謙山人》，清景宋鈔本。

〔註147〕《黃氏日鈔》卷九十六《安撫顯謨少卿孫公行狀》，元後至元刻本。

〔註148〕向南《遼代石刻文編》，河北教育出版社，1995 年，第 689 頁。

〔註149〕《元史》卷四十一本紀第四十一《順帝紀》，清乾隆武英殿刻本。

〔註150〕方頤《二知軒詩續鈔》卷六，清同治刻本。

以菩薩開庫爲名，一份貸資不過五文錢，但信眾借貸前要先給八十文香火錢，來年還要償還至少五百文利錢，其暴利程度令人咋舌。但信眾借貸此錢，只爲求菩薩保祐其所經營之事業，所貸得錢數多少反而不是關鍵。這類放貸雖然利潤極高，但只針對特定的對象（信佛的民眾，其中又以經商者爲主），因此其他機構難以模仿，屬於寺院獨有的放貸模式。

其三，宗教服務，收費提供。寺廟雖然是宗教場所，但部分服務卻屬於收費項目，實行商業化運作。比較常見的宗教收費服務，包括捉鬼除妖、超度亡靈、開光奠基、算命占卜、懺悔贖罪、祈福求雨等等。中國古人相信有鬼妖作祟害人之事，而相關的驅邪法事主要由僧尼、道士壟斷，道士喜畫符，和尚愛念咒，都能給疑心病重的家庭提供精神慰藉。唐代杜牧《杭州新造南亭子記》云：「今權歸於佛，買福賣罪，如持左契，交手相付。至有窮民，啼一稚子，無以與哺；得百錢，必召一僧飯之，冀佛之助，一日獲福。若如此，雖舉寰海內盡爲寺與僧，不足怪也。屋壁繡紋可矣，爲金枝扶疏，擎千萬佛；僧爲具味飯之可矣，飯訖持錢與之。」〔註151〕爲富不仁者希望懺悔滅罪，窮苦無依者希望脫苦祈福，佛教則通過提供相應的服務，在其中謀取利潤。又如《酉陽雜俎》前集卷十四載：「有龍興寺僧智圓，善總持敕勒之術，制邪理病，多著效，日有數十人候門。」〔註152〕其中「總持」即陀羅尼（咒語），「敕勒之術」即驅鬼術，這些也是最受底層百姓歡迎的法術。除此之外，大乘佛經末尾的「流通分」，主要宣講抄寫、誦持、流通佛經的絕大利益，但在民眾教育程度不足且印刷術尚未盛行的年代，抄經之事主要由寺廟中的僧侶掌控。開元二年（714）七月，唐玄宗下詔：「自今已後，林坊市等不得輒更鑄佛、寫經爲業。須瞻仰尊容者，任就寺禮拜；須經典讀誦者，勒於寺贖取。如經本少，僧爲寫供，諸州寺觀並准此。」〔註153〕此後寫經概由寺院壟斷，違者即觸犯國家律令。法藏 P.2912 號敦煌文書就是一份委託抄經的檔案，全文云：「寫《大般若經》一部，施銀盤子三枚，共卅五兩。麥壹百碩、粟五十碩、粉肆斤。右施上件物寫經，謹請炫和上（尚）收掌貨賣，充寫經直。紙墨筆自供足，謹疏。四月八日，弟子康秀華。」從上述記載來看，康秀華委託炫和尚抄寫一部《大般若經》，不僅自備紙墨筆，還支付了高昂的「寫經值」。

〔註151〕杜牧《樊川文集》第十《杭州新造南亭子記》，《四部叢刊》景明翻宋本。

〔註152〕段成式《酉陽雜俎》前集卷十四，《四部叢刊》景明本。

〔註153〕《全唐文》卷二十六《禁坊市鑄佛寫經詔》，清嘉慶內府刻本。

考慮到《大般若經》卷帙浩繁，收取這樣高的寫經值倒也並不令人意外。佛教的信眾逐漸增多，抄經的需求也日益擴大，抄經坊已經變成了敦煌寺院的常設機構，而且催生出大批專以抄經為職業的抄經生，可見其商業模式之成功。即使在印刷術發明之後，刊刻佛經的權力也通常掌握在寺院手中。西晉竺法護譯《佛說當來變經》云：「佛告諸比丘：『復有三事，令法毀滅。何謂為三？……二、自讀文字不識句逗，以上著下、以下著上，頭尾顛倒，不能解了義之所歸，自以為是。……是為三事，令法毀滅。』」此言將句逗之是否準確拔高到佛法存亡的程度，而這一態度也必然會影響到佛教經文之刊刻。山東省博物館藏莘縣宋塔內出土北宋刻本《妙法蓮華經》五種，〔註154〕其中嘉祐五年（1060）、熙寧二年（1069）刊本均有小圓圈句逗，前者序文稱：「大宋嘉祐五年庚子正月杭州錢家重請講僧校勘，兼於逐卷內重分為平聲為去聲字章，並及添經音在後，雕印施行。」〔註155〕此亦可見，經文的校勘與點句之權責，實際上一直掌控在講僧手上，這也與敦煌寫本所體現出的寺院講經制度相吻合。各地寺院大多藏有經文與雕版，無論是重新雕刻還是再次刷印某部經書，當地信眾都很難拋開寺院而獨立進行。以杭州錢家為例，其家雖數次刊刻佛經，但應當只是出資人，校勘、添經音等項均由寺院高僧負責，故不妨將其視作抄經服務的一種變相延續。

　　除了上述三種最主要的盈利手段，部分寺院還會通過開設飯館商鋪、放牧牛羊牲畜、行醫、販鹽、紡織等項來實現資本增值。概言之，中國古代寺院的世俗化程度遠比古印度寺院高，這也是由中國獨特的風俗與體制所決定的。中國的寺院不僅是一個獨立的經濟實體，而且在很大程度上已經背離了傳統的僧侶戒律，是私有經濟發展狀況的實例之一。若不對寺院運營的經濟狀況進行考察，而只是單純地將其視為一個宗教活動場所，既無法反映出寺院對社會習俗之影響，也很容易懸空說光景，將僧侶群體置於過度理想化的位置，從而失去了學術研究的客觀性。

〔註154〕崔巍《山東省莘縣宋塔出土北宋佛經》，《文物》1982年第12期，第39～43頁。

〔註155〕《妙法蓮華經》，山東省博物館藏北宋嘉祐五年杭州錢家刻本，漢文珍貴古籍名錄02984。

法國國家圖書館藏 P.2912 號敦煌文書

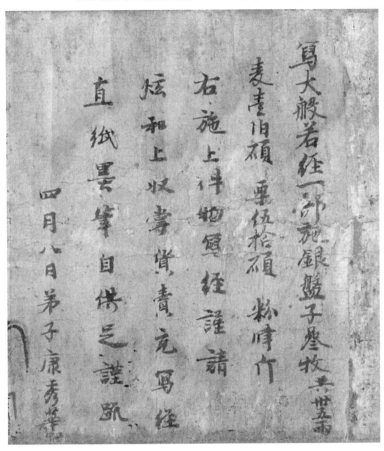

第五節　僧侶的墮落與「三武一宗法難」

　　佛教的傳播當然不可能一帆風順，中國歷史上曾經出現過幾次比較大的滅佛運動，宗教界習慣將其並稱為「三武一宗法難」，即北魏太武帝、北周武帝、唐武宗和後周世宗時期在全國推行的毀佛行動。事實上，佛教所經歷的大規模法難並不僅僅只有「三武一宗法難」，其餘譬如藏傳佛教中的朗達瑪贊普滅佛、新中國成立後的「文化大革命」衝擊等，無論規模還是力度都可與前者相提並論。但「三武一宗法難」仍有其特殊性，它們均是在佛教臻至全盛之時所遭遇的滅頂之災，毫無疑問是漢地佛教徒在古代歷史中最痛苦的幾段記憶。過去學者在總結「三武一宗法難」的發生原因時，多將其歸結為道教徒的傾軋，以及佛教坐大之後，對社會經濟秩序所造成的威脅。這誠然是

其中最突出的兩個因素，但孤立地分析每次法難事件，而不將其置於整個佛教的發展史中進行考量，很容易忽略掉若干深層次的、眞正在背後發揮作用的關鍵因素。在筆者看來，法難事件幕後的眞正源頭，是在大乘教義之下僧侶階層的日益墮落。這種墮落並非僅僅是物質層面的，更多的則是教義上對於世俗生活的妥協與媚俗。從出世到入世的轉變，看似體現了大乘佛教悲天憫人的胸懷，但實際的效果卻是讓佛教成爲一股活躍在現實中的勢力，不僅與上流統治階層的關係盤根錯節，也成爲下層貧困大眾團結凝聚以進行社會變革的重要手段。

「不依國主則法事難立」，這雖然是道安在凶年所確立的弘法原則，但並非自道安方始爲之。道安之師佛圖澄依附後趙石勒父子，以咒術靈異左右軍政，「勒益重之，事必咨而後行」。〔註156〕石虎即位之後，雖然殘忍嗜殺，但對佛圖澄卻更爲崇敬。據慧皎《高僧傳》記載，兩人曾有如下對話：

> 虎常問澄：「佛法云何？」澄曰：「佛法不殺。」「朕爲天下之主，非刑殺無以肅清海內。既違戒殺生，雖復事佛，詎獲福耶？」
> 澄曰：「帝王之事佛當在心，體恭心順，顯暢三寶，不爲暴虐，不害無辜。至於凶愚無賴，非化所遷，有罪不得不殺，有惡不得不刑，但當殺可殺，刑可刑耳。」〔註157〕

佛圖澄雖然聲稱「佛法不殺」，但卻沒有以此爲原則來教誨石虎，而是肯定了帝王事佛之後「違戒殺生」的合理性。佛圖澄之語在邏輯上毫無問題，但卻不該出自佛教高僧之口，因爲這完全是站立在維護現實社會秩序上的考量，更像是來自一名火中取栗的說客。儘管佛圖澄的初衷可能是希望石虎「省欲興慈」，但由於決定是否可殺、可刑的權力一直掌握在皇帝之手，這番勸告只不過免除了皇帝事佛而殺生的後顧之憂，無異於杯水救火，無濟於事。僧侶更希望借助於帝王之力來推行佛法，就不得不屈從於現實政治的壓力，而對佛法要義進行一定程度的歪曲。積重難返，曲木難直，這也令大乘佛教逐漸失去了思想上的獨立性，而日益演變爲對皇權的諂媚與附庸。僧人戒律不向國王禮拜，沙門法果卻帶頭禮拜北魏太祖皇帝，並謂人曰：「能鴻道者，人主也。我非拜天子，乃是禮佛耳。」〔註158〕法果並非尋常僧人，而是一度出

〔註156〕《晉書》卷九十五列傳《佛圖澄》，清乾隆武英殿刻本。
〔註157〕慧皎《高僧傳》卷第九神異上《竺佛圖澄》，大正新修大藏經第50冊，No.2059。
〔註158〕《魏書》卷一百一十四《釋老志》，清乾隆武英殿刻本。

任僧統，綰攝全國僧徒。如果說佛圖澄在王權面前還保留著一些地位上的超然，至法果時則完全淪爲帝王所轄之臣屬，幾無尊嚴可言，而這也是當時境內僧侶階層普遍的生存狀況。

一方面是僧侶階層日益失去思想上、地位上的獨立性，另一方面是僧侶的成份逐漸混雜，驕奢淫逸之風橫行無忌。原始佛教奉行乞食制度，雖然偶有貪圖信眾供養者側身其中，但仍只是極少數人，絕大多數僧侶都是爲了追求生命解脫而皈依佛門。中國的大乘佛教徒從一開始就沒有奉行乞食制度，反倒因爲歷來享有免除租稅、徭役的特權，再加上統治階級的扶持，從而聚斂起了大量的世俗財富，所以僧侶生活遠較平民優越，以至於在許多朝代，想要出家爲僧甚至需要考核錄用。由於佛教戒律儀軌與儒家宗法禮制格格不入，早期肯割捨家庭而追隨胡僧事佛者，多數並非良善之輩。《牟子理惑論》設客之問曰：「今沙門耽好酒漿，或畜妻子，取賤賣貴，專行詐紿，此乃世之大僞。」〔註159〕蓄妻之事，高僧鳩摩羅什亦爲之，其下僧人率多傚仿。儘管鳩摩羅什以吞針之術壓服非議，但並未棄妻改爲，而是攜妻生子，終難以自圓其說。耽酒之事，從敦煌所出土文書來看，寺廟不但擁有釀酒器具，而且自營酒坊，不僅僧侶普遍飲酒，而且還以酒行賄僧官，其風俗歷代相沿不止。佛門首要之五戒尚可如此率意不遵，其餘細小戒律又可想而知。東晉隆安年間（397～401），桓玄倡議沙汰僧眾，稱「京師競其奢淫，榮觀紛於朝市。天府以之傾匱，名器爲之穢黷。避役鍾於百里，逋逃盈於寺廟。乃至一縣數千，猥成屯落。邑聚遊食之群，境積不羈之眾」，〔註160〕其時僧侶之素質可知。就連石虎本人，也一度擔心「今沙門甚眾，或有奸宄避役，多非其人」，而下旨要求中書「簡議眞僞」。〔註161〕從種種跡象來看，佛教之所以能克服水土不服，在中國土地上迅速壯大，並非皆源於佛法之高妙，而是在很大程度上來自世俗利益之驅動。最初皈依佛門者，有相當一部分屬於逃避賦稅徭役的姦猾之徒，以及違法亂紀的凶蠻之輩。而佛教早期管理制度之鬆散，也在一定程度上加劇了僧侶成份的複雜化。

北魏太武帝拓跋燾滅佛，就是在上述歷史背景下，所發生的一件看似偶然卻又必然的事件。據《魏書·釋老志》記載，北魏太武帝最初也崇信佛教，

〔註159〕《弘明集》卷第一《牟子理惑論》，大正新修大藏經第 52 冊，No.2102。
〔註160〕《弘明集》卷十二《桓玄輔政欲沙汰眾僧與僚屬教》，大正新修大藏經第 52 冊，No.2102。
〔註161〕《十六國春秋》卷十五後趙錄五，明萬曆刻本。

但他手下的司徒崔浩信仰道教，多次向他陳述神仙之說，極力詆毀佛教。太武帝因此改信道教，並逐漸開始對佛教產生了懷疑。在一次討伐叛亂的途中，太武帝發現長安寺院房內藏有大量弓矢矛盾等兵器，於是懷疑僧人與叛兵勾結，乃盡殺寺內僧人。及至「閱其財產，大得釀酒具及州郡牧守富人所寄藏物，蓋以萬計。又爲窟室，與貴室女私行淫亂」。〔註162〕太武帝因此大怒，再加上崔浩的一力慫恿，於是在太平眞君七年（446）發布詔令，要求「諸有佛圖形象及胡經，盡皆擊破焚燒；沙門無少長，悉坑之」。〔註163〕自王公以下，凡有家中私養沙門者，必須限期出首，否則滿門抄斬。這次滅佛事件，其背後的直接推動者毫無疑問是信仰道教的崔浩等人。由於佛教擴張的勢頭太盛，無論是在思想範疇還是在世俗利益上，都侵犯到了道教的生存空間，因而招致了崔浩等信眾的不滿，並最終借助行政勢力，演變成一場大規模的對異教徒的血腥屠殺。崔浩對佛教的極端仇視與獲得帝王重用均有其偶然性，但當時佛教寺院藏污納垢、腐化墮落，卻已經是十分普遍的現象，而在「依附國主」的策略之下，部分高僧又與上流階層存在千絲萬縷的聯繫，一旦所支持的官方勢力倒臺，佛教就很容易轉變爲被清算的對象。經此一役，佛教飽受打擊，在中國北方一時近乎絕跡。據《高僧傳》記載：「以僞太平七年遂毀滅佛法，分遣軍兵燒掠寺舍，統內僧尼悉令罷道。其有竄逸者，皆遣人追捕，得則必梟斬，一境之內無復沙門。」〔註164〕然品味「悉令罷道」一語，則似乎只要僧侶表態還俗或改信他教，尚不至有性命之憂。按《魏書・釋老志》記載，佛教的這種銷聲匿跡則更多的只是表面上的工夫。由於太子拓跋晃本人是虔誠的佛教徒，屢次爲此事諫阻其父，從而爲滅佛令的下達爭取到了時間，「遠近皆豫聞知，得各爲計。四方沙門多亡匿獲免，在京邑者亦蒙全濟，金銀寶像及諸經論大得祕藏。而土木宮塔，聲教所及，莫不畢毀矣」。〔註165〕太武帝的滅佛令，執行最嚴厲的主要是長安，四方所毀棄者則以不可移動的寺廟建築、佛像雕塑爲主，僧侶慘遭殺戮者並不太多。太武帝的滅佛政策並沒有持續很久，崔浩幾年後因事被誅，太武帝自己也很快病死，其子拓跋余在位僅八月，而拓跋晃長子拓跋濬繼位之後重新發布敕令，再興佛教。至北魏孝明帝之後，佛教不但恢復了原來的聲勢，而且勢頭

〔註162〕《魏書》卷一百一十四《釋老志》，清乾隆武英殿刻本。
〔註163〕《魏書》卷一百一十四《釋老志》，清乾隆武英殿刻本。
〔註164〕慧皎《高僧傳》卷第十《釋曇始》，大正新修大藏經第50冊，No.2059。
〔註165〕《魏書》卷一百一十四《釋老志》，清乾隆武英殿刻本。

更勝從前。《魏書・釋老志》云：「正光已後，天下多虞，王役尤甚。於是所在編民相與入道，假慕沙門，實避調役，猥濫之極。自中國之有佛法，未之有也。略而計之，僧尼大眾二百萬矣，其寺三萬有餘。」〔註166〕

北魏時期，冶鐵業由官府經營，民間嚴禁私鑄兵器。從長安寺廟中收藏大量弓矢矛盾等軍用物資來看，這些僧人不僅腐化墮落，而且凶蠻成風，且多習於武事。長安重鎮尚且如此，四方之地又可想而知。以宗教為名，心懷不軌的僧人很容易聚集起大量的壯年男丁，從而演變為揭竿而起的反朝廷武裝。筆者根據《魏書》等現存史料粗略統計，北魏末年僧侶造反事件約有以下數起：

延興三年（473），沙門慧隱謀反，伏誅。是歲州鎮十一水旱，丐民田租，開倉賑恤。相州民餓死者二千八百四十五人。

太和五年（481），沙門法秀謀反誅。詔曰：「法秀妖詐亂常，妄說符瑞，蘭臺御史張求等一百餘人招結奴隸，謀為大逆。」〔註167〕

太和十四年，沙門司馬惠御自言聖王，謀破平原郡，擒獲伏誅。

永平二年（509），涇州沙門劉慧汪聚眾反，詔華州刺史奚康生討之。

永平三年，沙門劉光秀反，州郡捕斬之。

延昌三年（514），幽州沙門劉僧紹聚眾反，自號「淨居國明法王」，州郡捕斬之。

延昌四年，冀州沙門法慶既為妖幻，遂說勃海人李歸伯。歸伯闔家從之，招率鄉人，推法慶為主。法慶以歸伯為十住菩薩、平魔軍司定漢王，自號「大乘」，殺一人者為一住菩薩，殺十人者為十住菩薩。又合狂藥，令人服之，父子兄弟不相知識，唯以殺害為事。刺史蕭寶夤遣兼長史崔伯驎討之，敗於煮棗城，伯驎戰沒。凶眾遂盛，所在屠滅寺舍，斬戮僧尼，焚燒經像，云「新佛出世，除去眾魔」。〔註168〕詔以遙為使持節都督北征諸軍事，討破之，禽法慶並其妻尼惠暉等，斬法慶，傳首京師。後禽歸伯，戮於都市。

上述七起聚眾造反事件，其為首者均為沙門，總時間跨度不過四十二年而已。若再考慮上同時期南朝僧侶造反事件，又有宋孝武帝大明二年（458）沙門曇標與羌人高闍起兵謀反、蕭齊永明十一年（493）沙門法智和周盤龍起兵謀反、梁武帝大通年間沙門僧強起兵謀反等若干起，僧侶階層之不安分

〔註166〕《魏書》卷一百一十四《釋老志》，清乾隆武英殿刻本。
〔註167〕《魏書》卷七上《高祖紀上》，清乾隆武英殿刻本。
〔註168〕《北史》卷十七列傳第五《景穆十二王上》，清乾隆武英殿刻本。

於現狀由此可見。而大凡僧人起兵造反，往往藉聖王、新佛之名，又多妄說符瑞，在貧苦大眾之中極具煽動性。光武帝劉秀以《赤伏符》爲名登上帝位，並宣布圖讖於天下，因而東漢以來讖緯之風大盛，此後歷代君王既想自身攀附讖語，又對此深有戒心。南北朝後期，軍閥混戰，群雄逐鹿，當時社會上卻流行一條「黑衣當王」的讖語。由於僧人當時著黑衣，而造反事件又層出不窮，北周武帝宇文邕因而「心忌釋門，志欲誅殄」，〔註169〕第二次滅佛事件也就種下了前因。據《廣弘明集》記載：「周祖初重佛法，下禮沙門，並著黃衣，爲禁黑故。有道士張賓，譎詐罔上，私達其黨，以黑釋爲國忌，以黃老爲國祥。帝納其言，信道輕佛，親受符籙，躬服衣冠。有前僧衛元嵩，與賓唇齒相扇，惑動帝情，云僧多怠惰，貪逐財食，不足欽尚。」〔註170〕張賓以黑衣讖語說帝，衛元嵩則直陳僧侶的腐化墮落，皆能深入周武帝之心。僧侶謀反的事件如此頻發，縱然無「黑衣當王」之讖語，佛教徒也會被視爲社會的不穩定因素，統治階層勢必要加以遏制防範。

由於周武帝滅佛事件中，幾乎沒有殺戮僧侶，因而過去學者多援引釋曇積《諫周太祖沙汰僧表》中「若他方異國遠近聞知，疑謂求兵於僧眾之間，取地於塔廟之下」之語，認爲周武帝的意圖主要爲擴大兵員、增加田畝，亦即滅佛的初衷爲經濟因素。但此論純爲斷章取義，釋曇積只是假設了周武帝的這種意圖，並在下文預先對此進行了反駁：「但頑僧任役，未足加兵；寺地給民，豈能富國？」〔註171〕按釋曇積的觀點，最多只能強迫僧侶還俗爲民，以供勞役驅使，卻很難讓他們拿起兵器上陣殺敵，因爲殺生畢竟爲佛門首戒；把寺廟所佔的土地分給百姓，整個國家的土地也並沒有增加，因爲僧侶本就是百姓之一，而還俗的僧侶同樣需要土地耕種。釋曇積的諫阻意見非常到位，然而並沒有阻止周武帝滅佛的決心，只能說明周武帝滅佛並非是出於經濟因素的考慮。北周建國，是權臣宇文覺廢西魏皇帝而自立；周武帝上臺，則是權臣宇文護連殺兩位北周皇帝後所擁立。上述篡立之事，僅發生於周武帝登基前的五年之內。周武帝誅殺權臣宇文護後親掌朝政，但對於權力更迭的擔心則一直是揮之不去的隱憂。周武帝之父宇文泰曾宣布「黑衣當王」

〔註169〕《集古今佛道論衡》卷乙：「周武初信於佛，後以讖云『黑衣當王』，遂重於道法躬受符籙，玄冠黃褐內常服御，心忌釋門，志欲誅殄。」

〔註170〕《廣弘明集》卷第八《周滅佛法集道俗議事》，大正新修大藏經第 52 冊，No.2103。

〔註171〕《廣弘明集》卷第二十四《諫周祖沙汰僧表》，大正新修大藏經第 52 冊，No.2103。

的讖語應在自己身上，稱「我名黑泰，可以當之」，〔註172〕又改穿黑皁之衣，但宇文泰生前並沒有稱帝，終究於讖語有隔。據《廣弘明集》記載，周武帝滅佛之前，曾與實禪師有如下對話：

> 帝曰：「如讖所傳，云黑者應得。僧多衣黑，竊有所疑。」實曰：「僧但一身，誰所扶翼？決非僧也。」帝曰：「僧非得者，黑者是誰？」實曰：「至尊大人，保信浪語，外相若聞，豈言至聖？黑者大有，老烏亦黑，大豆亦黑。如是非一，可亦得耶？」帝聞有姓烏、姓實者，假過誅之。〔註173〕

　　為一條讖語，竟然連與烏鴉、大豆諧音的烏姓、寶姓臣子都要假過誅殺，可見其內心忌憚之重。無論周武帝是否因讖語而行滅佛之事，但讖語對其心理有重大影響則當可確論。正因為周武帝心心念念之事是鞏固自己的統治權力，因而在儒釋道三家之中，他最終選擇了儒教。在滅佛之前，周武帝曾經主持過三教優劣的辯論，將三教順序規定為儒家為首，道教次之，佛教最末。這其中當然有賴道士張賓等人的排佛之力，但周武帝滅佛之時，連道教也在剪除之列，可知其最終意圖並非重道，而是崇儒。據周武帝所宣布的廢立之義：「世弘三教，其風逾遠，考定至理，多愆陶化，今並廢之。然其六經儒教，久弘政術，禮義忠孝，於世有宜，故須存立。……父母恩重，沙門不敬，勃逆之甚，國法不容，並退還家，用崇孝始。」〔註174〕儒家被保留的關鍵原因，是「禮義忠孝，於世有宜」；佛教被廢除的重要原因，是「父母恩重，沙門不敬」。兩相權衡，足可見周武帝滅佛的動機是為弘揚忠孝觀念，蓋臣民如能忠孝兩全，國家自無篡位廢立之事，而北周天下方能垂之久遠。

　　道教亦在周武帝廢除之列，可證道士張賓並未受到周武帝重視，在滅佛事件中真正的核心人物實為衛元嵩。衛元嵩本為蜀郡沙門，後還俗為民，余嘉錫《北周毀佛主謀者衛元嵩》一文對其生平有詳細考證。衛元嵩上疏周武帝，「請造平延大寺容貯四海萬姓，不勸立曲見伽藍，偏安二乘五部。夫平延寺者，無選道俗，罔擇親疏，以城隍為寺塔，即周主是如來，用郭邑作僧坊，和夫妻為聖眾，推令德作三綱，遵耆老為上座，選仁智充執事，求勇略

〔註172〕《廣弘明集》卷第六《列代王臣滯惑解上》，大正新修大藏經第 52 冊，No.2103。

〔註173〕《廣弘明集》卷第六《列代王臣滯惑解上》，大正新修大藏經第 52 冊，No.2103。

〔註174〕道宣《續高僧傳》卷第八，大正新修大藏經第 50 冊，No.2060。

做法師，行十善以伏未寧，示無貪以斷偷劫。是則六合無怨紂之聲，八荒有歌周之詠」。〔註175〕余嘉錫認爲衛元嵩「廣徵釋典，曲附經義，請造平延大寺，不立曲見伽藍，以此僧徒無所發怒，遂歸罪於張賓，蔽獄於周武」，〔註176〕錢鍾書《管錐編》亦謂「元嵩非廢佛法，乃欲通國上下無一人而不奉佛也」，〔註177〕此皆屬誤讀文獻，而錢氏尤謬。衛元嵩所謂「平延大寺」者，實即北周之國，故云郭邑爲僧坊，夫妻即聖眾。蓋元嵩所述，乃建議周武帝在全境推行儒家之道，並非眞欲建佛寺，所述「推令德作三綱」即褒獎倫理綱常，「遵耆老爲上座」即推行尊老孝道，「選仁智充執事，求勇略做法師」即朝廷選賢任能，「行十善以伏未寧，示無貪以斷偷劫」即國君奉公安民。仁政既行，則百姓自然「無怨紂之聲」而「有歌周之詠」，北周即重現先秦時周代之治。衛元嵩之意，在於存寺以奉佛，不若舉國行仁政，故云「即周主是如來」，「唐虞無佛圖而國安、齊梁有寺舍而祚失者，未合道也。但利民益國，則會佛心耳」。周武帝所行滅佛之事，正爲衛元嵩之意，故衛氏遂至賜爵封公。北周建德三年（574）五月，周武帝下詔滅佛、道二教，次月又下詔：「今可立通道觀，聖哲微言、先賢典訓、金科玉篆、秘賾玄文，可以濟養黎元、扶成教義者，並宜弘闡，一以貫之。」〔註178〕通道觀作爲官設機構，體現了周武帝試圖融通三教的意圖，然而觀內總人數僅有一百二十人（《續高僧傳》記載爲三百人），其作用不過是朝廷門面之點綴，以顯示並無徹底滅除佛道之意。據《廣弘明集》記載：「帝已行虐三年，關隴佛法，誅除略盡，既克齊境，還准毀之。爾時魏齊東川，佛法崇盛。見成寺廟出四十千，並賜王公，充爲第宅；五眾釋門減三百萬，皆復軍民，還歸編戶。融刮佛像，焚燒經教。三寶福財，簿錄入官，登即賞賜，分散蕩盡。」〔註179〕周武帝滅佛之舉，除給佛教帶來滅頂之災外，其餘教外人士都獲得了一定的經濟利益，客觀上對於穩定國政大有幫助。滅齊之後，前沙門任道琳上表言不宜殘壞太祖所立寺廟，請復佛法。周武帝曰：「自廢法以來，民役稍稀，租調年增，兵師日盛，東平僞齊，西定妖戎，國樂民安，豈非有益？」〔註180〕

〔註175〕《廣弘明集》卷第七《十七衛元嵩》，大正新修大藏經第 52 冊，No.2103。
〔註176〕余嘉錫《北周毀佛主謀者衛元嵩》，載《輔仁學誌》2 卷 2 期，1931 年 9 月。
〔註177〕錢鍾書《管錐編》（四），三聯書店，2001 年，第 558 頁。
〔註178〕《北史》卷十周本紀下第十，清乾隆武英殿刻本。
〔註179〕《廣弘明集》卷第十《敘釋慧遠抗周武帝廢教事》，大正新修大藏經第 52 冊，No.2103。
〔註180〕《廣弘明集》卷第十《周高祖巡鄴除殄佛法有前僧任道林上表請開法事》，大

雖父輩往日敕建之寺廟亦在所不免，可見周武帝滅佛舉動之果決。如釋曇積所辯，僧人還俗未必能充任兵士，但編民戶口既廣，兵員自然隨增，此亦是不爭之事實。蓋田畝總量一定，僧侶還俗後耕力日裕，此消彼長，原本耕種之民即可充任兵丁。此雖非周武滅佛之初衷，但強國之效既佳，又成爲他維持滅佛方針之動力。經北魏太武帝、北周武帝兩次滅佛之後，僧侶對於政治革命之熱情大減，而依附國主遂成爲此後歷代僧侶的主流策略。

　　隋文帝登基之初，亦曾借助圖讖之力，因其少長於尼庵之中，一直身著黑衣，故正應「黑衣當王」之讖。但在上臺之後，爲防止其他野心家繼續借助圖讖以謀篡立，隋文帝宣布全面禁絕圖讖，其子隋煬帝更是「搜天下書籍與讖緯相涉者皆焚之，爲吏所糾者至死。自是無復其學，祕府之內亦多散亡」。〔註181〕隋文帝曾受尼姑撫育之恩，在位期間即庇祐佛法，廣建寺廟。據《法苑珠林》記載，隋代「寺有三千九百八十五所，度僧尼二十三萬六千二百人」。〔註182〕此後唐代名僧輩出，佛法大昌，然而僧侶的腐化墮落現象也進一步加重，寺院經濟幾乎成爲社會之毒瘤。唐高宗建國之初，即欲行滅佛之事，並下詔書云：「自覺王遷謝，像法流行，末代陵遲，漸以虧濫。乃有猥賤之侶，規自尊高；浮惰之人，苟避徭役。妄爲剃度，託號出家，嗜欲無厭，營求不息。出入閭里，周旋闤闠，驅策田產，聚積貨物。耕織爲生，估販成業，事同編戶，跡等齊人。進違戒律之文，退無禮典之訓。至乃親行劫掠，躬自穿窬，造作妖訛，交通豪猾。每罹憲網，自陷重刑，黷亂眞如，傾毀妙法。……京城留寺三所，觀二所。其餘天下諸州，各留一所。餘悉罷之。」〔註183〕詔書中所指斥佛門之亂象，應當多有所據，但不久玄武門之變即起，高祖滅佛之詔並未得到貫徹執行，可謂佛門之大幸。太宗李世民雖非虔誠的佛教徒，但對於僧侶並無惡感。早年在平定王世充的戰役中，少林寺僧人曾立下重大功勳（翻轘州歸國），李世民還曾親自寄書褒獎；玄奘法師西行求法，其後載譽歸國，李世民「以法師學業該贍，儀韻淹深，每思逼勸歸俗，致之左右，共謀朝政」。〔註184〕此亦可見，太宗皇帝一心唯才是用，並不在乎其人之宗教立場，故對高祖滅佛之設想缺乏推行之意願。武則天欲登帝位，懷義爲首的

　　　　正新修大藏經第 52 冊，No.2103。
〔註181〕《隋書》卷三十二志第二十七，清乾隆武英殿刻本。
〔註182〕《法苑珠林》卷第一百《興福部第五》，大正新修大藏經第 53 冊，No.2122。
〔註183〕《舊唐書》卷一《高祖本紀》，清乾隆武英殿刻本。
〔註184〕《大唐大慈恩寺三藏法師傳》卷第六，大正新修大藏經第 50 冊，No.2053。

僧侶集團即僞造《大雲經疏》爲之造勢，「言則天是彌勒下生，作閻浮提主，唐氏合微」，〔註185〕武則天稱帝之後自然投桃報李，因而大肆推崇佛教。神秀禪師赴京之時，「肩輿上殿，（武則天）親加跪禮，敕當陽山置度門寺以旌其德。時王公已下及京都士庶，聞風爭來謁見，望塵拜伏，日以萬數」，〔註186〕佛教之氣勢至此已臻極盛。至唐中宗時，佛門之墮落已令人觸目驚心，左拾遺辛替否上疏云：「當今出財依勢者，盡度爲沙門；避役奸訛者，盡度爲沙門。其所未度者，唯貧窮與善人。將何以作範乎？將何以役力乎？……今天下之寺益無其數，一寺當陛下一宮，壯麗之甚矣，用度之過矣！是十分天下之財而佛有七八，陛下何有之矣，百姓何食之矣？」〔註187〕辛替否之疏當有所誇張，但若離事實相去太遠，令人一望即僞，也會無法起到諫阻之用。據此亦可推知，佛教當時之奢侈確已達到令世人矚目之程度。此後唐隆元年（707）、開元十年（722）曾先後下達敕令，要求沒收寺院占田過限之餘田，以分發給貧窮欠田之戶，〔註188〕但其時佛教勢力已坐大至盤根錯節，令雖下而事不行，均田之國政也隨之崩壞。安史之亂起，唐肅宗又官賣僧人度牒以籌措軍費，「諸道得召人納錢，給空名告身，授官勳邑號，度道士僧尼不可勝計。……及兩京平，又於關輔諸州納錢度道士僧尼萬人」，〔註189〕客觀上進一步加劇了僧侶的亂象。一方面是僧侶成分的魚龍混雜，泥沙俱下，所行多教外俗世之事；另一方面是僧侶境界的腐化墮落，斂財享樂，終日攀附於權貴之門。數代之後，僧侶集團實際上演變成爲一個龐大的寄生階層，而且霸佔了巨量的國家財富。此情形在太平盛世、國富民強之時尚可存之，但唐代中期以後國力日漸枯竭，掌權者勢必要磨刀霍霍，割瘻以求健體延年。

　　唐朝的皇帝因爲姓李，與老子同姓，故自稱是老子後人，又頗喜服食道教仙丹以求長生，故對道教一直頗爲看重。佛、道兩家都走上層路線，不免

〔註185〕《舊唐書》卷一百八十三列傳《薛懷義》，清乾隆武英殿刻本。

〔註186〕《舊唐書》卷一百九十一列傳《神秀》，清乾隆武英殿刻本。

〔註187〕《舊唐書》卷一百一列傳《辛替否》，清乾隆武英殿刻本。

〔註188〕唐隆元年七月十九日詔：「寺觀廣占田地及水碾磑，侵損百姓，宜令本州島長官檢括，依令式以外及官人百姓將莊田宅舍布施者，在京並令司農即收，外州給貧下課戶。」開元十年正月二十三日勅祠部：「天下寺觀田宜準法，據僧尼道士合給數外，一切管收，給貧下欠田丁。其寺觀常住田，聽以僧尼、道士女冠退田充，一百人以上不得過十頃，五十人已上不得過七頃，五十人以下不得過五頃。」

〔註189〕《新唐書》卷五十一食貨志第四十一，清乾隆武英殿刻本。

就存在著世俗利益上的衝突。唐代彌勒淨土之信仰大盛，不僅武則天借彌勒下生之名登基稱帝，僧侶造反也主要借助新佛出世的名頭，以此來招攬人力。譬如玄宗開元初，王懷古捏造妖言，誑惑百姓，「謂人曰：釋迦牟尼佛末，更有新佛出。李家欲末，劉家欲興。今各當有黑雪下具州，合出銀城」，〔註190〕玄宗敕下諸道按察使捕而戮之，開元三年又昭告天下：「比者白衣青髮，假託彌勒下生，因爲妖訛，廣集徒侶，稱解禪觀，妄說災祥，別作小經，詐云佛說。或輒云弟子，號爲和尚，多不婚娶，眩惑閭閻，觸類實繁，蠹政爲甚。……自今已後宜嚴加捉搦，仍令按察司採訪，如州縣不能舉察，所由長官並從貶降。」〔註191〕在唐武宗之前，以彌勒出世的名義所爆發的僧人叛亂已有若干起，「黑衣」之讖若應在僧人並非不可想像之事。唐武宗李炎（初名李瀍）本身信仰道教，曾召集趙歸眞等八十一名道士入宮，親自學習道術。趙歸眞等人力勸唐武宗滅佛，強調佛教並非中國本土之教，而且蠹耗生靈、消耗國力，應當徹底剷除。其最毒辣之處，亦爲利用讖語，乃奏云：「孔子說云：『李氏十八子昌運未盡，便有黑衣天子理國。』臣等竊惟黑衣者是僧人也。」〔註192〕唐代宗爲第十八任皇帝，但並非先皇之太子，而是由軍隊將領假傳聖旨，先冊封爲皇太弟，繼而即位登基，本身即有權力不穩的隱憂，所以讖語很容易找到滋生的土壤。唐武宗既中其言，遂決意下詔滅佛，時年號會昌，故此役又稱「會昌法難」。關於唐武宗的滅佛經過，日本僧人圓仁所撰《入唐求法巡禮行記》爲其所見所聞之事蹟，記載頗詳，可信度較高。從相關記錄來看，唐武宗的滅佛事件有周密的步驟，漸次推進，效率極高，執行程度也十分徹底。據圓仁所記，「功德使條流僧俗還俗之事，商議次第：且令卅已下還俗訖，次令五十已〔下〕還俗，次令五十已上無祠部牒者還俗。第三番令祠部牒磨勘，差殊者還俗。最後有祠部牒、不差謬者，盡令還俗，即僧尼絕也」。〔註193〕從執行效果來看，「從四月一日起首，年卅已下僧尼還俗，遞歸本貫。每日三百僧還俗，十五日年卅已下僧尼方盡。從十六日起首，五十以下僧尼還俗，直到五月十日方盡也。十一日起首，五十已上、無

〔註190〕《冊府元龜》卷九百二十二總錄部《妖妄第二》，明刻初印本。

〔註191〕《冊府元龜》卷一百五十九帝王部《革弊第一》，明刻初印本。

〔註192〕白化文等修訂校注《入唐求法巡禮行校注》，花山文藝出版社，1992年，第440頁。

〔註193〕白化文等修訂校注《入唐求法巡禮行校注》，花山文藝出版社，1992年，第461頁。

祠部牒者還俗。前年已來條流僧尼，即簡粗行不依本教者還俗，遞歸本貫。今年不簡高行粗行，不論驗僧大德、內供奉也，但到次第，便令還俗。頻有敕問『已還俗者多少，未還俗者多少』，催進其數。外國僧未入條流之例，功德使別聞奏取裁，有敕云：『外國〔僧〕等若無祠部牒者，亦勒還俗遞歸本國者。』」〔註194〕不僅本國僧人要依據年齡漸次勒令還俗，即使外國求法僧人亦在所不免，而且皇帝本人還頻繁追問辦理進度，以免臣下執行時有懈怠之心。素昔滅佛之所以傚果不佳，其重要原因之一即為除僧而不毀寺，一旦風波過後，空曠廢棄之寺院又可接納新僧入住，賞賜他人之寺院亦可由信眾捐回。唐武宗滅佛，最初敕令「毀拆天下山房蘭若、普通佛堂、義井、村邑齋堂等未滿二百間、不入寺額者」，「經、佛般入大寺，鐘送道士觀」，其次又動手毀廢大寺，先後下令「天下銅佛、鐵佛盡毀碎，稱量斤兩，委鹽鐵使收管訖」，「天下金銅佛像，當州縣司剗取其金，稱量進上」，「天下寺舍奇異寶珮、珠玉金銀，仰本州縣收檢進上」，「天下寺舍僧尼所用銅器、鍾磬、釜鐺等，委諸道鹽鐵使收入官庫」，「天下還俗僧尼緇服，各仰本州縣盡收焚燒，……如焚燒已後，有僧尼將緇服不通出，巡檢之時有此色者，準敕處死」。〔註195〕這般鉅細無遺，考慮周全，實欲將佛教連根拔除，不留後患。據圓仁所見，即使大唐東北地極之登州，「雖是邊地，條流僧尼、毀拆寺舍、禁經毀像、收撿寺物，共京城無異」。〔註196〕其法令所不能及者，「唯黃河已北鎮、幽、魏、路等四節度元來敬重佛法，不拆〔寺〕捨，不條流僧尼，佛法之事一切不動之。頻有敕使勘罰，云：『天子自來毀拆焚燒，即可然矣，臣等不能作此事也。』」〔註197〕

　　李德裕《請淮南等五道置遊弈船狀》稱：「自有還僧以來，江西劫殺比常年尤甚，自上元至宣池地界，商旅絕行。」〔註198〕另據圓仁所述，「唐國

〔註194〕白化文等修訂校注《入唐求法巡禮行校注》，花山文藝出版社，1992 年，第462～463 頁。

〔註195〕白化文等修訂校注《入唐求法巡禮行校注》，花山文藝出版社，1992 年，第493～494 頁。

〔註196〕白化文等修訂校注《入唐求法巡禮行校注》，花山文藝出版社，1992 年，第490 頁。

〔註197〕白化文等修訂校注《入唐求法巡禮行校注》，花山文藝出版社，1992 年，第496 頁。

〔註198〕李德裕《李文饒文集》卷第十二雜狀《請淮南等五道置遊弈船狀》，四部叢刊景明本。

僧尼本來貧，天下僧尼盡令還俗，乍作俗形，無衣可著，無物可吃，艱窮至甚。凍餓不徹，便入鄉村劫奪人物，觸處甚多。州縣捉獲者，皆是還俗僧」。〔註199〕圓仁身爲僧人，故難免更同情佛教，此語即不免有可商榷處。凡眞正信仰佛法之僧人，即便凍餓至死，亦不至行兇搶劫。此類現象頻發，只能說明僧侶成份之混雜、素質之低下，仍處於生理欲望主導的層次。根據朝廷頒布的滅佛結果，「天下所拆寺四千六百餘所，還俗僧尼二十六萬五百人，收充兩稅戶，拆招提、蘭若四萬餘所，收膏腴上田數千萬頃，收奴婢爲兩稅戶十五萬人」，〔註200〕既可見當時滅佛行動之徹底，也可見此前佛教人力、物力之繁盛，所謂「唐國僧尼本來貧」之語不證自僞。由於鎭、幽、魏、路等四節度境內並未執行滅佛令，唐代僧侶之數量、財富値尚有很大的拓展空間。據《舊唐書》所載，唐武宗亦並未禁絕天下寺廟。中書門下曾條疏請求「上州望各留寺一所」，「其下州寺並廢，其上都、東都兩街請留十寺，寺僧十人」，武宗雖未盡從，但敕令「上州合留寺，工作精妙者留之，如破落亦宜廢毀。……其上都、下都每街留寺兩所，寺留僧三十人。上都左街留慈恩、薦福，右街留西明、莊嚴」。〔註201〕按此，則不僅四節度境內佛法仍存，其餘上州及都城等地也有寺廟及僧侶殘存，這也爲後來佛法的復興保留了機遇與火種。

經唐武宗滅佛一役，漢傳佛教元氣大傷，寺院經濟全面崩潰，習慣於依託寺廟而作精密哲學思辨的學院派僧侶（譬如唯識宗）遭遇滅頂之災，親民的、通俗的、簡便的佛教法門日益流行，其中一直堅持走下層百姓路線的南傳禪宗強勢崛起，逐漸發展成中國佛教聲勢最大的一支。此後有唐一代，佛教一直在緩慢地恢復元氣，再也無法成爲皇朝的威脅。換一種角度來看，伴隨著一次次的滅佛事件，古印度舊有的因明學（邏輯學）因素被漸次剝離，大乘佛教開始遵循中國人的風俗習慣、思維模式而不斷重組，其漢化程度也在一步步加深。

唐代之後，中國進入了歷史上最混亂的時代，「都來十五帝，播亂五十秋」，〔註202〕在五十餘年間竟有十幾位皇帝輪番登場，而中原之外還存在著

〔註199〕白化文等修訂校注《入唐求法巡禮行校注》，花山文藝出版社，1992 年，第494 頁。
〔註200〕《舊唐書》卷十八上本紀第十八上《武宗》，清乾隆武英殿刻本。
〔註201〕《舊唐書》卷十八上本紀第十八上《武宗》，清乾隆武英殿刻本。
〔註202〕李卓吾先生批評《忠義水滸傳》引首，明容與堂刻本。

十幾個地方割據政權，其動盪程度可見一斑。每逢戰亂之世，傳統的儒家道德體制崩壞，百姓朝不保夕，只能寄希望於虛無縹緲的來世或徹底解脫，對佛教而言皆是自身發展的良機。五代早期曾一度沿襲晚唐的宗教政策，嚴禁私自度僧，僧人出家也要考核經業，並嚴禁私建寺廟。但在亂世之中，朝廷法律的約束力有限，而同期並存的南方政權也往往不理會中原朝廷的政令。至後唐莊宗時，皇后劉氏「特用事於中，自以出於微賤，踰次得立，以爲佛力。……四方貢獻必分爲二：一以上天子，一以入中宮。宮中貨賄山積，惟寫佛書饋賂僧尼，而莊宗由此亦佞佛。有胡僧自于闐來，莊宗率皇后及諸子迎拜之。僧遊五臺山，遣中使供頓，所至傾動城邑。又有僧誠惠，自言能降龍，……莊宗及後率諸子、諸妃拜之，誠惠安坐不起，由是士無貴賤皆拜之。……許州節度使溫韜以后佞佛，因請以私第爲佛寺，爲后薦福」。〔註203〕上行則下效，佛教遂在後唐時迅速泛濫，儼然已有成爲國教之勢。後晉時，規定國忌日「行香之後飯僧百人，永爲定制」，〔註204〕基本上沿襲了前朝的崇佛制度。南方的割據政權（譬如吳越、南漢、閩）相對中原而言較爲安定，佞佛之風更爲濃厚。據《佛祖統紀》記載：「吳越王錢俶天性敬佛，慕阿育王造塔之事，用金銅精鋼造八萬四千塔，中藏《寶篋印心咒經》，凡十年而訖功。」〔註205〕今浙江金華萬佛塔曾出土十五座此類鐵塔，塔底銘文「吳越國王錢弘俶敬造八萬四千寶塔，乙卯歲記」，而湖州天寧寺也出土了顯德三年（956）印本《一切如來心秘密全身舍利寶篋印陀羅尼經》（簡稱《寶篋印經》，亦即上述《寶篋印心咒經》），卷首扉畫前有題記「天下都元帥吳越國王錢弘俶印《寶篋印經》八萬四千卷，在寶塔內供養，顯德三年丙辰歲記」，此外紹興出土金塗塔中發現乙丑歲（965）錢俶敬造《寶篋印經》、杭州西湖雷鋒塔磚塔內發現乙亥（975）八月錢俶所造《寶篋印經》多卷，均可佐證《佛祖統紀》記載不虛，惟其刻經時間則應不止十年。〔註206〕

〔註203〕《新五代史》卷十四《唐家人傳第二》，清乾隆武英殿刻本。

〔註204〕《舊五代史》卷七十九晉書五《高祖紀第五》，百衲本景印吳興劉氏嘉業堂刻本。

〔註205〕志磐《佛祖統紀》卷第四十三，大正新修大藏經第49冊，No.2035。

〔註206〕宋太祖趙匡胤之父名趙弘殷，故錢弘俶因避諱而改名爲錢俶，入宋後所刻佛經均題「吳越王錢俶」。

吳越王錢（弘）俶所造八萬四千塔樣式及塔底銘文

　　亂世國力衰微，佛風大昌並不利於凝聚民力、掃平戰亂，於是又有後周世宗柴榮滅佛之事。然而與三武滅佛不同，周世宗本身並不痛恨佛教，甚至從某種意義上說，他更像是一位撥亂反正的佛法守護者。顯德二年（955）五月甲戌，周世宗下詔：

　　　　釋氏貞宗，聖人妙道，助世勸善，其利甚優。前代以來，累有條貫，近年以降，頗紊規繩。近覽諸州奏聞，繼有緇徒犯法，蓋無科禁，遂至尤違。私度僧尼，日增猥雜，創修寺院，漸至繁多，鄉村之中，其弊轉甚。漏網背軍之輩，苟剃削以逃刑；行奸爲盜之徒，託住持而隱惡。將隆教法，須辨臧否，宜舉舊章，用革前弊。諸道州府、縣鎮、村坊，應有敕額寺院，一切仍舊；其無敕額者，並仰停廢，所有功德佛像及僧尼並騰並，於合留寺院内安置。天下諸縣城郭内，若無敕額寺院，只於合停廢寺院内，選功德屋宇最多者，或寺院僧尼各留一所；若無尼住，只留僧寺院一所。諸軍鎮坊郭及二百户已上者亦依諸縣例指揮。如邊遠州郡無勅額寺院處，於停廢寺院内僧尼各留兩所。今後並不得創造寺院、蘭若。王公戚里諸道

節刺已下，今後不得奏請創造寺院及請開置戒壇。〔註207〕

從詔書原文來看，周世宗稱佛法爲「聖人妙道」，也肯定了其「助世勸善」的功用，他所反對的並非佛教本身，而是想要對僧侶加強管理，既裁撤俗濫創建的寺院，也限制私自剃度的僧尼。寺廟以方外自居，若管理不愼，很容易藏污納垢，成爲「漏網背軍之輩」和「行奸爲盜之徒」的容身之所。周世宗名爲滅佛，實則繼續保留了「應有敕額寺院」，亦即國家法定寺廟完全不受衝擊，而只是將其他寺廟的僧尼彙集到法定寺廟中安置；在沒有「敕額寺院」的諸縣城郭、邊遠州郡，還允許保留一兩所屋宇最多的寺廟，以免該地僧尼無處安置。鑒於敕額寺院的僧人素質較高，管理也較爲正規，在合併後可將其餘寺廟僧侶納入同類管理之下，對於僧團組織紀律的提升大有好處，而所騰空的寺廟田產等資源則可以收歸國庫。與此同時，敕額寺院顯然無法容納所有的其他寺廟僧侶，勢必還要進行篩選、淘汰，這實際上就代替朝廷執行了汰別僧侶的任務。寺院自行控制僧侶數量，由於彼此知根知底，更容易擇優留用，遠比朝廷自上而下的挑選更爲得力。詔下之後，各地不得新創寺廟及開置戒壇，僧侶的數量也就無法增加，佛教重新坐大的威脅將不復存在。周世宗滅佛之後，「所存寺院凡二千六百九十四所，廢寺院凡三萬三百三十六，僧尼繫籍者六萬一千二百人」。〔註208〕周世宗的手段十分溫和，但相關措施卻十分見效，遠超過三武滅佛的暴力鎮壓。

與此同時，周世宗還重點打擊了佛教中的各種神秘因素和譁眾取寵的手段，下詔：「僧尼俗士，自前多有捨身、燒臂煉指、釘截手足、帶鈴掛燈諸般毀壞身體，戲弄道具，符禁左道，妄稱變現、還魂、坐化，聖水、聖燈、妖幻之類，皆是聚眾眩惑流俗，今後一切止絕。如有此色人，仰所在嚴斷，遞配邊遠，仍勒歸俗；其所犯罪重者，準格律處分。」周顯德五年（958）七月七日又敕：「今後捉獲此色人，其頭首及徒黨中豪強者並決殺，餘者減等科罪。如是情涉不順者，準前敕處分。其有妖書者，所在焚燒。」〔註209〕這類善於表演幻術的僧人，在前朝很容易被當作具有神通，因而享有頗高的

〔註207〕《舊五代史》卷一百一十五周書六《世宗紀第二》，百衲本景印吳興劉氏嘉業堂刻本。
〔註208〕《舊五代史》卷一百一十五周書六《世宗紀第二》，百衲本景印吳興劉氏嘉業堂刻本。
〔註209〕《舊五代史》卷一百一十五周書六《世宗紀第二》，百衲本景印吳興劉氏嘉業堂刻本。

知名度，既容易交結達官貴人以左右朝政，也很容易煽動起百姓以圖謀不軌。周世宗本人對於一切迷信、靈異行爲毫無好感，對於狂熱的自殘類宗教行爲也深惡痛絕，所以一旦發現此類僧人，不但發配邊遠地區，而且廢除其僧籍，勒令其還俗。雖然從表面上看起來，相關詔令像是朝廷對於僧團的刻意打壓，但類似的行爲本來就屬於偏離佛教教義的外道行徑，周世宗一概禁絕，反而是對佛教的一種淨化。又據《資治通鑑》記載：「帝以縣官久不鑄錢，而民間多銷錢爲器皿及佛像，錢益少，九月丙寅朔，敕始立監採銅鑄錢。自非縣官法物軍器及寺觀鍾磬鈸鐸之類聽留外，自餘民間銅器佛像五十日內悉令輸官，給其直。過期隱匿不輸，五斤以上其罪死，不及者論刑有差。上謂侍臣曰：『卿輩勿以毀佛爲疑。夫佛以善道化人，苟志於善，斯奉佛矣。彼銅像豈所謂佛邪？且吾聞佛志在利人，雖頭目猶捨以布施。若朕身可以濟民，亦非所惜也。』」〔註210〕由於後周時缺銅鑄錢，周世宗下令收繳一切民間銅器佛像，悉熔化以鑄錢幣。銅佛像在信眾心中代表著佛祖，具有宗教意義上的神聖性，但周世宗卻直擊核心，明確指出銅像並不等於佛祖，而且以佛祖的慈悲心腸，若知道捐出銅像於民有利，也必然會樂意布施。更爲難得的是，周世宗認爲奉行眾善才是眞正的信佛，並表態自己亦可以爲民而捨身，此等胸懷不可謂不大。原始佛教堅決反對偶像崇拜，但大乘佛教崛起後對佛陀的神格化，卻令佛陀成爲信眾所崇拜的偶像之一，連帶各種佛像也成爲不可侮辱和損壞的禁忌。周世宗明確將偶像與佛陀本人區分開，只熔毀銅像而不詆毀佛陀，實際上不僅無損於佛教的聲譽，反而是對原始教義的一種回歸，無怪乎司馬光這樣評價道：「若周世宗，可謂仁矣，不愛其身而愛民；若周世宗，可謂明矣，不以無益廢有益。」〔註211〕

　　三武一宗滅佛事件，無論對國家是否有益，但站在佛教的立場上，均將其視爲法難，因而這四位主角皇帝也成爲被詛咒的對象。唐代釋法琳《辯正論》羅列所有對佛不敬者所遭受的報應，其中即提到「拓跋毀寺遍體膿流，宇文廢僧通身瘡潰」。〔註212〕又《冥報記》載：「庭前有一鐵床，並獄卒數十人，皆牛頭人身。帝已臥床上，獄卒用鐵梁押之，帝脅剖裂，裂處雞子全出。……又見武帝出來語儀同云：『爲聞大隨天子：昔曾與我共事，倉庫玉帛亦我

〔註210〕志磐《佛祖統紀》卷第四十二，大正新修大藏經第 49 冊，No.2035。

〔註211〕司馬光《資治通鑑》卷第二百九十二後周紀三《世宗睿武孝文皇帝上》，《四部叢刊》景宋刻本。

〔註212〕法琳《辯正論》卷七，大正新修大藏經第 52 冊，No.2110。

儲之。我今身爲白帝，爲滅佛法極受大苦，可爲吾作功德也。』」〔註213〕按此，則北周武帝因滅佛而墜入地獄，並被剖腹取驗平日所吃雞蛋數量，可謂報應極其慘烈。宋代釋志磐《佛祖統紀》則綜論「三武一宗法難」：「昔佛法遭毀有四時焉：魏太武因司徒崔浩焚毀經像、坑戮沙門，既而崔浩要斬，太武身感癘疫，竟爲常侍宗愛所弑。文成嗣位，復大興佛法。周武因衛元嵩毀經像塔寺、驅沙門反俗，厥後杜祈入冥，見周武地獄受苦求救之事。宣帝嗣與，佛法復盛。唐武宗因趙歸眞毀像廢寺、僧尼還俗，帝後疽發背而殂。時穆陵尉稱，天符以李炎毀佛，有奪壽去位之報，歸眞等皆被誅戮。宣宗即位，佛法大興。周世宗毀像鑄錢、廢拆寺院，疽發胸而殂，人見在獄受苦，有『周通錢盡，力得脫罪』之語。」〔註214〕凡是滅佛的四位君王，佛教皆爲其安排了相應的報應，無一漏網。然而地獄、天符之事畢竟虛妄難言，反不若援引史事更爲可信，故宋僧祖秀《歐陽文忠公外傳》借麻衣和尚之口稱：「魏太武毀寺，焚經像，坑沙門，故父子不得其死。周武帝毀佛寺，籍僧歸民，未五年遽縈癘疹。北伐，年三十六崩於乘輿，國亦尋滅。唐武宗毀天下佛寺，在位六年，年三十二神器再傳，而黃巢群盜並起。」〔註215〕帝王善終者較少，而晚年無病痛者更是絕無僅有，將此類結果視爲滅佛所遭之惡報，不過是佛教徒的一廂情願。過分看重世俗財富，貪圖奉養與聲名，與佛教最初的求法精神相違背，修道者若知一切貪愛都只不過是深陷輪迴的種子，爲法故，身尤可捨，有何戀戀之處？幸運的是，也有高僧大德從佛教自身進行檢討，譬如宋代宗賾禪師曾作一頌云：「天生三武禍吾宗，釋子回家塔寺空。應是昔年崇奉日，不能清儉守眞風。」〔註216〕誠哉斯言。唐武宗滅佛之後，南傳禪宗之所以能一枝獨秀，正是有賴於百丈懷海禪師所創立的《禪門規式》（又稱《古清規》）。針對佛教僧侶的腐化墮落，懷海禪師制定了新的叢林僧制，規定「不立佛殿，唯樹法堂」，「齋粥隨宜，務於節儉」，「上下均力，開荒耕作」，號稱寺眾「一日不作，一日不食」。〔註217〕這種要求僧侶全體參與農業勞作、自食其力的方式，雖然沒有遵守古印度僧團的乞食制度，但卻有效地防止了僧侶腐化墮落，既是對僧侶戒律的卓越改革，也是

〔註213〕唐臨《冥報記》卷下，大正新修大藏經第 51 冊，No.2082。

〔註214〕志磐《佛祖統紀》卷第四十二，大正新修大藏經第 49 冊，No.2035。

〔註215〕《佛法金湯編》卷第十一轉引《歐陽文忠公外傳》，卍新纂大日本續藏經第 87 冊，No.1628。

〔註216〕《困學紀聞》卷二十《雜識》，《四部叢刊三編》景元本。

〔註217〕《勅修百丈清規》卷六、卷八，大正新修大藏經第 48 冊，No.2025。

大乘佛教入世精神的眞正體現。

　　數次滅佛事件，對於過熱的大乘佛教而言，無疑是一針針冷卻劑。但「由儉入奢易，由奢入儉難」，已經習慣於墮落享樂的僧侶很難就此洗心革面，再世爲人。儘管有百丈懷海一系的禪僧大力倡導宗教改革，但仍然有更多的僧侶身在佛門而心繫紅塵，七情六欲皆不曾放下，又幻想多念幾聲佛號就能證得解脫。宋代宏智禪師，爲禪宗曹洞宗十祖，「大治紺宇，閎敞神麗甲於叢林，又以學徒鱗萃，食指萬餘，因益經營阡陌，其田一萬三千畝，跨三都五縣，有莊三十六所」〔註218〕掌管如此龐大的產業，廟宇又極盡奢華之能事，顯然並未遵循懷海禪師「務於節儉」之訓。但田產財富只是爲僧侶提供了物質享樂之可能，並非必然導致腐化墮落，而敗壞佛教清譽尤惡劣者，則當屬伴隨物慾而至的色情淫穢之風氣。據宋人莊綽《雞肋編》記載：「廣南風俗，市井坐估多僧人爲之，率皆致富，又例有家室，故其婦女多嫁於僧。」〔註219〕此等僧人，直與世俗商賈無異。南宋周密《癸辛雜識別集・尼站》云：「臨平明因寺，尼大刹也。往來僧官每至，必呼尼之少艾者供寢。寺中苦之，於是專作一僚，貯尼之嘗有違濫者以供不時之需，名曰『尼站』。」〔註220〕一所大刹，尼姑竟然以美色侍奉僧官，而且還自行設僚，墮落程度堪比青樓。入元之後，密宗被定爲國教，此風更甚。據《元史・哈麻傳》：「乃詔以西天僧爲司徒，西蕃僧爲大元國師。其徒皆取良家女或四人、或三人奉之，謂之供養。於是帝日從事於其法，廣取女婦，惟淫戲是樂。……君臣宣淫，而群僧出入禁中，無所禁止，醜聲穢行，著聞於外。」〔註221〕又《元史・釋老傳》：「泰定二年西臺御史李昌言：嘗經平涼府、靜、會、定西等州，見西番僧佩金字圓符，絡繹道途，馳騎累百，傳舍至不能容，則假館民舍，因迫逐男子、姦污女婦。」〔註222〕《元史・星吉傳》亦載：「有胡僧曰小住持者，服三品命，恃寵橫甚，數以事凌轢官府。星吉命掩捕之，得妻女樂婦十有八人。」〔註223〕密宗胡僧身有官職，又習男女雙修之法，故在元代爲虐尤甚。上行下效，漢傳寺廟亦在所難免。據元代陶宗儀《南村輟耕錄》載：「嘉興白縣尹得代，

〔註218〕《天童寺志》卷九，收入《中國佛寺志叢刊》第 85 冊，第 702 頁。

〔註219〕《雞肋編》卷中，清文淵閣《四庫全書》本。

〔註220〕《癸辛雜識》別集卷上《尼站》，清文淵閣《四庫全書》本。

〔註221〕《元史》卷二百五列傳第九十二《姦臣》，清乾隆武英殿刻本。

〔註222〕《元史》卷二百二列傳第八十九《釋老》，清乾隆武英殿刻本。

〔註223〕《元史》卷一百四十四列傳第三十一《星吉》，清乾隆武英殿刻本。

過姚莊訪僧勝福林。間遊市井間，見婦人女子皆濃妝豔飾，因問從行者。或答云：『風俗使然。少艾者，僧之寵；下此，則皆道人所有。』」〔註224〕市井美色夫人皆爲僧侶所包養，彼處寺廟之風氣則可想而知。元成宗大德七年（1303），鄭介夫上奏稱：「豔妻穠妾，汗穢不羞；奪利爭名，奔競無已，雖俗人所不屑爲，甚非僧道之宜然也。僧道之盛莫甚今日，而僧道之弊亦莫甚今日。」〔註225〕明代通俗小說《水滸傳》中也論及此事：「且如俗人、出家人，都是一般父精母血所生，緣何見得和尚家色情最緊？……惟有和尚家第一閒。一日三餐，吃了檀越施主的好齋好供，住了那高堂大殿僧房，又無俗事所煩，房裏好床好鋪睡著，沒得尋思，只是想著此一件。」〔註226〕其語雖然刻薄，但卻也反映了當時人對於僧侶好色的普遍印象，其嗜欲之猖獗程度猶在俗人之上。概言之，僧侶階層的大規模墮落，一直是纏繞漢傳佛教最棘手的問題。大乘佛教的世俗化、人間化，其背後若無強有力的規章制度所約束，而一味地依賴僧人的自我修養，猶如欲行萬里而負重千斤，恐不免有中途癱瘓之弊。

三武一宗滅佛事件，歸因於大乘佛教僧侶自身的墮落，而這種墮落若追根溯源，則是出於對人世的過多關注。從原始佛教的涅槃厭世，改轍到大乘佛教的普渡眾生，乃至企圖在人間建設佛教淨土，僧侶之自我奉獻精神由狹小轉爲博大，這也讓佛教具有了影響現實世界的力量，從宗教發展的立場而言無疑是十分正確的。然而涅槃解脫只能靠個體的自我實現，任何與塵世交錯的情感互動，以及種種行善或作惡的行爲，都是在加強輪迴的鏈條（識緣名色，名色緣識），最終沉溺於生死而無法出離。大乘菩薩雖以利益蒼生的絕大犧牲精神，甘願選擇留在塵世，不自證解脫以救助他人，但大乘佛教既承認四大皆空、人法無我，則此種世俗事業不過如浮光掠影、幻中修幻，終究非眞，究其根本毫無份量。如《金剛經》所云：「當生如是心，我應滅度一切眾生。滅度一切眾生已，而無有一眾生實滅度者。」但菩薩既處於輪迴之中，十二因緣道運轉不息，若無極高之境界相輔佐，則不免未救他人而先自沉溺。原始佛教定位菩薩爲凡夫，是以惟阿羅漢（佛亦是阿羅漢）在肉身滅度之前可行此事；大乘佛教拔高佛、菩薩之地位，將菩薩之境界置於阿羅漢與佛之

〔註224〕陶宗儀《南村輟耕錄》卷之二十八，《四部叢刊三編》景元本。
〔註225〕黃淮《歷代名臣奏議》卷六十七《治道》，清文淵閣《四庫全書》本。
〔註226〕李卓吾先生批評《忠義水滸傳》卷之四十五，明容與堂刻本。

間，謂其於世界生死自在，是以無時無刻不可普渡眾生。大乘的虛幻設想雖好，然菩薩既然不取滅度，每救濟一人覺悟則世間多一菩薩，菩薩又可化身千萬，則世間無處不有菩薩之慈悲，僧人之群體墮落又何以發生？為解決此類悖論，大乘佛教又聲稱菩薩亦可現魔王相，看似為非作歹，實則乃以方便力故教化眾生。若準此說，則三武一宗亦不妨視作護法之菩薩，以極端手段促使佛教自身之淨化。

滅佛事件之後，佛教痛定思痛，除藏傳密宗、淨土宗之彌勒淨土系及所衍生之白蓮教仍熱衷於政教合一、爭奪世俗政權之外，其餘派系均從此遠離政治投機，並甘願以當朝的擁護者和吹捧者自居。據《古尊宿語錄》載：宋代高僧釋方會「於興化寺開堂，……遂升座，拈香云：『此一瓣香，祝延今上皇帝聖壽無窮。』又拈香云：『此一瓣香，奉為知府龍圖駕部諸官，伏願常居祿位。』復拈香云：『……奉酬石霜山慈明禪師法乳之恩。』」〔註227〕而這所謂的三瓣香，實際上也成為此後歷代僧侶的常規做法。譬如清代《破山禪師語錄》：「遂升，告香云：『此一瓣香，端為祝延今上皇帝聖躬萬歲，並及本省蜀王殿下千歲，欽願：八方歌有道之聲，四海樂無為之化。此瓣香，奉為順慶府廣安州大竹縣當道尊官，並合邑縉紳、檀越，伏願：常為架海紫金梁，永作擎天碧玉柱。此瓣香，三登九上，撥草瞻風，受盡苦辛，一期印可。此是第六番拈出，爇向爐中，供養浙江雲門散木澄禪師、天童密雲老人，以酬法乳。』」〔註228〕這種僧侶諂媚當道的三瓣香儀軌，甚至還隨著佛法東傳，自中國漂洋過海，傳往他邦。據《普照國師語錄》，明末清初赴日弘法並創立黃檗宗的高僧隱元隆琦，曾在日本東明山興福禪寺說法，拈香時第一瓣香「祝延今上皇帝聖壽無疆」，第二瓣香祝願「大將軍威震天下、德被蒼生」，第三瓣香祝願本墨檀越「子子孫孫永為皇家柱石，生生世世長作佛法金湯」，第四瓣香祝願本寺請主及外護居士，第五瓣香祝願中國萬壽禪寺費隱容本師大和尚，「用酬法乳之恩」。〔註229〕由於日本實際的政權掌控者為幕府將軍，隆琦入鄉隨俗，在三瓣香之外又感謝了大將軍和邀請自己赴會的請主。究其所以，正是由於帝制時代君王的好惡往往能左右宗教的存亡，而三武一宗滅佛的教訓又過於慘痛，故而側重入世的大乘佛教開始變得小心翼

〔註227〕《古尊宿語錄》卷第十九，卍新纂大日本續藏經第68冊，No.1315。
〔註228〕印正《破山禪師語錄》卷第三《上堂三》，嘉興大藏經（新文豐版）第26冊，No.B177。
〔註229〕《普照國師語錄》卷上，大正新修大藏經第82冊，No.2605。

翼，一步步墮落成了掌權者的附庸，並心甘情願居於被豢養的位置，以求換得自身的平安。

第六節　譯經師與佛經的翻譯

　　佛教將佛、法、僧稱為「三寶」，所謂皈依佛門亦稱皈依三寶，即以佛陀作為導師，依據佛法而修行，接受僧團管理。三寶之核心為佛陀，他不僅是佛法的宣講者，也是僧團的實際領袖，既可以判定法門之正誤，又可以裁決僧團之爭端。佛陀本人堅決貫徹僧團自治的精神，所以在摩揭陀國王洗尼瓶沙王（一譯「頻毗娑羅王」）率軍要捉拿殺人大盜央掘魔羅時，佛陀並沒有交出，反而讓國王向其禮敬，因為央掘魔羅此時已皈依佛門。之所以出現這種狀況，一方面是因為古印度自吠陀時代形成的習俗，宗教權要高於王權（婆羅門高於剎帝利），而佛陀在世時也一度以真正覺悟的婆羅門自居；另一方面，洗尼瓶沙王本人是佛教的信仰者，並曾下令「凡是於沙門釋子出家者，可免除任何事務，但善說法、行梵行、正作苦邊際」。〔註230〕基於這一立場，佛陀也嚴禁向白衣（未出家之民眾）訴說僧人的過錯，因為這樣可能會讓白衣對佛法失去信敬心。〔註231〕大乘崛起後，將這一精神發揮到極致，如《大乘大集地藏十輪經》卷三載：「苾芻雖破禁戒，行諸惡行，而為一切天、龍、人、非人等作善知識，示導無量功德伏藏。如是苾芻雖非法器，而剃鬚髮、披服袈裟，進止威儀同諸賢聖。因見彼故，無量有情種種善根皆得生長，又能開示無量有情善趣生天、涅槃正路。是故依我而出家者，若持戒，若破戒，下至無戒，我尚不許轉輪聖王及餘國王、諸大臣等依俗正法以鞭杖等捶拷其身，或閉牢獄，或復呵罵。……如是破戒惡行苾芻，一切白衣皆應守護，恭敬供養。我終不許諸在家者以鞭杖等捶拷其身，或閉牢獄，或復呵罵。」按此說法，縱然是破戒惡行之比丘，世間法律也不得制裁，而一切白衣皆應供養。僧團自治的精神雖然出發點很好，但若發揮至如此境地，顯然已與世情相違背，只能成為一種幻想，也與佛陀的原始教義不符。南傳《中部阿含》和北傳《雜阿含》皆有《頻頭城經》，其中佛陀宣稱：「諸沙門、婆

〔註230〕引文出自《南傳律・犍度・大品・第一.大犍度・不得令出家者》。

〔註231〕《薩婆多毗尼毗婆沙》卷第六：「為大護佛法故。若向白衣說比丘罪惡，則前人於佛法中無信敬心。寧破塔壞像，不向未受具戒人說比丘過惡，若說過罪，則破法身故。」

羅門之於耳所識諸聲，於鼻所識之諸香，於舌所識之諸味，於身所識之諸觸，於意所識之諸法，不離貪、不離瞋、不離癡，於內心不寂靜，依身、語、意，行等不等，如是類之沙門、婆羅門，不應恭敬、不應尊重、不應崇敬、不應尊崇。」可見佛陀生前明確反對禮敬、供養破戒惡行之比丘，而《大乘大集地藏十輪經》的率意發揮已經違背了佛陀的教誨。即使在大乘佛經內部，其應對意見也不盡統一，如《大般涅槃經‧長壽品》云：「如來今以無上正法付囑諸王、大臣、宰相、比丘、比丘尼、優婆塞、優婆夷。是諸國王及四部眾，應當勸勵諸學人等，令得增上戒定智慧。若有不學是三品法，懈怠、破戒、毀正法者，國王、大臣、四部之眾應當苦治。」若準此經，在佛陀本人涅槃之後，世間法律顯然有權治理懈怠破戒之比丘。佛陀入滅之後，三寶已缺失其一，所幸大迦葉主持了初次佛法結集，將佛陀生前的教誨相對固定了下來，最大程度地維護了佛法的存續。佛陀的入滅，讓僧團失去了最高也是唯一的共同領袖，大迦葉雖然因主持結集而被視作第二任領袖，但實際上阿羅漢之間並無統轄關係，不同的僧團之間也無從屬關係，所以不久後才會產生「十事非法」的爭論，進而導致佛教部派的大分裂。

　　早期的幾次結集並未形成文字記載，均有賴參會的高僧口耳相傳，因此僧團實際上成為佛法的載體，也是三寶的新一代核心。佛法向外傳播，依靠的是僧人的雙腳。僧人所到之處招收弟子、誦出佛法，在異地建立起新的僧團，再由新一代的僧人繼續前行。向外傳法的僧人往往數量不多，所至地域亦不甚廣，兼之每位僧人所能背誦的佛經有限，因而並不具備自行結集的條件。正式的結集必須集合絕大多數名望頗高的僧人，並對誦出的佛法依次進行印證和修改，最後才能形成廣受認可的定本，而滿足這些苛刻條件的只能是在古印度內部。一般認為，直至阿育王在華氏城主導的第三次結集之後，佛經才開始形成文字記載，不僅如此，阿育王還同時派出了弘法隊伍，積極主動地向外邦傳教。華氏城結集的時間，佛典記載差異很大，《十八部論》記為「佛滅度後百一十六年，城名巴連弗，時阿育王王閻浮提，匡於天下」，《善見律毘婆沙》稱「阿育王自拜為王，從此佛涅槃已二百一十八年」，《異部精釋》則謂「佛世尊無餘涅槃後，經百六十年，俱蘇摩弗羅城，達摩阿育王支配帝國」。今日考古證據表明，阿育王在位時間約公元前 271 至前 232年，則華氏城結集當在公元前三世紀中期，其時中國正處於戰國時代。華氏城此次結集之佛經，經過了若干年的口耳相傳，再加上僧團之間的爭端分

化，必然會與初次結集的內容有較大的差異，但這仍然是現存佛經所能追溯的最早源頭。第三次結集客觀上還造成了大眾部與上座部的根本分裂，而大乘佛教的崛起以及大乘佛經的出現應當就在此後一段相當長的時間內，並沿北上的絲綢之路和南下的海上絲綢之路向中國境內傳播。由於後出的大乘佛經並沒有經過集體的結集認可（後世大乘高僧曾創造出了「窟外結集」或「鐵圍山結集」的說法，但均經不起推敲），因而不同經文間存在大量自相矛盾的觀點，最終導致「判教」之風在中國開始盛行。

中國的紙最早出現在西漢，其時紙張多用於包裹物品，尚不便用於書寫。東漢宦官蔡倫改進造紙術，其後紙張才逐漸成為主要的書寫材料，並逐漸傳入世界各國。在華氏城結集之時，造紙術尚未發明，古印度人的書寫材料為貝多羅（Pattra）樹葉，因而習慣上稱古佛經為「貝葉經」。據唐段成式《酉陽雜俎》記載：「貝多出摩伽陀國，長六七丈，經冬不凋。此樹有三種，……貝多是梵語，漢翻為葉。貝多婆力義者，漢言葉樹也。西域經書用此三種皮葉，若能保護，亦得五六百年。」〔註 232〕按此說法，貝多即葉，則「貝葉經」之詞義實有重複，不若直接稱之為貝經或葉經。貝葉需要修剪、蒸煮、打磨、晾曬，書寫時還需要用小刀或用特殊的筆（類似錐子或鐵鑿子）刻寫，最後還需要上墨、打孔、穿線，流程工藝複雜，成本較高，很難大範圍使用。也正因如此，即使在貝葉經出現之後，佛經仍然屬於難得之物，通常僅由法師持經講解，而絕大多數僧人仍然要靠背誦來記憶經文。

佛教在正式傳入中國之前，首先沿絲綢之路傳入了西域諸國。由於古印度佛教的發展順序為先小乘、後大乘，先口耳、後文本，因此西域諸國的高僧最初多屬小乘，而且善於誦記佛經，其後大乘文本才逐漸傳入，乃有回小向大、改信大乘者。本國人在接受佛法之初，首先面臨語言障礙，其次又缺乏相關背景知識，故必須經由胡僧作為媒介。據《魏書・釋老志》載：「漢哀帝元壽元年，博士弟子秦景憲從大月氏王使伊存口授浮屠經。」〔註 233〕據「口授浮屠經」可知，彼時經文仍靠僧侶記憶，並藉由口耳進行傳授。元壽元年為公元前 2 年，此時古印度佛教正處於部派分裂期，大乘佛經尚在孕育之中，因而口授之佛經（浮屠經）當為小乘派系。東漢明帝遣使求法，中印度高僧迦葉摩騰（一譯「攝摩騰」）、竺法蘭成為首批前來中國的高僧，並

〔註 232〕《酉陽雜俎》前集卷之十八廣動植之三《木篇》，四部叢刊景明本。
〔註 233〕《魏書》卷一百一十四《釋老志》，清乾隆武英殿刻本。

在洛陽白馬寺譯出《四十二章經》。此經皆爲散碎句子，每句皆爲佛法要義，仍然保留著原始佛經（譬如《雜阿含》）的語言特色。據《高僧傳》記載：「（竺法蘭）既達雒陽，與（攝摩）騰同止，少時便善漢言。（蔡）愔於西域獲經，即爲翻譯《十地斷結》《佛本生》《法海藏》《佛本行》《四十二章》等五部。移都寇亂，四部失本不傳，江左唯《四十二章經》今見在，可二千餘言，漢地見存諸經唯此爲始也。」〔註234〕竺法蘭、迦葉摩騰共譯經五部，今僅存《四十二章經》一種，然兩人所譯皆爲蔡愔於西域所獲經，則此時西域已有貝葉經傳入，故只需翻譯而無需誦出。胡僧能「少時便善漢言」，已屬於語言天份極高者，但流暢書寫漢字卻難以速成，故胡僧僅負責口譯，由漢人執筆聽受，是以《四十二章經》使用漢代文人句法，四言爲主，頗類辭賦。其餘所譯四種佛經雖已失傳，但《貞元新定釋教目錄》謂《十地斷結經》「與竺佛念《十住斷結經》同本」，〔註235〕由《十住斷結經》可知此經爲敍述菩薩十住法之修行法門；《佛本生經》及《佛本行經》皆有他人譯本存世，分別敍述佛陀前世及今生之傳奇事蹟；《法海藏經》，「《達摩錄》云與《海八德經》同」，〔註236〕而《海八德經》乃以大海八種美德譬喻沙門八法之經。縱觀竺法蘭、迦葉摩騰所譯五種經典，小乘經文仍占主體，但已增添了不少大乘元素，呈現出一種過渡期的鮮明特色，應當屬於佛陀被神格化、大乘崛起之初的經典。《高僧傳》稱：「（攝摩騰）解大、小乘經，常遊化爲任。昔經往天竺附庸小國，講《金光明經》，會敵國侵境，騰惟曰：『經云：能說此經法，爲地神所護，使所居安樂。今鋒鏑方始，曾是爲益乎？』乃誓以忘身，躬往和勸，遂二國交歡，由是顯達。」〔註237〕由是觀之，迦葉摩騰兼修大乘、小乘，而且並非不問世事之人，但他來中國後「少時卒於洛陽」，〔註238〕這可能是他並沒有翻譯太多佛經的原因。竺法蘭在洛陽去世時「春秋六十餘矣」，〔註239〕但也僅翻譯了五部篇幅都不大的佛經，且其中並無迦葉摩騰早年所講之《金光明經》在內，推測蔡愔「西域獲經」中並無此本，而迦葉摩騰講經時仍依賴誦記，並未寫定爲文字。

〔註234〕慧皎《高僧傳》卷第一《竺法蘭》，大正新修大藏經第 50 冊，No.2059。
〔註235〕圓照《貞元新定釋教目錄》卷第一，大正新修大藏經第 55 冊，No.2157。
〔註236〕圓照《貞元新定釋教目錄》卷第四，大正新修大藏經第 55 冊，No.2157。
〔註237〕慧皎《高僧傳》卷第一《攝摩騰》，大正新修大藏經第 50 冊，No.2059。
〔註238〕慧皎《高僧傳》卷第一《攝摩騰》，大正新修大藏經第 50 冊，No.2059。
〔註239〕慧皎《高僧傳》卷第一《竺法蘭》，大正新修大藏經第 50 冊，No.2059。

（明代）貝葉經，此類裝幀方式被稱為「梵夾裝」

　　竺法蘭、迦葉摩騰之後，胡僧漸次來華，較傑出者則有安世高、支婁迦讖（亦簡稱「支讖」）、竺佛朔、曇柯迦羅（漢名「法時」）、康僧鎧、康僧會、維祇難、竺曇摩羅剎（漢名「法護」）、帛尸梨密多羅（漢名「吉友」）、僧伽跋澄（眾現）、曇摩難提（法喜）、僧伽提婆（漢名「眾天」或「提和」）、曇摩耶舍（法明）等人。前輩學者稱早期來華之胡僧多依國名為漢姓，如竺法蘭來自中天竺、安世高來自安息、支婁迦讖來自大月支、康僧會來自康居；又多以佛、法、僧三寶為姓，譬如佛圖澄、法時、僧伽跋澄等等。然據筆者循名責實，此說流行雖廣，但恐有以偏概全之嫌疑。蓋以國為姓確有其事，但並非普遍之風氣，而是漢人主動之選擇。竺法蘭來自中天竺遂姓竺，但同樣來自天竺的維祇難、鳩摩羅什均不姓竺；曇柯迦羅（漢名「法時」）、僧伽跋澄，看似以三寶為姓，但曇柯迦羅（Dharmakala）的漢名「法時」實為意譯，Dharma（又音譯「曇摩」「達摩」「達磨」「曇無」）即法，而僧伽跋澄（Sam！ghabhu^ti）之「僧」不過是 Sam 的音譯。更為複雜的情況也存在，譬如康僧會之先雖為康居人，但世居天竺，其父又因經商移於交趾，為何要以祖先之國為姓？佛圖澄本姓帛氏，為西域人，雖似以三寶之「佛」為姓，但典籍中又稱其為竺佛圖澄；迦葉摩騰（攝摩騰）本姓迦葉，屬於婆羅門種姓，而葉與攝同音異寫，又本為漢姓（譬如成語「葉公好龍」之葉公），故而簡寫為葉摩騰或攝摩騰，但典籍中又稱其為竺葉摩騰。凡此種種，皆足啓人疑竇。據筆者推測，竺佛圖澄、竺葉摩騰之類名字，蓋並非本人以國為姓，而是漢

人於其姓氏之前又追加國名。佛圖澄雖非天竺國人，但曾至北天竺求法，門下又多天竺弟子，而古人對地理缺乏精確分別，故將佛圖澄也視爲天竺僧人。同樣，因爲中國古人更看重祖籍來處，故僧會雖世居天竺，但不名竺僧會而稱康僧會。若此推理屬實，則所謂「胡僧以國爲姓」云云，並非其本人之行爲，而是漢人爲稱呼、辨別、記載之方便而特意爲之。若據前輩學者之邏輯，則竺曇摩羅刹（法護）乃綜合三種特點而混用之：漢名法護，乃以三寶之法（Dharma）爲姓；其先月支人，且本姓支氏，乃以國爲姓；又以外國沙門竺高座爲師，或謂隨師姓竺，以紀念其出處。這種混亂稱謂的產生，實際上也證明以國爲姓並非當時之通例，而是隨漢人之方便而變化之。另據《高僧傳》記載，吳黃武三年（224）天竺僧人維祇難與同伴竺律炎共至武昌，「時吳士共請出經，難既未善國語，乃共其伴律炎譯爲漢文。炎亦未善漢言，頗有不盡」。〔註240〕維祇難未追加國名，而其同伴律炎則被稱之爲「竺律炎」，這種區別對待顯然是因爲維祇難「未善國語」，無法與漢人交流，而律炎雖然「未善漢言」，在翻譯漢文時「頗有不盡」，但仍可與漢人作正常交流。既然維祇難語言不通，則將姓名譯爲漢名乃至在姓名前又追加國名，就變得毫無必要。

　　東晉之前來華的胡僧之中，最有名望者當屬安世高。據《高僧傳》記載：「安清，字世高，安息國王正后之太子也。……高雖在居家，而奉戒精峻，王薨便嗣大位。乃深惟苦空，厭離形器，行服既畢，遂讓國與叔，出家修道。」〔註241〕另據所引釋道安《綜理眾經目錄》，「安世高以漢桓帝建和二年至靈帝建寧中，二十餘年，譯出三十餘部經」，〔註242〕然則安世高來華當在建和二年（148）之前。安息國即帕提亞帝國，公元 105 年帕科羅斯二世去世，此後不久安息國即陷入分裂之局面，美索不達米亞的奧斯羅埃斯一世與伊朗高原的沃洛吉斯三世爆發內戰，各自稱王。沃洛吉斯三世在位時間從公元 105 年直至公元 147 年，而奧斯羅埃斯一世於公元 129 年去世，此後由米特里達梯四世即位，在位時間直至公元 140 年，其繼任者爲一位名字失傳的國王，在位時間僅一年不到，之後安息帝國重歸一統。兩相對照，則安世高當即爲此名字失傳之國王。蓋在內戰之中沃洛吉斯三世逐漸佔據上風，而米特里達

〔註240〕慧皎《高僧傳》卷第一《維祇難》，大正新修大藏經第 50 冊，No.2059。

〔註241〕慧皎《高僧傳》卷第一《安清》，大正新修大藏經第 50 冊，No.2059。

〔註242〕道安《綜理眾經目錄》已佚，此據慧皎《高僧傳》卷第一轉引：「案釋道安經錄云：安世高以漢桓帝建和二年至靈帝建寧中二十餘年譯出三十餘部經。」

梯四世時國勢已衰微，其子安世高遂在父親去世後舉國投降，所謂「讓國與叔」云云不過史筆美化之曲語，安世高實為內戰亡國之皇裔。帕提亞帝國為絲綢之路上最大的中介國，通過向過境的歐亞商旅抽稅而獲利頗豐，帕科羅斯二世還在公元 87 年遣使將獅子和符拔作為禮物贈送給漢章帝，〔註243〕可知兩國間的交往並不陌生。《高僧傳》記載安世高讓國之後「遊方弘化，遍歷諸國，以漢桓之初始到中夏」，〔註244〕當即沿絲綢之路而漸次行進，直至漢朝京師。安世高「至止未久，即通習華言」，語言天份極高，故自名安清，字世高，與漢人取名、字無異。《高僧傳》記載安世高所翻譯經、論凡三十九部，數量在當時無人能及，而且「義理明析，文字允正，辯而不華，質而不野」，〔註245〕可謂中允之論。惟梁僧祐《出三藏記集》羅列安世高所譯佛經共三十五部（經名後誤記「右三十四部」），隋費長房《歷代三寶紀》則搜羅題為安世高所譯的佛經共一百七十六部，唐智升《開元釋教錄》認為費長房收錄多重複、節選本，故刪減為九十五部。僧祐所記三十五部中已有六部注云「今闕」，但隋時譯經數量突然暴增，至唐代刪減後仍存九十五部，其事大為可疑。今題安世高所譯之佛經仍存世五十七部，若對比僧祐所記目錄，確定無疑者為二十二部，其中明確自小乘《阿含經》所出者十三部，可知世高所譯仍以小乘為主。後世所增入者則不乏大乘佛經，其中又有《寶積三昧文殊師利菩薩問法身經》一種，此經僧祐《出三藏記集》歸入「失譯雜經」類，況且僧祐所記安世高全部譯經目錄皆無經名帶「菩薩」字樣者，蓋因譯者姓名已缺失，後世遂託名世高。可想而知，此類狀況應當為數不少。唐代所增添的六十部新出譯經（以智升九十五部而計），若非譯者名姓失傳，則當屬偽經託名，真為安世高所譯而在隋代復出者應當絕無僅有。

　　晉代之前的來華胡僧，大多都將譯經視為極重要之事業。當寫本佛經出現之後，佛經內容被相對固化，儘管難免仍存在轉抄過程中所產生的差異，但相對口耳相授所帶來的增補、錯訛已大為改觀。早期寫定的《阿含經》，尤其是其中最早的《雜阿含》，多是散碎的佛法要點，不僅篇幅短小，而且幾乎沒有任何故事性和趣味性，很符合最初誦記的需求；晚期出現的大乘佛經，篇幅宏大，故事情節豐富，又極盡誇張渲染之能事，顯然是在寫本時代

〔註243〕《後漢書‧西域傳》：「章帝章和元年，（安息國）遣使獻師子、符拔。」按，章和元年為公元 87 年，其時安息國在位皇帝為帕科羅斯二世。
〔註244〕慧皎《高僧傳》卷第一《安清》，大正新修大藏經第 50 冊，No.2059。
〔註245〕慧皎《高僧傳》卷第一《安清》，大正新修大藏經第 50 冊，No.2059。

才會出現的案頭文本。在誦記時代，僧團是佛法的載體，也是三寶的核心，非僧團則佛旨不傳；在寫本時代，佛經成爲佛法的載體，也是三寶的新一代核心，但僧團的輔助翻譯功勞同樣不可或缺。專業化的翻譯，僅靠精通兩國語言是不夠的，大量的專有詞彙，只有依賴內行者才能精準把握其內涵，也只有從事自己眞正熱愛的事業，才能幾十年如一日地維持翻譯的熱情和動力。這種客觀需求，決定了從事佛經翻譯最合適的對象只能是僧人，而且必須是具有一定外國語基礎的僧人。晉代之前，佛經翻譯尙屬於草創階段，大多數胡僧雖然能勉強掌握用漢語交流的能力，但要熟練書寫文言猶有不足，因此在翻譯工作中往往設有專門的筆受人員。筆受人員幾乎皆是漢人，本身對佛教有濃厚的興趣，或直接屬於佛教的信仰者。胡僧口解經義，將原始的佛經文本（北傳以梵語爲主）釋譯爲漢語，再由筆受人員執筆，將口語濃縮提煉爲書面文言。最早的筆受人員應該是「受大月氏王使伊存口授浮屠經」的博士弟子秦景憲，此時漢代的經學、校勘學均已相當發達，伊存負責口授，秦景憲執筆抄寫，這也是漢代博士弟子（太學生）的日常學習模式。據《高僧傳》記載，「光和二年，（竺佛朔）於洛陽出《般舟三昧》，（支婁迦）讖爲傳言，河南洛陽孟福、張蓮筆受」，〔註246〕而《大唐內典錄》稱「河南清信士孟福、張蓮等筆受」，〔註247〕清信士亦即居士（優婆塞）之異稱。支婁迦讖擔任傳言，實際上成爲譯經的中介，與今日同聲傳譯類似。竺佛朔來自天竺，能熟練誦讀梵語經文，支婁迦讖聞聽之後口譯爲漢語，孟福、張蓮則執筆抄寫成文，其中也會適當精簡潤色。又，「（安）玄與沙門嚴佛調共出《法鏡經》，玄口譯梵文，佛調筆受」；〔註248〕「至晉惠之末，有沙門法立更譯（《法句經》）爲五卷，沙門法巨著筆」；〔註249〕「跋證口誦（《阿毘曇毘婆沙》）經本，外國沙門曇摩難提筆受爲梵文，佛圖羅刹宣譯，秦沙門敏智筆受爲晉本，以僞秦建元十九年譯出，自孟夏至仲秋方訖。……跋澄乃與曇摩難提及僧伽提婆三人共執梵本，秦沙門佛念宣譯，慧嵩筆受，安公、法和對共校定」；〔註250〕「請難提譯出中、增一二《阿含》，並先無所出《毘曇心》《三法度》等凡一百六卷，佛念傳譯，慧嵩筆受，自夏迄春，綿涉兩載，文

〔註246〕慧皎《高僧傳》卷第一《支婁迦讖》，大正新修大藏經第 50 冊，No.2059。
〔註247〕《大唐內典錄》卷第一《後漢傳譯佛經錄第一》，大正新修大藏經第 55 冊，No.2149。
〔註248〕慧皎《高僧傳》卷第一《安玄》，大正新修大藏經第 50 冊，No.2059。
〔註249〕慧皎《高僧傳》卷第一《維祇難》，大正新修大藏經第 50 冊，No.2059。
〔註250〕慧皎《高僧傳》卷第一《僧伽跋澄》，大正新修大藏經第 50 冊，No.2059。

字方具」；〔註251〕「以弘始十二年譯出《四分律》凡四十四卷，並《長阿含》等，涼州沙門竺佛念譯爲秦言，道含筆受」。〔註252〕從晉代之前的譯經模式來看，除了負責書寫經文的筆受之外，還有口譯、傳言、宣譯、校定等職責，其中宣譯包含講解與翻譯兩種功能，必須要求宣講者既通曉經旨又沒有外語障礙，最爲難得，而對筆受的要求也最低；口譯只負責翻譯經文而不需要講解其意思，這就要求筆受者必須有一定的佛學基礎和理解能力，雙方更像一種合作的關係；傳言則僅在宣講者外語能力不強或筆受者理解能力不足時出現，屬於一種溝通主、客方的輔助職責；校定則是對筆受者寫定的佛經進行審閱，並對發現的錯誤進行彌補，屬於最後的補充工作。這一階段的佛經，翻譯質量參差不齊，不僅與翻譯者的佛學水平、外語程度直接相關，筆受人員的水平也十分關鍵。《高僧傳》對諸家的譯經水平有所評述，譬如評價竺佛朔「譯人時滯，雖有失旨，然棄文存質，深得經意」、〔註253〕安玄「口譯梵文，佛調筆受，理得音正，盡經微旨，郢匠之美見述後代」、〔註254〕康僧會所譯「曲得聖義，辭旨文雅」、〔註255〕竺律炎所譯「志存義本，辭近樸質」云云。〔註256〕

梁啓超認爲「世高譯業在南，其筆受者爲臨淮人嚴佛調；支讖譯業在北，其筆受者爲洛陽人孟福、張蓮等。好文、好質，隱表南、北氣分之殊」。〔註257〕梁氏此評價被當今學者頻繁援引，幾成定論，但實際上卻張冠李戴，評價亦欠妥貼。世高爲安清之字，與嚴佛調合作者則爲安玄，雖然二者同出安息國，但卻並非一人，未知何故尚不見有人指正。又，《隋書·文學傳序》：「南北好尚，互有異同：江左宮商發越，貴於清綺；河朔詞義貞剛，重乎氣質。」〔註258〕南方好文、北方好質，的確是隋代以前南、北方文學風氣之顯著特點。梁氏之語，只是將這種南北文學風氣的特點移植到佛經翻譯之上，不僅並非創見，而且錯誤地放大了筆受的職責與作用。佛經的翻譯風格主要由佛經的原始文本、高僧的宗教信仰和口譯者的語言能力所決定，筆受只是記述

〔註251〕慧皎《高僧傳》卷第一《曇摩難提》，大正新修大藏經第 50 冊，No.2059。
〔註252〕慧皎《高僧傳》卷第二《佛陀耶舍》，大正新修大藏經第 50 冊，No.2059。
〔註253〕慧皎《高僧傳》卷第一《竺佛朔》，大正新修大藏經第 50 冊，No.2059。
〔註254〕慧皎《高僧傳》卷第一《安玄》，大正新修大藏經第 50 冊，No.2059。
〔註255〕慧皎《高僧傳》卷第一《康僧會》，大正新修大藏經第 50 冊，No.2059。
〔註256〕慧皎《高僧傳》卷第一《竺律炎》，大正新修大藏經第 50 冊，No.2059。
〔註257〕《梁啓超全集》第七冊，北京出版社，1999 年，第 3797 頁。
〔註258〕《隋書》卷七十六列傳第四十一《文學》，清乾隆武英殿刻本。

口譯的語言，雖然有所潤色，但並不占主導地位。佛陀在說法之時，往往不厭其煩、窮舉無遺，因而即使在口耳相傳的時代，經文也並不以簡潔著稱。佛陀入滅之後，高僧們為了闡述佛陀的見解，往往需要援引問法者、質疑者的觀點，而由於一切語句均依賴口耳誦記，在每次引用時重複背誦一遍之前的語句就成為很自然的選擇。再加之古印度僧侶為了誦記方便，還喜歡將經文改編為偈子、詩歌、梵唄等等，而其內容含義又與經文本身重複。除較晚出的部分大乘佛經之外，佛經的原始文本均由口耳相傳而寫定成文，故而上述的大量口語成分都被固化在佛經之中，顯得格外重複囉嗦。高僧在翻譯佛經之時，對這些重複性語句採取何種處理方式，會直接影響到譯文的風格。道安稱「佛調出經，省而不煩，全本巧妙」，是因為嚴佛調對相關重複內容採用了精簡的方式，而並非受到南方文學風氣之影響，蓋南方好文因而注重鋪陳辭藻、文過其意，與此路徑正相懸殊。而為嚴佛調口譯經文的優婆塞安玄，「常以法事為己任，漸解漢言，志宣經典，常與沙門講論道義」，〔註259〕顯然已轉益多師，同時又具備不錯的語言能力，並不需要傳言者，這也在一定程度上決定了嚴佛調筆受的風格。又，據支讖《法句經序》：「僕初嫌其辭不雅，維祇難曰：『佛言：依其義不用飾，取其法不以嚴。其傳經者，當令易曉，勿失厥義，是則為善。』……是以自竭受譯人口，因循本旨，不加文飾，譯所不解則闕不傳。」〔註260〕由此可見，支讖筆受之風格，主要取決於維祇難宗教信仰之立場，亦與中國北方文學之風氣無關。支讖本為外來胡僧，儘管能擔任筆受已說明他具有優秀的語言天份，但若徑將其與漢人嚴佛調作類比，分別視為好質、好文之代表，仍有所不妥。支讖本人也覺得譯文不夠典雅、缺少文采，這並非他主動「好質」，而是為了最大限度的保留佛經本旨，寧可囉嗦重複以令人易曉。支讖的「因循本旨，不加文飾」、嚴佛調的「省而不煩，全本巧妙」，正是翻譯學上相互對立的兩種風尚：是一味求真，最大限度地表現出原文的含義，同時將翻譯者的干擾降低到最低，還是應當兼求典雅，將翻譯也視為一種創造性勞動，並允許作適當的修飾與改編？站在宗教的立場上，準確傳達教主的啟示無疑才是最重要的，但從轉播的角度出發，優美的文本顯然更容易吸引民眾去閱讀並接受。這兩種立場各有優劣，也均不缺乏信眾。竺曇摩羅剎（法護）初譯《超日明經》，「多參正

〔註259〕慧皎《高僧傳》卷第一《安玄》，大正新修大藏經第 50 冊，No.2059。
〔註260〕僧祐《出三藏記集》序卷第七《法句經序》，大正新修大藏經第 55 冊，No.2145。

文句」而「頗多煩重」，清信士聶承遠於是大幅度刪減爲「今行二卷」，〔註261〕就是這種矛盾衝突的具體示例。

　　若以東漢時攝摩騰和竺法蘭於白馬寺譯出《四十二章經》爲起點，此後一直到宋代爲止，佛經翻譯工作前後持續了九百多年，迭經無數高僧參與其事，香火綿延，一直不斷。隨著譯經事業的不斷發展，東來弘法與西行求法的僧侶絡繹於途，中文佛經的數量日益增多，翻譯的方法論體系也不斷完善，其中貢獻最大的四名僧人在中國佛教史上被尊稱爲「四大譯經師」，分別爲鳩摩羅什、眞諦、玄奘、不空。四位之中只有玄奘是中國人，其餘三位都是外國來的僧人，因而宗教界也有人主張以義淨取代不空，這樣中外高僧將各居其半。但以佛經翻譯的種類、數量言，義淨所譯佛經共五十六部，與不空的一百一十部仍存在不小的差距。惟不空所譯多爲藏傳密宗佛典，在漢地的影響有限，而義淨曾跟隨商船泛海南行求法，並撰有《南海寄歸傳內法傳》一書，爲研究南亞次大陸歷史、地理和中外佛教史提供了重要的史料，是以義淨在漢地之聲譽的確居於不空之上。

　　鳩摩羅什原籍天竺，生於西域龜茲國（今新疆庫車縣），不僅佛法高深，而且精通漢語。前秦國王符堅仰慕鳩摩羅什的大名，於是遣驍騎將軍呂光、陵江將軍姜飛率兵七萬，西伐龜茲及烏耆諸國，並特意叮囑呂光：「豈貪其地而伐之乎？正以懷道之人故也。朕聞西國有鳩摩羅什，……若克龜茲，即馳驛送什。」〔註262〕呂光攻下龜茲國，成功擒獲鳩摩羅什，但此時苻堅已卒，呂光遂割據後涼，並以龜茲王女強妻於羅什。後秦國王姚興又慕鳩摩羅什之名，因而發兵攻打後涼，最終將羅什迎入長安，拜爲國師，又以妓女十人逼令受之，〔註263〕別立廨舍，供給豐盈。在姚興的支持下，鳩摩羅什招收弟子、組織譯經場，共翻譯佛經九十八部、四百二十五卷。羅什曾云：「天竺國俗，甚重文制，其宮商體韻以入弦爲善，凡覲國王必有贊德，見佛之儀以歌歎爲貴，經中偈頌皆其式也。但改梵爲秦，失其藻蔚，雖得大意，殊隔文體。有似嚼飯與人，非徒失味，乃令嘔噦也。」〔註264〕羅什認爲中外語言風格、風

〔註261〕慧皎《高僧傳》卷第一《竺曇摩羅刹》，大正新修大藏經第 50 冊，No.2059。

〔註262〕慧皎《高僧傳》卷第二《鳩摩羅什》，大正新修大藏經第 50 冊，No.2059。

〔註263〕此記載據《高僧傳》。若據《晉書・鳩摩羅什傳》，則是羅什主動求取女色，姚興所供者爲宮女而非妓女：「（羅什）嘗講經於草堂寺，（姚）興及朝臣大德沙門千餘人肅容觀聽。羅什忽下高座，謂興曰：『有二小兒登吾肩，欲鄣須婦人。』興乃召宮女進之。一交而生二子焉。」

〔註264〕慧皎《高僧傳》卷第二《鳩摩羅什》，大正新修大藏經第 50 冊，No.2059。

俗習慣均有明顯差異，因而堅決反對直譯。僧睿《大智度論序》稱羅什譯經「胡文委曲，法師以秦人好簡，故裁而略之」，〔註265〕《中論序》亦稱「其中乖闕煩重者，法師皆裁而裨之」，〔註266〕羅什遺言稱「凡所出經論三百餘卷，唯《十誦》一部未及刪煩」，〔註267〕可見羅什勇於精簡經文之風格。羅什所翻譯的佛經，著重意譯而不恪守原文，語言簡潔曉暢，富有文采，因而在中國流傳非常廣泛。據《高僧傳》記載，鳩摩羅什對自己的翻譯工作十分自信，曾當眾發誓「若所傳無謬者，當使焚身之後，舌不燋爛」，而最後果如其言，「薪滅形碎，唯舌不灰」。〔註268〕此事雖然過於傳奇，但並非絕對不可能發生。古人積柴薪火化，溫度相對偏低，如果燃燒不完全，往往火滅後仍有若干器官殘餘（舍利），即使殘存心臟之類的軟組織器官也並不少見。羅什在命終前特意發此誓言，顯然是預感到自己譯經的方式會引發猜疑，但他自信雖然變亂了行文風格，卻遵循了經文的本旨，因而「所傳無謬」。羅什能有如此自信，還因為他獲得了君王的大力支持，身邊擁有著一個規模不小的譯經團隊，並非像此前的高僧一樣僅有數人從事其業。據僧睿《大品經序》記載：「（羅什）法師手執胡本，口宣秦言，兩釋異音，交辯文旨。秦王躬攬舊經，驗其得失，咨其通途，坦其宗致。與諸宿舊義業沙門釋慧恭、僧䂮、僧遷、寶度、慧精、法欽，道流僧睿、道恢、道標、道恒、道悰等五百餘人，詳其義旨，審其文中，然後書之。」〔註269〕經由如此嚴格之審查、討論而最終確定出的文字，其可靠性自然首屈一指。

　　眞諦（音譯波羅末陀，或作拘那羅陀，意譯「親依」）是西天竺優禪尼國人，群藏廣部罔不厝懷，少時歷遊諸國，隨機利見。梁武帝大同年間，敕直後張汜等送扶南（今柬埔寨）獻使返國，仍請名德三藏、大乘諸論、《雜華經》（即《華嚴經》）等，扶南國遂委託眞諦齎經論赴華，並以大同十二年（546）八月十五日達於南海。太清二年（548）閏八月，眞諦到達梁朝都城，梁武帝面申頂禮，並於寶雲殿竭誠供養，準備由其主持佛經翻譯。但不久後梁武帝即被叛臣所囚禁，眞諦不得不離京避難，一路顛沛流離，居無定所。眞諦不幸遭遇到了最動亂的時代，只能在艱苦的條件下堅持翻譯經書，數量和質量

〔註265〕《出三藏記集》序卷第十《大智度論序》，大正新修大藏經第 55 冊，No.2145。
〔註266〕《出三藏記集》序卷第十一《中論序》，大正新修大藏經第 55 冊，No.2145。
〔註267〕慧皎《高僧傳》卷第二《鳩摩羅什》，大正新修大藏經第 50 冊，No.2059。
〔註268〕慧皎《高僧傳》卷第二《鳩摩羅什》，大正新修大藏經第 50 冊，No.2059。
〔註269〕《出三藏記集》序卷第八《大品經序》，大正新修大藏經第 55 冊，No.2145。

都僅能差強人意。據《續高僧傳》記載，真諦在富春招延英秀沙門寶瓊等二十餘人翻《十七地論》，適得五卷；在金陵正觀寺與願禪師等二十餘人翻《金光明經》；又還返豫章，往新吳始興，又度嶺至於南康，隨方翻譯，棲遑靡託。此期所翻經論，「道缺情離，本意不申」，後來不得不重複修改，「其有文旨乖競者，皆鎔冶成範，始末倫通」。〔註270〕真諦最初到達中國時已經四十八歲，至去世時為止，共在華二十三年。其間因弘法之志難酬，真諦數度想要泛海歸國，但或因中國道俗百姓虔請留之，或因船舶遇風飄還，最終均未能成行。一直到真諦生命的最後七年，他才勉強在廣州安定下來，並在刺史歐陽頠、歐陽紇父子的支持下，開始專心地從事譯經工作，翻譯質量也隨之大為提升。真諦所出經論記傳共六十四部，合二百七十八卷，〔註271〕「餘有未譯梵本書並多羅樹葉凡有二百四十甲，若依陳紙翻之，則列二萬餘卷」，〔註272〕可知真諦所譯出者只是所攜佛經的很少一部分。真諦在民間聲望頗高，但亦深受在朝之人嫉妒，「會楊輦碩望恐奪時榮，乃奏曰：『嶺表所譯眾部，多明無塵唯識，言乖治術，有蔽國風，不隸諸華，可流荒服。』帝然之」。〔註273〕楊輦為都城金陵（今南京）之別稱，當時陳朝國主所信奉者為智顗一系的天台宗，而真諦「雖廣出眾經，偏宗《攝論》」，〔註274〕是以瑜伽行派（唯識）為主，故而雙方難免有宗派之爭。然謂真諦「言乖治術，有蔽國風」，實在是欲加之罪，不患無辭。真諦的漢語水平不及鳩摩羅什，又無龐大的團隊相互協作，而且過分追求符合梵文原意，因此所譯佛經的語言比較晦澀，流傳相對不廣。據慧愷《攝大乘論序》：「翻譯事殊難，不可存於華綺，若一字參差，則理趣胡越。乃可令質而得義，不可使文而失旨，故今所翻文質相半。」〔註275〕真諦翻譯《攝大乘論》，慧愷擔任筆受，「隨出隨書，一章一句備盡研竅，釋義若竟方乃著文」，〔註276〕然則這種不可有「一字參差」、寧可「質而得義」的風格，當屬他們共同的追求。真諦在如此艱難的境況之下，仍能幾十年如一

〔註270〕道宣《續高僧傳》卷第一《真諦》，大正新修大藏經第 50 冊，No.2060。

〔註271〕此數量據《續高僧傳》所載。《歷代三寶記》統計則為四十八部，合二百三十二卷。

〔註272〕道宣《續高僧傳》卷第一《真諦》，大正新修大藏經第 50 冊，No.2060。

〔註273〕道宣《續高僧傳》卷第一《真諦》，大正新修大藏經第 50 冊，No.2060。

〔註274〕道宣《續高僧傳》卷第一《真諦》，大正新修大藏經第 50 冊，No.2060。

〔註275〕慧愷《攝大乘論序》，大正新修大藏經第 31 冊，No.1593。

〔註276〕慧愷《攝大乘論序》，大正新修大藏經第 31 冊，No.1593。

日的堅持翻譯工作，其精神之堅韌、意志之頑強，實不愧為一代高僧。

　　玄奘並不是第一位去天竺取經的中國僧人，但無論是名氣還是貢獻，他都無疑是中國排名第一的高僧。玄奘本名陳禕，其祖陳康為北齊國子博士，其父陳慧曾拜江陵令，堪稱詩書世家。玄奘之兄陳素出家為僧，法號長捷，住東都淨土寺，乃攜弟以往，日授精理，旁兼巧論。玄奘是一位少年聰慧的僧人，年十一即能誦記《維摩詰經》《法華經》，十三歲就正式剃度為僧，參與各種講論法會，質難問疑，很快就窮盡了諸家學說，表現出驚人的記憶力和理解力。其時東都《涅槃經》《攝大乘論》各擅勝場：道生首倡「闡提人皆得成佛」，後經《大般涅槃經》所印證，被譽為「孤明先發」，〔註277〕聲譽鵲起。梁武帝蕭衍親講此經，並御纂《涅槃講疏》《涅槃義疏》等，而諸家判教時也多將《涅槃經》視為常住教、圓教，可見彼時《涅槃經》地位之高。而《攝大乘論》則由北魏佛陀扇多首譯二卷本，真諦在南朝陳國重譯此論為三卷本，又同時譯出十五卷本《攝大乘論釋》，標舉唯識大旗，此後傳播日廣，研習者亦眾多。兩種宗派之僧人皆於東都弘法，玄奘「每恆聽受，昏明思擇」。〔註278〕與早期僧侶擇一經而終身修行的境況不同，玄奘面臨著大量新譯出的佛經，而且彼此往往體系不合，矛盾之處甚多，所以不得不通過自己的思維加以擇取。離開東都之後，玄奘又「周流吳蜀，爰逮趙魏，末及周秦，預有講筵率皆登踐」，〔註279〕可謂遍謁名師，博覽群經。玄奘年僅二十九歲，就已名揚天下，典籍記載其「憶念之力終古罕類」，「不窺文相而誦注無窮」，〔註280〕其時中國所出之經幾乎研討殆盡，於是決意要遠赴天竺，西行求法。唐初嚴禁百姓私自出蕃，玄奘詣闕陳表，而有司不為通引，玄奘遂趁貞觀三年（629）災荒之際越關西行。玄奘西行求法，前後共歷時十七年，途經五十六國，可謂備嘗艱辛。玄奘的求法經歷，經他自己口述，最終由弟子們編成《大唐西域記》十二卷，已成為今天研究古印度和中亞史的重要資料。近現代印度一些重要的考古發現，如王舍城、那爛陀寺遺址等，都是依據《大唐西域記》的記載而最終被確認下來的。玄奘在天竺那爛陀寺聞聽戒賢法師宣說《瑜伽論》，「自餘《順理》《顯揚》《對法》等並得咨稟，然

〔註277〕慧皎《高僧傳》卷第七《竺道生》，大正新修大藏經第 50 冊，No.2059。
〔註278〕道宣《續高僧傳》卷第四《玄奘》，大正新修大藏經第 50 冊，No.2060。
〔註279〕道宣《續高僧傳》卷第四《玄奘》，大正新修大藏經第 50 冊，No.2060。
〔註280〕道宣《續高僧傳》卷第四《玄奘》，大正新修大藏經第 50 冊，No.2060。

於《瑜伽》偏所鑽仰」，〔註281〕最終確立了以瑜伽行派為基礎、兼容一切佛法的立場，並憑藉自己的辯才連續摧破順世外道、小乘論師，撰寫《制惡見論》以捍衛大乘唯識學說。玄奘在古印度還先後學習了正量部的根本論、攝正法論、成實論，以及唯識抉擇論、意義論和成無畏論，並在戒日王主持的包括五印度沙門、婆羅門、一切異道的辯論大會上一舉奪魁，被公認為當世第一論師，小乘學徒稱之為「木叉提婆」（解脫天），大乘法眾號之為「摩訶耶那提婆」（大乘天）。玄奘於貞觀十九年正月載譽歸國，不僅帶回了數量龐大的梵文經書，戒日王亦遣中使齎諸經寶進貢，「是則天竺信命自奘而通」。〔註282〕唐朝數位皇帝都對玄奘褒獎有加，全力支持他弘揚佛法，太宗「敕右僕射房玄齡、太子左庶子許敬宗廣召碩學沙門五十餘人，相助整比」，高宗「造慈恩寺及翻經院」，延請玄奘入住，「又令左僕射于志寧、侍中許敬宗、中書令來濟、李義府、杜正倫、黃門侍郎薛元超等共潤色玄奘所定之經，國子博士范義碩、太子洗馬郭瑜、弘文館學士高若思等助加翻譯」，〔註283〕玄奘因而得以專心從事譯經工作。在去世前的十九年時間裏，玄奘共譯出佛經七十五部，合一千三百三十五卷。

玄奘主持的翻譯工作有朝廷的大力支持，參與人員眾多，而且分工十分完備，共設有如下職位：譯主，由玄奘擔任，亦即譯場的總負責人，必須精通梵語、漢語，通曉經義，負責解答眾疑，裁決糾紛；證義，輔助譯主審定譯文，看是否符合梵文原義，以便斟酌修正；證文，在譯主宣讀梵文佛經時，核對和文本是否一致，若原文不符則譯文必然有誤；書字，也稱度語，負責將梵文的讀音以中文轉寫出來；筆受，負責將梵文的字義書寫成中文字義；綴文，用漢語語法整理譯文的文字順序；參譯，校勘原文並由譯文回證原文，查看二者意思是否一致；刊定，在不影響語意的情況下，刪除冗長重複的字句，使內容簡明扼要；潤文，對譯文進行加工，增添連詞、虛詞等，使行文語氣流暢；梵唄，經文譯完後，負責高聲念唱一遍，看是否順耳，以修正不和諧的音節。在實際的翻譯工作中，玄奘還發展了佛經的翻譯理論，提出了「五種不翻」的原則，〔註284〕對五種狀況下的梵文僅音譯而不意譯：出於保

〔註281〕道宣《續高僧傳》卷第四《玄奘》，大正新修大藏經第 50 冊，No.2060。
〔註282〕道宣《續高僧傳》卷第四《玄奘》，大正新修大藏經第 50 冊，No.2060。
〔註283〕《舊唐書》卷一百九十一列傳第一百四十一方伎《僧玄奘》，清乾隆武英殿刻本。
〔註284〕南宋法雲《翻譯名義序》第一卷《十種通號》第一「婆伽婆」條。

密的緣故，對於佛經中的咒語（陀羅尼）不做翻譯；因爲一詞多義的緣故，對於經文中的多義詞（如「薄伽梵」含六義）不做翻譯；某些古印度的特產（如「閻浮樹」），中國並不出產，因而不做翻譯；古人習慣不翻譯的詞彙（如「阿耨菩提」），即使本來可以翻譯，也不做翻譯，以保持文獻的一致性；某些梵文詞彙雖然有對應漢語（如「般若」對應「智慧」），但是若保留原文能讓人生出尊敬之心，這種情況下也不做翻譯。玄奘的「五種不翻」確立了譯經的操作規範，爲後世絕大多數的譯經者所繼承。玄奘本人對漢文、梵文均十分精通，所謂「妙窮梵學，式贊深經，覽文如已，轉音猶響」，〔註285〕加之團隊協作，高效運轉，因而不僅所譯佛經卷數超越古人，翻譯質量也極爲優秀。但玄奘的譯經風格爲「敬順聖旨，不加文飾。方言不通，梵語無譯。務存陶冶，取正典謨」，〔註286〕即專意追求譯文的準確，既反對純文學性的修飾，又反對大量刪削、精簡繁瑣的經文，因而文、質介於鳩摩羅什、眞諦之間。舉例而言，鳩摩羅什所譯《佛說阿彌陀經》不足兩千字，玄奘所譯本則有四千餘字；鳩摩羅什所譯《金剛般若波羅蜜經》不足六千字，眞諦所譯本七千餘字，玄奘所譯《能斷金剛般若波羅蜜多經》則有一萬三千餘字；鳩摩羅什所譯《維摩詰所說經》兩萬九千餘字，玄奘所譯《說無垢稱經》則有四萬一千餘字。三者相較，玄奘所譯本篇幅均膨脹約一倍。惟眞諦、玄奘均宗主唯識，該宗邏輯體系細密繁雜，普通民眾的接受程度不高，故而在幾代之後此宗派日益式微，所譯典籍也乏人研讀，直至民國時才重新復興。

　　不空（梵名「阿目佉跋折羅」，意譯「不空金剛」，簡稱「不空」）出身於北天竺婆羅門貴族，年十五拜金剛智爲師，受菩薩戒，從學五部灌頂、護摩阿闍梨法及《毗盧遮那經》、蘇悉地軌則等。不空跟隨金剛智一起來華，在金剛智病逝之後，不空又奉其遺命前往五天竺及獅子國求法，共獲密藏及諸經論五百餘部，天寶五年（746）才重回中國。由於不空祈雨、禳災均見奇效，皇帝乃賜號曰「智藏」。唐制，「凡車駕巡幸，每月朔，兩京文武官職事五品以上，表參起居」。〔註287〕安史之亂時長安淪陷，唐肅宗即位於靈武，不空雖身在長安大興善寺，常秘密奉表起居，因而亂平之後頗受肅宗重用，並爲帝受轉輪王位七寶灌頂。乾元元年（758），唐肅宗還下令將先代所留包

〔註285〕玄奘《大唐西域記》卷第十二，大正新修大藏經第51冊，No.2087。
〔註286〕玄奘《大唐西域記》卷第十二，大正新修大藏經第51冊，No.2087。
〔註287〕《大唐開元禮》卷三序例下《雜制》，清文淵閣《四庫全書》本。

括玄奘、義淨、善無畏等人所取回之外國梵文經典，皆集中於大興善寺，供不空修理、翻譯。代宗即位，恩渥彌厚，錫賚更繁，不空翻譯《密嚴》《仁王》二經畢，皇帝親批奏表，稱「和上遠自蓮宮，親緘貝葉，敷演玄教，利濟蒼生」，〔註288〕並授特進，試鴻臚卿，加號「大廣智三藏」。大曆六年（771），不空上表進呈所譯佛經，稱「起於天寶，迄今大曆六年，凡一百二十餘卷，七十七部，並目錄及筆受等僧俗名字，兼略出念誦儀軌」。〔註289〕若據圓照《貞元新定釋教目錄》記載，不空共譯出一百一十部，合計一百四十三卷，則是包含《怒王念誦儀軌法品》《修習般若波羅蜜菩薩觀行念誦儀軌》等念誦儀軌在內。日僧空海所撰《御請來目錄》則記載不空共譯著一百一十八部，一百五十卷，並注明十三部、十五卷「未載貞元目錄」。空海來華，依青龍寺惠果為師主，惠果又為不空之付法弟子，故空海所記或更為完備可靠。

　　不空歷經三朝，享年七十歲，而「據灌頂師位四十餘年，入壇弟子，授法門人，三朝宰臣，五京大德，緇素士流，方牧岳主，農商庶類，蓋億萬計」。〔註290〕大曆九年六月十五日，不空去世，唐代宗為之輟朝三日，並加贈不空為司空，仍諡號大辨正廣智不空三藏和尚，贊寧《高僧傳》評價道：「生榮死哀，西域傳法僧至此，今古少類矣！」〔註291〕由於獲得了朝廷的全力支持，不空也像玄奘一樣，具有自己的譯經團隊。據不空《請再譯仁王經制書》稱「仍請僧懷感、飛錫、子鄰、建宗、歸性、義嵩、道液、良賁、潛真、慧靈、法崇、超悟、慧靜、圓寂、道林等，於內道場所翻譯」，〔註292〕而此僅是譯一經所需成員，亦可估測其前後成員總數當有數十人之多。不空以咒術得幸，所譯主要為密宗典籍（譬如《金剛頂瑜伽文殊師利菩薩經》），而且較側重於實用性（譬如《能淨一切眼疾病陀羅尼經》《大雲輪請雨經》），部分則是重譯前人所出佛經（譬如《仁王經》），以及各類儀軌供養法門。不空在翻譯佛經之時，不僅看重經文完備，而且較為注重文采。譬如《仁王經》，鳩摩羅什所

〔註288〕《代宗朝贈司空大辨正廣智三藏和上表制集》卷第一《謝御製新仁王經序表一首》，大正新修大藏經第 52 冊，No.2120。

〔註289〕贊寧《宋高僧傳》卷一《唐京兆大興善寺不空傳》，大正新修大藏經第 50 冊，No.2061。

〔註290〕趙遷《大唐故大德贈司空大辨正廣智不空三藏行狀》，大正新修大藏經第 50 冊，No.2056。

〔註291〕贊寧《宋高僧傳》卷一《唐京兆大興善寺不空傳》，大正新修大藏經第 50 冊，No.2061。

〔註292〕《代宗朝贈司空大辨正廣智不空三藏和尚表制集》卷一《請再譯仁王經　制書一首》，大正新修大藏經第 52 冊，No.2120。

譯本缺少一段密咒，不空因此上疏皇帝，認爲「《仁王》寶經，義崇護國，前代所譯，理未融通」，〔註293〕請求重譯此經，爲之補全。又如《大聖文殊師利菩薩贊佛法身禮》一卷，原文除首尾外均爲偈語，且前人所據梵本唯有十禮，不空所持梵本則有四十一禮，其譯文「諸法薩婆若，畢竟無所有，佛心難測故，敬禮無所觀。諸法由如幻，如幻不可得，離諸幻法故，敬禮無所觀。佛常在世間，而不染世法，不染世間故，敬禮無所觀。一切智常住，空性空境界，言說亦空故，敬禮無所觀」云云，〔註294〕不僅句式整齊，而且言語雋永，本身即爲頗具禪意的玄言詩。玄奘的「五種不翻」主張對咒語（陀羅尼）不做翻譯，而只用漢語音譯，但在實際操作中，同一句梵文經常會用不同的漢字表音，因而譯文不盡統一。不空遵循了玄奘的不翻原則，但在音譯密咒時，選擇以一個梵文音節爲最小單位，採用固定的漢字來表音對譯，不僅使音譯出的文字相對固定，而且大幅度提高了音譯的效率。在這種風氣的影響之下，其弟子慧琳撰《一切經音義》一百卷，將佛經中的疑難字逐一錄出，詳加音訓，同時對新舊音譯的名詞亦逐一考正所對應梵音，極大地推動了中國翻譯學、訓詁學的發展。不空所譯的密宗佛典主要流行於中國西藏、內蒙古等地，在漢地宗派中流傳不廣，但其再傳弟子空海則在日本創立了眞言密宗，並將不空尊爲傳法第六祖。此外，不空還曾上奏唐代宗請求「天下食堂中置文殊菩薩爲上座」，〔註295〕並獲得皇帝認可，因而他也是推動中國文殊信仰的關鍵人物。

四大譯經師所翻譯的主要是大乘經典，一方面這是大乘佛教在中國佔據統治地位後的必然結果，另一方面新譯出的佛經又繼續推動了大乘佛教的深入發展與宗派分立。四大譯經師均爲出家高僧，均有從外國攜帶佛經來華的經歷，均精通梵文與漢文，均在不同程度上獲得了官方的支持，均組建了規模大小不等的翻譯團隊，這些既是他們的相同之處，也是讓他們在譯經事業中脫穎而出的關鍵因素。四大譯經師誠然十分傑出，但佛教典籍本身舉不勝舉，絕大部分佛經的翻譯者仍然是若干名氣不及他們，卻一樣傾心血於翻譯工作的各代僧人。乃至四大譯經師本身所取得的成就，實際上也是團隊協作

〔註293〕《代宗朝贈司空大辨正廣智不空三藏和尚表制集》卷一《請再譯仁王經　制書一首》，大正新修大藏經第 52 冊，No.2120。

〔註294〕《大聖文殊師利菩薩贊佛法身禮》，大正新修大藏經第 20 冊，No.1195。

〔註295〕贊寧《宋高僧傳》卷一《唐京兆大興善寺不空傳》，大正新修大藏經第 50 冊，No.2061。

的結果，儘管人們習慣將功勞歸於主要領導者，但團隊中默默無聞的輔佐人員同樣功不可沒。

前輩學者曾劃分佛經翻譯的歷史爲三個階段：起初是以胡僧爲主的階段，其次是胡、漢配合的階段，最後是以漢僧爲主的階段。這種劃分在一定程度上簡化了佛教翻譯的歷程，而且很容易被當成顯而易見的常識，但若仔細推究起來，並不眞正符合歷史事實。佛經翻譯的最早期，經文多由胡僧誦出、漢人筆受（譬如秦景憲受大月氏王使伊存口授浮屠經），此期胡僧若無漢人相互配合書寫，尚無自行譯經的能力，因此早期反而屬於胡、漢配合的階段。譯文的質量，不僅取決於胡僧的背誦、解釋能力，也取決於筆受者的理解、寫作功底，這也正是最早譯出的《四十二章經》爲何以四言爲主而頗類漢代辭賦的原因。早期還有不少佛學造詣高深的胡僧，因爲漢語能力較差而無法與漢人交流，不得不再借助其他胡僧爲中間人，才能勉強完成譯經工作（譬如維祇難與竺律炎譯經），類似情形也證明了漢人配合的不可或缺。甚至有個別漢人因擅長胡語，又具備佛教知識，能夠自行承擔譯經責任，胡僧的重要性被相應再次降低。《法句經序》謂「昔藍調安侯世高、都尉、佛調，譯胡爲漢，審得其體」，〔註296〕其中「佛調」指漢人嚴佛調，費長房著錄其譯《古維摩經》等六部佛經，並撰有《十慧章句》一部。《古維摩經》由嚴佛調在後漢靈帝中平五年（188）譯出，這也是該經的第一種譯本，其後才復有支謙、竺叔蘭、竺法護、鳩摩羅什、玄奘等人的譯本。另據《比丘大戒序》：「至歲在鶉火，自襄陽至關右，見外國道人曇摩侍諷《阿毗曇》，於律特善。遂令涼州沙門竺佛念寫其梵文，道賢爲譯，慧常筆受。經夏漸冬，其文乃訖。」〔註297〕按此，則外國僧人曇摩侍僅承擔口誦的任務，連寫定梵文的工作都由漢人竺佛念承擔，更遑論翻譯之責。竺佛念「家世西河，洞曉方語，華戎音義，莫不兼解」，故而有能力承擔起如此重任，他還曾輔佐曇摩難提、僧伽跋澄譯經，「澄執梵文，念譯爲晉，質斷疑義，音字方明」。〔註298〕

晉代之後，鳩摩羅什、眞諦等胡僧大量來華，在他們所主持的譯經事業中有大量漢人參與，因而很容易被誤認爲是胡漢配合的階段。但實際上，這

〔註296〕僧祐《出三藏記集》序卷第七《法句經序》，大正新修大藏經第 55 冊，No.2145。
〔註297〕僧祐《出三藏記集》序卷十一《比丘大戒序》，大正新修大藏經第 55 冊，No.2145。
〔註298〕慧皎《高僧傳》卷第一《竺佛念》，大正新修大藏經第 50 冊，No.2059。

批胡僧大多精通漢語，完全具備自行譯經的能力，只是爲了提高質量和效率才補充了部分漢人輔助成員。不僅如此，團隊中的若干漢人成員皆是胡僧的門人弟子，譯經工作不僅是胡僧說法、弘法之需要，也是對弟子領會、把握佛教教義的一種鍛鍊。譬如道生、僧肇、道融、僧睿（以上合稱「什門四聖」）、曇影、慧嚴、慧觀、道恒（以上合稱「什門八俊」）、道標、僧正（以上合稱「什門十哲」），既是鳩摩羅什譯經工作中的得力助手，也是他所培養出的十大傑出弟子。此期胡僧眞正佔據著譯經的主導地位，漢人只是次要輔佐，乃至筆受的風格也往往由胡僧的意志所決定：鳩摩羅什認爲梵文不可直譯，因而所出諸經均講求文采；眞諦認爲寧質樸以求眞義，因而所出諸經皆平實無華。

佛經翻譯的後期階段，雖然有玄奘這種漢人主導的特殊個案，但仍然不能定性爲漢人主導的階段，譬如稍晚的不空譯經即屬於胡人主導。此期由於多數佛經之梵本已迎取來華，而譯經的相關原則、團隊的具體設置也早已成型，譯經工作正式進入流水線、產業化的階段。成功開啓譯經工作，需要精通梵文的語言人才、能夠判定佛理句義的高僧、團隊成員的日常生活保障，而這一切均取決於朝廷的支持力度，與胡、漢的國家區別關係不大。按筆者的觀點，此期譯經工作已演變爲國家工程，私人譯經事件罕有所聞，是屬於朝廷主導掌控的階段。朝廷不僅規定了譯經的場所、主要負責人、相關團隊成員，還爲譯經人員提供紙筆墨硯、膳食祿米，每譯出若干佛經即需上表奏聞，爭議性的佛典是否入藏也由政府裁決，所譯出之佛經亦由朝廷下令雕刻印刷，參與其事者按貢獻大小論功行賞，翻譯者個人的意志和風格均被壓縮至最低。以宋代譯經爲例，據《宋高僧傳》卷三記載：「朝廷罷譯事，自唐憲宗元和五年至於周朝，相望可一百五十許歲，此道寂然。迨我皇帝臨大寶之五載，有河中府傳顯密教沙門法進，請西域三藏法天譯經於蒲津。州府官表進，上覽大悅，各賜紫衣，因勅造譯經院於太平興國寺之西偏，續勅搜購天下梵夾，有梵僧法護、施護同參其務，左街僧錄智照大師慧溫證義。又詔滄州三藏道圓證梵字，愼選兩街義解沙門志顯綴文，令遵、法定、清沼筆受，守巒、道眞、知遜、法雲、慧超、慧達、可壞、善祐、可支證義，倫次綴文，使臣劉素、高品、王文壽監護，禮部郎中張洎、光祿卿湯悅次文潤色。進《校量壽命經》《善惡報應經》《善見變化》《金曜童子》《甘露鼓》等經，有命授三藏天息災、法天、施護師號外，試鴻臚少卿，賜廄馬等；筆受、證義諸沙

門各賜紫衣並帛有差。御製新譯經序，冠於經首。」〔註299〕從相關記載可以看出，在朝廷罷譯事的一百年間，譯經之事寂然無聞。蓋此事既已產業化，若無官方力量推動，則勢必齟齬難行。宋代譯經之興，雖出於帝王之決心，但最初則因沙門法進邀胡僧法天譯經而起，此亦可見胡僧仍是必不可缺之一環。宋太宗勅造譯經院，搜購天下梵夾，既令梵僧法護、施護同參其務，又下詔任命證義、證梵字、綴文、監護等人選，所譯諸經亦進呈御覽，並御製經序冠於經首。儘管胡僧、漢僧均參與其事，但既無自行挑選人員之權力，又有朝廷官員監護，只是國家工程中的成員而已。若非要比較胡、漢二者之地位，則胡僧仍略居於漢僧之上，蓋其對梵文之熟練仍較漢僧略勝一籌。據《佛祖統紀》所記，「（太平興國五年）七月，天息災上新譯《聖佛母經》、法天上《吉祥持世經》、施護上《如來莊嚴經》各一卷，詔兩街僧選義學沙門百人詳定經義。時左街僧錄神曜等言：『譯場久廢，傳譯至艱。』天息災等即持梵文，先翻梵義，以華文證之，曜眾乃服。」〔註300〕此亦可證，最遲在宋代譯經之時，胡僧仍然是推動譯經工作的主要動力，若貿然認定後期即屬漢人主導階段，並不符合歷史事實。惟時至此期，朝廷已由幕後的支持者演變爲前臺的主導者，無論胡僧、漢僧，均需服從官方之裁決。太宗朝法賢譯出密教《金剛薩埵說頻那夜迦天成就儀軌經》，例行入藏編目，但至眞宗朝則認定此經「葷血之祀，甚瀆於眞乘；厭詛之辭，尤乖於妙理」，朝廷因而下令「其新譯《頻那夜迦經》四卷，不許入藏，自今後似此經文不得翻譯」。〔註301〕當翻譯者連選擇翻譯對象的基本權力都被剝奪，就已徹底淪爲承擔翻譯工作的工匠，很難再稱之爲「主導者」。

　　一言以蔽之，佛教翻譯從早期胡僧、漢人相配合的私人事業，再發展爲以胡僧（或個別漢僧）爲主導、官方幕後支持的半官方事業，最終徹底演變成爲由官方主導一切的國家工程。推動這一發展流程的兩大動力，一是語言學習問題，一是翻譯團隊的建設問題，而與胡、漢國別並無必然聯繫。蓋胡僧來華，勢必需要學習掌握漢語，而漢僧除個別西行求法者，並不需要必須掌握外文。站在翻譯的客觀立場上，誰能同時熟練掌握兩種語種，就必然會佔據一定程度的主動權。除玄奘這類特殊的個體，絕大多數漢僧都不具備熟

〔註299〕贊寧《宋高僧傳》卷三《唐京師滿月傳》，大正新修大藏經第 50 冊，No.2061。
〔註300〕志磐《佛祖統紀》卷第四十三，大正新修大藏經第 49 冊，No.2035。
〔註301〕志磐《佛祖統紀》卷第四十四，大正新修大藏經第 49 冊，No.2035。

練掌握梵文的能力，因而無論在何種階段，漢僧都很難佔據翻譯工作的主導地位。當翻譯工作趨向成熟之後，群策群力的優勢隨之凸顯，譯經事業需要龐大的人力、物力作支撐，因而若無官方出面主導，很難具備實現的客觀條件。在專權的帝制時代，一切不符合主流意識形態的教義都很難生存。當譯經事業演變爲國家工程後，由朝廷出面監管、調控、裁決，實際上同時降低了佛教被官方清理、打壓的風險，這也是皇朝時代給佛教所提供的一條生存之道。

第七節　大藏經的刊刻與演變

中國佛經翻譯的高峰期，也是文獻目錄學的繁榮期。西漢末年劉向等人校書中秘，對皇家藏書做了詳細的校讎清點，「每一書已，向輒條其篇目，撮其指意，錄而奏之」。〔註302〕班固撰《漢書·藝文志》，刪訂劉向《七略》而成書，基本上是西漢宮廷的藏書總目錄。魏晉以來上承《漢書·藝文志》之軌轍，藏書數量極多的機構往往都編有目錄，如魏國鄭默撰《中經》，晉國荀勗撰《中經新簿》、李充撰《晉元帝四部書目》、徐廣等撰《晉義熙四年秘閣四部目錄》等。《中經新簿》已載有佛經十六卷，而至謝靈運等撰南朝宋《元嘉八年秘閣四部目錄》時，已收錄有佛經四百三十八卷。蓋佛經傳入中國的數量漸廣，勢必需要編造目錄以統計清點，而謂之「卷」不謂之「夾」，可知目錄所收當爲已翻譯並抄定之佛經，並非外來梵夾裝之貝葉經。據《歷代三寶紀》《大唐內典錄》記載，晉代之前已有四種佛經目錄：一曰《古經錄》一卷，「尋諸舊錄，多稱爲《古錄》，則似秦時釋利防等所齎經錄」；一曰《舊錄》一卷，「似是前漢劉向校書天閣，往往多見佛經，斯即往古所藏經錄，或孔壁所藏，或秦正焚書人中所藏者」；一曰漢時《佛經目錄》一卷，「似是迦葉摩騰所譯四十二章經等，因即撰錄」；一曰魏時沙門朱士行《漢錄》一卷，「元是潁川沙門於洛陽講《道行經》，因著其錄」。〔註303〕所謂「秦時釋利防」云云，據《歷代三寶紀》稱「始皇時，有諸沙門釋利防等十八賢者齎經來化，始皇弗從，遂禁利防等。夜有金剛丈六人來破獄出之，始皇驚怖，稽首謝焉」，〔註304〕此一望即知爲小說家言，利防以「釋」爲姓亦非古

〔註302〕《漢書》卷三十《藝文志》，清乾隆武英殿刻本。
〔註303〕道宣《大唐內典錄》卷十下，清徑山藏本。
〔註304〕費長房《歷代三寶紀》卷一，金刻趙城藏本。

制，顯出後人追記；劉向校書，則史書明載其事，「光祿大夫劉向校經傳、諸子、詩賦，步兵校尉任宏校兵書，太史令尹咸校數術，侍醫李柱國校方技」，〔註305〕其中並無佛經在內；《高僧傳》謂迦葉摩騰「蘊其深解，無所宣述」，〔註306〕撰錄之事亦為不載；魏時沙門朱士行《漢錄》，其書雖亡，但隋前古人多所引用，今日學者謂其載有晉代康道和所出《益意經》，為朱士行所不及見，亦認定係後人偽託。此四種最早佛經目錄，前輩學者均棄置不論，實有矯枉過正之失。從《大唐內典錄》的敍述來看，凡不能確認作者皆云「似」「似是」，只是懸測之論，本無強託作者之意。而既謂「尋諸舊錄，多稱為《古錄》」云云，然則《古錄》之誕生時間必當在諸錄之前，蓋作者已不可考，遂疑為釋利防所撰，下文劉向、迦葉摩騰與此同理。惟朱士行《漢錄》謂「元是」而非「似是」，則其作者必有所據，當非偽託之作。前輩學者謂《漢錄》不當收錄晉代所出《益意經》，實則為誤讀文獻。據《歷代三寶紀》「《益意經》三卷」條下云：「孝武帝世沙門康道和太元末譯，見竺道祖《晉世雜錄》。朱士行《漢錄》云二卷，不顯譯人。」〔註307〕朱士行所記為二卷，顯然並非此三卷本，而《歷代三寶紀》在「《益意經》三卷」下另有小注「第二齣」，則康道和並非初譯，而是再譯，故此前有譯人不明之二卷本為順理成章之事。《武週刊定眾經目錄》云：「《益意經》一部，二卷。右僧法尼譯，出朱士行《漢錄》。」〔註308〕僧法尼即前章所述「南朝齊末太學博士江泌處女尼子」，僧法為其出家之名，《出三藏記集》載其自小不學而能，共默誦出二十一種佛經，其中即有《益意經》在內。僧法尼時代晚於朱士行，後人因指此亦《漢錄》為偽書之證據。但即便僧法尼誦經之事實有，其事亦在康道和譯經之後，則「第二齣」云云，顯然不指僧法尼而言；僧法尼先天誦記，其語言當為梁語，並無翻譯之過程，所謂「譯出」云云，更是無從談起；隋代《歷代三寶紀》謂《漢錄》「不顯譯人」，唐時《武周刊定眾經目錄》則謂「僧法尼譯，出朱士行《漢錄》」，二者明顯不合，顯然因譯者不明，後人遂誤補譯者。又，《武周刊定眾經目錄》又記「《益意經》一卷，亦名《思意經》。右漢靈帝代臨淮清信士嚴佛調譯，出《長房錄》。」〔註309〕《長房錄》即《歷

〔註305〕《漢書》卷三十《藝文志》，清乾隆武英殿刻本。
〔註306〕慧皎《高僧傳》卷第一《攝摩騰》，大正新修大藏經第 50 冊，No.2059。
〔註307〕費長房《歷代三寶紀》卷七，趙城金藏本。
〔註308〕明佺《大週刊定眾經目錄》卷第五，大正新修大藏經第 55 冊，No.2153。
〔註309〕明佺《大週刊定眾經目錄》卷第五，大正新修大藏經第 55 冊，No.2153。

代三寶紀》（隋費長房撰），後者亦載此條，此爲《益意經》的最早譯本，然則《漢錄》所謂「不顯譯人」者或即爲嚴佛調。惟嚴佛調所出者爲一卷，《漢錄》所載者爲兩卷，雖卷數分合亦是常事，但終難下斷語爾。

筆者主張，不但朱士行《漢錄》可靠，其餘三種古代佛經目錄也並非僞書，只是作者不明，故後世所擬託之撰者不確。從卷數而言，四種早期目錄均爲一卷，亦與歷史狀況相符，後世佛經數量漸次增多，其目錄體量勢必超過一卷。貿然認定早出目錄即爲僞作，未免太過武斷，蓋僞造佛經目錄與僞造佛經不同，並不包含多大利益與必要。彼時佛教初傳中國，佛風不昌，佛經流傳亦不廣，漢人又不得出家，僞造佛經概未發軔，假造目錄自然無從談起。筆者頗疑「漢時《佛經目錄》」即「《舊錄》」，二者不僅卷數一致，且前者並非專名，後世謂之《舊錄》亦合乎情理。二書既然早佚，後人遂又強作分別，遂將《舊錄》時代亦拔高至西漢劉向時，但亦可佐證《舊錄》所載即爲漢時佛經目錄。以《貞元新定釋教目錄》所引爲例：「（迦葉摩）騰於白馬寺出《四十二章經》，初緘蘭臺石室第十四間內。自爾釋教相繼雲興，沙門信士接踵傳譯，依錄而編，即是漢地經法之祖也。《舊錄》云：此經本是外國經抄，元出大部，撮要引俗，似《孝經》十八章。出《舊錄》及《朱士行錄》、僧祐《出三藏記》等，《道安錄》中不載。」〔註310〕《舊錄》既然記載東漢明帝時譯出《四十二章經》事，則必非西漢劉向所撰，其時代最早亦當在東漢明帝之後，而所謂「依錄而編，即是漢地經法之祖也」，或即是「漢時《佛經目錄》」得名之由來。又，上文所敘出處時，《漢錄》與《朱士行錄》並舉，則古人當親見此二者並非一書；《出三藏記集》《歷代三寶紀》《大唐內典錄》均將《舊錄》《古錄》並舉，所列書目亦無重複者，可知彼二者亦非一書。惟《舊錄》與「漢時《佛經目錄》」則未見並舉者，且後者亦絕不見諸書引用，蓋二者本爲同書之異稱。漢時佛經數量不甚多，一卷目錄足以囊括殆盡，縱有新增佛經，不過在此前目錄上略作補充即可。

概言之，晚出佛經目錄中同謂之《古錄》者，勢必爲最早之佛經目錄無疑，而朱士行《漢錄》一卷，則是具有明確作者的最早一種佛經目錄。朱士行遠赴于闐國取經，又託弟子將經書送回洛陽，則勢必編有齎經目錄，以備統計之需，此事亦在情理之中。《大唐內典錄》等稱此錄爲朱士行於洛陽講《道行經》時所編撰，未詳何據。據《高僧傳》記載，朱士行因講《道行經》時，

〔註310〕圓照《貞元新定釋教目錄》卷一，大正新修大藏經第55冊，No.2157。

覺此經「譯理不盡」，故以魏甘露五年（公元 260）西赴于闐求法，並最終齎回諸經，故而所撰定目錄不當在此之前。縱然最初編有佛經目錄，所齎回諸經亦無不增入經錄之理。後世學者既謂《漢錄》為後世僞託，遂認定時代稍晚的竺法護《眾經錄》為最早明確作者的佛經目錄。《眾經錄》是竺法護所編自己所譯佛經的目錄，其事自然確鑿可信。蓋當時譯經較多者，皆編有所譯經目，這應當是當時的普遍風氣。僧祐《出三藏記集》所開列疑僞經，理由若「羅什所出又無此經」「讖所出無此經」「讖所譯無」「勘真諦錄無此論」云云，則知鳩摩羅什、支婁迦讖、真諦諸人所譯經均有目錄傳世，故僧祐方得核驗。

　　各種佛經目錄至南朝齊梁之時已蔚為大觀，故不僅官府、僧侶開始匯總編目，私家藏書目錄中也開始注意收錄佛經。南朝齊時王儉《七志》「又條《七略》及二漢《藝文志》《中經簿》所闕之書，並方外之經佛經、道經各為一錄，雖繼《七志》之後而不在其數」，〔註311〕此時雖收錄佛經，但僅在附錄，不屬正錄。南朝梁阮孝緒《七錄》不同意王儉的做法，云：「釋氏之教實被中土，講說諷味方軌孔籍。王氏雖載於篇而不在志限，即理求事，未是所安，故序《佛法錄》為外篇第一。」〔註312〕《七錄》雖將佛經列為外篇，但已屬七錄之一，其下又分戒律部、禪定部、智慧部、疑似部、論記部五類，共登錄二千四百一十種兩千五百九十五帙五千四百卷，這既標誌著佛經地位的進一步提升，又說明佛經數量已多至可獨佔一錄的程度。民間私家目錄尚且如此，佛教徒自然更為用心，於是乃有梁代僧祐所編《出三藏記集》出，此書集佛經目錄之大成，是故一書出而諸書廢，此前的佛經目錄皆逐漸散佚失傳。《出三藏記集》既是當時最為完備的佛經目錄，也是現存最早的佛經目錄。所謂「出三藏」之「出」，即譯出之義，而中國歷史上所有的佛經目錄幾乎全是譯經目錄，梵文、巴利文原本則概不收錄（即使是胡僧誦出之佛經，也往往要先寫定為梵本，然後才著手翻譯）。這種處理在方便國人使用的同時，也帶來了一些副作用：我們很難知道到底有多少佛經被傳入了中國，更難釐清外來原本佛經在中國的收藏、流傳、散佚狀況。許多經書被譯出之後，外文原本即不受重視，因而漸次失傳，後人既無法核檢翻譯是否準確，也很難據此以區別中土所造偽經，這不能不說是一種遺憾。

〔註311〕阮孝緒《七錄序》，載《廣弘明集》卷第三，大正新修大藏經第 52 冊，No.2103。
〔註312〕阮孝緒《七錄序》，載《廣弘明集》卷第三，大正新修大藏經第 52 冊，No.2103。

　　在僧祐之前，道安所編《綜理眾經目錄》已試圖對先前的佛經目錄進行彙集整理，而且成績斐然，「訂正聞見，炳然區分」。〔註313〕但道安之後「妙典間出」，具有重新補充之必要，兼之《綜理眾經目錄》只是一佛經目錄，「年代人名，莫有銓貫」，對於譯者的生平事蹟並無敍述，因而僧祐決定「沿波討源，綴其所聞，名曰《出三藏記集》」。〔註314〕僧祐「大精律部，有勵先哲」，並因此而見重於皇室權貴，梁武帝更是「深相禮遇，凡僧事碩疑皆勅就審決。年衰腳疾，勅聽乘輿入內殿，爲六宮受戒。其見重如此」。〔註315〕僧祐凡所獲信施，除造治修繕定林寺、建初寺之外，有很大一部分用於造立經藏、搜校卷軸，並由其弟子劉勰區別部類，錄而序之。定林寺所藏經藏，即劉勰所定者，姚振宗《隋書經籍志考證》謂「釋藏始於此」。〔註316〕這應當是中國最早出現的《大藏經》，儘管此時尚無「大藏經」之名。由於僧祐在編撰《出三藏記集》之前先進行過詳實的資料搜集工作，又廣泛吸收了道安《綜理眾經目錄》的優點，再加上自己「鑽析內經，研鏡外籍」〔註317〕的認眞負責，故而此書無論在結構體例還是資料完備方面均遠超前人。《出三藏記集》包含緣記、名錄、經序、列傳四部分內容，緣記敍述佛經結集產生之緣由，並援引《十誦律序》《菩薩處胎經》中不同說法以附後，此後又有《胡漢譯經音義同異記》《前後出經異記》敍述翻譯過程中產生的不同譯法，可謂全書之綱領與凡例；名錄部分開列佛經目錄，不僅標出譯者，還在經名下注明《舊錄》、道安《綜理眾經目錄》及其他異說，凡未見之經則注明「闕」、摘抄之經則注明底本、重複之經則注明別名，體例嚴密；經序部分則收錄諸經之序文，資料豐富，頗資考據；列傳部分則爲譯經高僧之傳記，既有單人分傳也有數人合傳，對於留存古人事蹟功不可沒。總體言之，《出三藏記集》是當時最完備之佛經目錄，但又不侷限於此，而旨在保存一切與佛經翻譯相關的重要資料。僧祐本人似乎有相當明晰的文獻學觀念，蓋南北朝時期編纂總集之風盛行，《出三藏記集》經序部分的搜羅很可能受此影響；

〔註313〕僧祐《出三藏記集序》，大正新修大藏經第 55 冊，No.2145。
〔註314〕僧祐《出三藏記集》序卷十一《新集續撰失譯雜經錄第一》，大正新修大藏經第 55 冊，No.2145。
〔註315〕慧皎《高僧傳》卷第十一《釋僧祐》，大正新修大藏經第 50 冊，No.2059。
〔註316〕姚振宗《隋書經籍志考證》卷三十子部七「釋氏譜十五卷」條下注，民國師石山房叢書本。
〔註317〕僧祐《出三藏記集序》，大正新修大藏經第 55 冊，No.2145。

名錄部分登記佛經目錄、異名、出處等項，則很接近《漢書‧藝文志》（其前身爲劉向《七略》）的做法，也與當時盛行的編纂私家藏書目錄之風不無關係；列傳部分，更是與諸史（譬如《史記》《漢書》《後漢書》）之列傳模式一脈相承，甚至分傳與合傳之法亦若合符契。但《出三藏記集》過於模擬《綜理眾經目錄》，在卷數、章節的設置上往往先承襲後者，然後才加以補充或修正，未能全書統一次序編排，而史傳部分又過於單薄，所收譯經高僧不過十餘人，雖有開創之功，卻未盡垂範之責。後世佛經在傳抄或刊刻時多與序文一起流通，兼之數量逐漸增多，是故彙編經序的難度增加，而重要性卻大幅度降低，儘管仍有從事此類編纂工作者（譬如清代唐時輯《如來香》十四卷），但所收經序易於尋覓，故而文獻價值不大。惟《出三藏記集》同列佛經目錄、譯者傳記的做法，在後世被一再繼承，迄今香火不斷，但實現途徑卻分化爲兩種：其一爲以史傳而兼目錄。數十年後，有南朝梁僧人慧皎所著《高僧傳》出，搜羅東漢永平十年（67）至南朝梁天監十八年（519）四百五十三年間，共二百五十七位僧人（附見者又有二百餘人）之傳記，內容詳贍，完全替代了《出三藏記集》史傳部分的職能。不僅如此，慧皎又將高僧所譯經目收入個人傳記之中，實有以史傳而兼存佛經目錄之意，唐代道宣《續高僧傳》（又稱《唐高僧傳》）、宋代贊寧《宋高僧傳》等書均承襲此法。其二爲以目錄而兼史傳。隋代費長房《歷代三寶紀》、唐代釋智升《開元釋教錄》等書，均以開列佛經目錄爲主，而將譯者小傳附於所譯經目之下，其體式與古代藏書解題目錄相似，乃以目錄而兼存譯者之傳記。

然僧祐最大之貢獻，尚不在於《釋迦譜》《出三藏記集》等書之編纂，而在於《大藏經》收藏體制之創立。《大藏經》，又名《一切經》，是所有佛教文獻的總集。僧祐在定林寺所設經藏，實欲囊括當世一切佛經文獻，故在《出三藏記集》中的經目之下注云所闕狀況。一旦當世所存之佛教文獻有了完備的目錄，全國各處寺廟皆可按圖索驥，缺者可補，增者可續，於是大藏經乃化身千萬，雖歷經歲月變遷、水火災異而巋然獨存，絕少失傳散佚。此功之巨，不但造福釋教千年，而且沾漑儒、道兩家，於是後世道教乃有《道藏》、儒家乃有《四庫全書》及當代《儒藏》之編纂。隋代開始，朝廷已動用官方之力爲寺院抄寫《大藏經》，此後歷代佞佛之帝王率多爲之。據《隋書‧經籍志四》：「開皇元年，高祖普詔天下，任聽出家，仍令計口出錢，營造經像。而京師及并州、相州、洛州等諸大都邑之處，並官寫一切經，置於

寺內；而又別寫，藏於秘閣。」〔註318〕官力不及之處，寺院則自行抄寫募捐，寺內亦增設藏經之處，以貯藏各類佛經。唐代《杭州餘杭縣龍泉寺故大律師碑》，稱道一「寫《大藏經》，手自刊校，學者賴焉」，〔註319〕又《太平廣記》載唐代李琚「在成都府曾率百餘家，於淨眾寺造西方功德一堵，為大聖慈寺寫《大藏經》，已得五百餘卷」，〔註320〕皆屬此類。又，《金石錄》中收《唐清泉寺大藏經記》，「韓抒材撰並行書，劉蔚篆額，太和二年九月」，〔註321〕然則「大藏經」之名在中唐時已普遍使用。惟紙本《大藏經》在信徒的心目中仍然不夠牢固，因而隋代大業年間，靜琬（唐代《冥報記》為「智苑」，疑傳寫之誤。今從石經題記。）因擔憂末法時代佛經「一朝磨滅，紙葉難固」，又發起雕造石刻《華嚴經》一十二部的舉動，後經無數代人心血相續，至明末崇禎年間為止，前後歷時近千年，共鑿石經 1.4 萬餘塊，最終擴充為現存規模最大的石刻《大藏經》，亦即「房山石經」。其餘各省所刻石經亦所在多有，譬如河北響堂山大住聖窟有北齊唐邕所刻《維摩經》《勝鬘經》《彌勒成佛經》，四川安岳縣臥佛溝（唐臥佛院遺址）有唐代開元間所刻《大般涅槃經》《報恩經》《般若波羅蜜多心經》《金剛經》《阿彌陀經》等，只是不若房山石經內容完備。由此亦可見，佛教徒在保存聖典、流通佛法方面的確殫精竭慮，其用功之艱巨、毅力之果決皆足以稱道。

《大藏經》卷帙浩繁，單靠人力抄寫甚為不便，而各地寺院、信眾的需求卻十分強烈，因此最遲至唐代中葉時，雕版印刷佛經已較為普遍。中國自先秦以來已頻繁使用印章作為代表個人身份、官方機構的憑證，而印章鈐蓋與雕版印刷實有異曲同工之妙，但彼時書寫材料主要為絲帛或竹簡，鈐印主要在封泥之上。戰國刀幣、秦代半兩錢、漢代五銖錢，皆先製作有漢字之銅母錢，以之在沙泥中連續翻模，後向其中澆注銅汁，待冷卻後即得大批同款銅錢，這實際上就是一種變相的印刷術，惟其材料不為紙張爾。東漢時造紙技術改良，紙張逐漸成為常見書寫材料之一，但仍不占主流地位。長沙走馬樓出土的十餘萬枚竹簡，約有兩百餘萬字，內容為三國時期吳國的各類官吏文書，這也表明直至三國時期，官方仍以竹簡作為主要的書寫材料。封泥、

〔註318〕《隋書》卷三十五志第三十《經籍四》，清乾隆武英殿刻本。

〔註319〕李華《李遐叔文集》卷四，清文淵閣《四庫全書》本。

〔註320〕李昉《太平廣記》卷一百八報應七，民國景明嘉靖談愷刻本。

〔註321〕趙明誠《金石錄》第一千七百八十五《唐清泉寺大藏經記》，中華書局，1991年，第247頁。

竹簡皆不適合充當雕版印刷的材料，因而在紙張大行其道之前，印刷術仍然無法發明與普及。《初學記》卷十一引《桓玄偽事》，稱東晉末年桓玄下令：「古無紙，故用簡，非主於敬也。今諸用簡者，皆以黃紙代之。」〔註322〕約在此後不久，紙張才終於取代竹簡，成為社會上最主流的書寫材料。據《雲仙散錄》轉引《僧園逸錄》記載：「玄奘以回峰紙印普賢像，施於四眾，每歲五馱無餘。」〔註323〕若此記載屬實，這可能是提及印刷術最早的相關記載。玄奘為初唐時人，曾有遊歷古印度的經歷，兼之目前存世最早的印刷物均為佛教文獻，因而有學者宣稱中國的印刷術源出於古印度捺印佛像的技術。〔註324〕所謂捺印佛像，與鈐蓋印章類似，是把佛像印版從上向下按壓到紙面上完成印刷。持此說者主張中國印章鈐蓋之歷史已有成千上百年，無法解釋為何直至唐代才突兀地發明雕版印刷術，故而乃以印度捺印佛像技術作為發生之契機。此說一葉障目，不見紙張作為主流書寫材料尚在東晉之後，亦無從證明玄奘之事即為最早印刷實例（《僧園逸錄》歷代書目所不載，《雲仙散錄》舊署後唐馮贄編，而其中所引諸書又有出於五代、北宋者，譬如卷九引北宋孫光憲撰《北夢瑣言》、北宋錢易撰《南部新書》等，《四庫提要》徑稱「實偽書也」〔註325〕），不過閉門臆測而已。此外，玄奘本人虔誠信仰彌勒，「從少以來，常願生彌勒佛所」，〔註326〕圓寂時弟子詢問「和上決定得生彌勒內院不」，玄奘回覆「得生」，〔註327〕言已氣絕，足見其彌勒信仰之堅定。與之形成鮮明對照的是，玄奘一生中從未見普賢信仰之痕跡。據《大唐大慈恩寺三藏法師傳》記載，玄奘回國後譯經十九年，共出經「合七十四部，一千三百三十八卷，又錄造俱胝畫像、彌勒像各一千幀，又造塑像十俱胝，又抄寫《能斷般若》《藥師》《六門陀羅尼》等經各一千部，供養悲、敬二田各萬餘人，燒百千燈，贖數萬生」。〔註328〕玄奘譯經及撰述目錄

〔註322〕徐堅《初學記》卷二十一文部，清光緒孔氏三十三萬卷堂本。

〔註323〕《雲仙雜記》卷五《印普賢像》，《四部叢刊》續編景明本。

〔註324〕可參考辛德勇《論中國書籍雕版印刷技術產生的社會原因及其時間》一文，載《中國典籍與文化論叢》第16輯。又，辛德勇《中國印刷史研究》亦全文收錄此篇，三聯書社，2016年。

〔註325〕《四庫全書總目》卷一百四十子部五十「《雲仙雜記》十卷」條，清乾隆武英殿刻本。

〔註326〕《大唐故三藏玄奘法師行狀》一卷，大正新修大藏經第50冊，No.2052。

〔註327〕《大唐大慈恩寺三藏法師傳》卷十，大正新修大藏經第50冊，No.2053。

〔註328〕《大唐大慈恩寺三藏法師傳》卷十，大正新修大藏經第50冊，No.2053。

一直存世，「七十四部，一千三百三十八卷」其中無一與普賢相關。而玄奘所造《能斷般若》《藥師》《六門陀羅尼》等經各一千部，均明確記載為「抄寫」，如此浩繁的重複性勞動，卻仍然沒有採納印刷手段，足見印造普賢像縱然存在，也並未啓發印刷術的誕生。

　　一般而言，民眾需求量最大之物，最容易率先雕版印刷，故日曆之類較可能成為最早的紙質印刷物。《冊府元龜》載：「（太和）九年十二月丁丑，東川節度使馮宿奏准，敕禁斷印曆日版。劍南、兩川及淮南道皆以版印曆日鬻於市，每歲司天臺未奏頒下新曆，其印曆已滿天下，有乖敬授之道，故命禁之。」〔註329〕太和為唐文宗年號，此時已下令禁斷曆日，可知民間版印之事起源甚早，但此類尋常日曆毫無保留價值，因而迄今發現實物較少。據鄧文寬教授考證，一份俄藏敦煌《具注曆》印本小殘片（編號Дx. 02880），其年代當為唐大和八年甲寅歲（834），是迄今為止中國本土所發現的可確認年代最早的雕版印刷品，〔註330〕此或可佐證筆者之推論。儒家經典採用雕版印刷較晚，是因為此類抄本往往反覆校讎修改，而名家皆以手抄手校為榮，且以此為治學之一法。佛經更容易施行印刷，因其文字具有宗教的神聖性，不可以隨意修改，而佛教又以傳播佛法作為最大功德之舉。宗教徒既將佛經視為神聖之物，即使殘篇斷帙也要妥帖保管，不肯輕易丟棄（敦煌藏經洞所出即有若干佛經殘卷），故而印刷版本實物留存於世者較多，此亦屬常理。惟不可以此反推，謂雕版印刷乃起源並盛行於佛教內部，蓋因戒律所限，刊字雕版之事原非僧人之宜為。縱若寺院出資以招募工匠雕版，亦須社會上先有從事雕版之業者，其事方可成行。

　　敦煌藏經洞所出唐咸通九年（868）刻《金剛般若波羅蜜經》，是世界現存最早的、有明確題款紀年的雕版印刷佛經，此經1907年被英國人斯坦因掠至英國，今藏英國國家圖書館。此經全長496.1釐米，高26.8釐米，共有八紙黏連而成，第一紙為佛陀在祇樹給孤獨園說法圖，第二至第七紙為佛經經文，末尾題記「咸通九年四月十五日王玠為　二親敬造普施」，最末一紙利用廢棄殘狀接為拖尾，若從前端捲起，末紙即成書衣。「二親」之前留有空白，當為供施主填寫親諱之處。從經文本身而言，只能判斷是王玠為父母積累功德

〔註329〕王欽若《冊府元龜》卷一百六十，明刻初印本。
〔註330〕鄧文寬《敦煌吐魯番天文曆法研究》，甘肅教育出版社，2002年，第216～217頁。

故雕印施送，並未明確包含寺院參與的痕跡。其時佛經流行已廣，私家書目亦廣爲收藏，故完全可能是富貴之家自行募人刊印。早在南北朝時期，民眾已廣泛通過鑿塑、繪畫佛像的方式來積德求福，佛像旁邊往往會題寫自己及希望保祐的家族姻親姓名，有的還會附上一篇功德記或發願文。這一類的佛像供養人，其身份複雜多樣，許多並沒有正式的僧尼、居士身份，有的還是朝廷官員及其女眷，他們不見得有多麼虔誠的佛教信仰，而只是欲爲來世求取利益。當時只有佛教有來世祈福之法門，捨此別無他途，道教關注今世成仙，儒家則「不語怪力亂神」，「未知生，焉知死」，景教、祆教、摩尼教雖主張有來世，但並無爲他人積德代修之法。在雕塑、繪畫佛像時，主要由供養人出資，工匠攬活並負責完成工作，寺院勢力並沒有過多介入。從現存的供養人題記來看，其中也有不少是已出家的僧尼，他們一樣是出資由工匠監造。同理，流通佛經一向被視爲積累功德最有效的途徑之一，而《金剛經》又稱「是經有不可思議、不可稱量、無邊功德。如來爲發大乘者說，爲發最上乘者說。若有人能受持讀誦，廣爲人說，如來悉知是人，悉見是人，皆成就不可量、不可稱、無有邊、不可思議功德」，因而王玠捐資招募工匠雕印，並在印成後普施民眾，也就屬於極爲自然之事。施捨佛經一般數量較多，若其中一卷輾轉流入敦煌，最後被置於藏經洞中而流傳至今，這也是完全有可能的。

咸通九年《金剛經》卷末兩紙

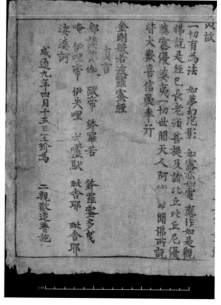

後晉開運四年（947）刊《觀世音菩薩像》

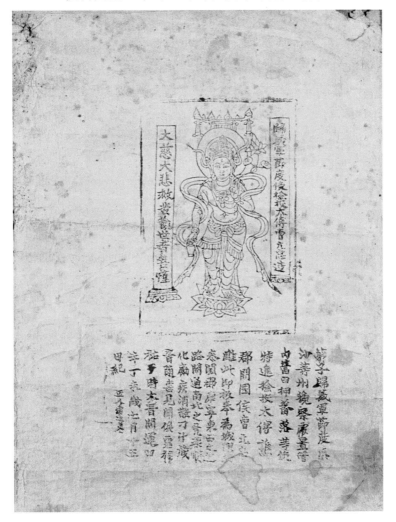

從敦煌所發現最早的有明確刻工人名記載的後晉開運四年（947）《觀世音菩薩像》來看，其出資者為敦煌歸義軍節度使曹元忠，雕版者為「匠人雷近美」，其目的為「奉為城隍安泰，闔郡康寧」，皆與寺廟不相關涉。三年後，曹元忠又主持雕印了《金剛般若波羅蜜經》（編號P.4515），末署「雕版押衙雷近美」，說明雕版工匠應由專門的職官管轄，而不從屬於僧官系統。

此外，2014年國家圖書館又入藏了幾件珍貴的刊本經卷，其中一種《佛說彌勒上生經》為現存最早的有明確紀年及刊工姓名的印刷品，此經卷末題記「功德主講上生經僧棲殷」、「雕經人王仁珂」、「天成二年十一月日邑頭張漢柔」，天成二年（927）僅晚於王玠所造《金剛經》幾十年，而雕經人王仁

珂顯然並非僧人；另一種晚唐刊本《金剛般若波羅蜜經金剛經陀羅尼》，題記「李仁銳雕印」，可見刊工亦是俗家姓氏。目前所見最早的刊工皆為俗家工匠，並無一例由僧人承擔者。換言之，即便寺廟僧侶欲從事雕印活動，也是從社會上招募刻工為之，而其事也只能在雕版印刷術已發明之後，蓋此時方有從事雕版之匠人以供雇傭。若因為較早的雕版印刷品多為佛教經卷，故將之與僧侶自古印度所攜回之捺印技術相關聯，進而推斷後者催生出了前者，實際上缺少關鍵性媒介（刻字匠人），證據鏈條並不完整。從敦煌出土的數萬件唐代寫本文書來看，其中包含諸色入破歷（即寺院開支薄）、器物名籍、各類契約等，幾乎涉及了當地寺院經濟的一切方面，甚至連違反戒律的釀酒之事也鉅細畢載，但卻並未記載雕造經板之事，亦可相佐證。

天成二年（927）刊《佛說彌勒上生經》

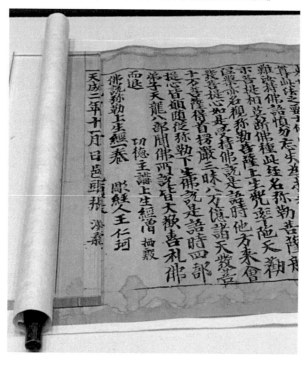

將雕版印刷術施於佛經印刷，對於佛經的流通而言，是一項偉大的舉措。佛經卷帙浩繁，若要逐一抄錄，不僅費時費力，而且抄寫過程中還容易增加衍誤，這在宗教層面上是難以容忍的過失。若遇意外之災，則所抄經本毀廢，多少年心血蕩然無存，欲補乏途。北宋李昭玘《記殘經》云：「南臺有剎，有佛書數百卷，多唐季五代時所書，字畫精勁，歷歷可喜。按《大藏經》目凡

五千四百卷，今所存十一，首尾可讀者又無幾也。」〔註331〕類似的悲劇，歷史上不知已發生過多少起。雕印佛經不但避免了上述弊端，可以在若干年內持續刷印，流通更久、更廣，而且一旦經板不幸損傷，還可以根據所印紙本翻雕板片，重新予以配全。儘管如此，從現存的文獻記載來看，唐代仍無雕造《大藏經》之事。蓋唐時佛經翻譯工作仍在勃興期，大量佛經不斷被初次或重新譯出，《大藏經》仍在持續增補之中，尚未最終定型，此其一；印刷術盛行之初，從事雕印之工匠數量仍不多，難以承擔如此浩大之工程，此其二；唐武宗時下令全國滅佛，佛教遭受重創，元氣大傷，其事更加無從談起，此其三。雖然雕版《大藏經》之事未行，但個別寺院已開始自行抄寫儲存，而部分重要佛經皆已付諸剞劂，乃至輸出日本、高麗等國。此時民間最盛之需求，則以各類陀羅尼經咒為最，此類經咒為生者辟邪或死者度亡之用，為求神秘效力需要使用古梵文，但普通民眾由於語言障礙無法自行書寫，故而只能採買印刷品。今成都市東門外望江樓附近的唐墓所出土《陀羅尼經》，約一尺見方，上刻古梵文經咒，四周和中央印有小佛像，邊款「成都府成都縣龍池坊卞家印賣咒本」，即屬此類。

【開寶藏】

現存最早的一種雕版印刷《大藏經》，又稱《開寶藏》，由北宋朝廷出資督造，內侍省宦官張從信主持雕印，始刻於北宋開寶四年（971），至太平興國八年（983）完成，共雕版 13 萬塊。《開寶藏》為卷軸裝，每版 23 行，每行 14 字，無界欄，版首刻經題、版數、帙號等，卷末有雕造年月干支題記。唐代佛經行款大多為每紙 28 行、每行 17 字，《開寶藏》修改行款，可能是為了預留行間空白，使雕版更為便利齊整。《開寶藏》所收佛經，基本遵循了唐代智升《開元釋教錄》的分類與目錄，但因雕版需要，每部佛經都增加了千字文編號。《開元釋教錄》是唐代最為完善的一種《大藏經》目錄，分類妥帖，而且首次開始收錄中國僧人之撰述，以之作為雕版之目錄亦在情理之中。從現存的部分佛經內容來看，《開寶藏》在雕版之前曾經過再次校勘，參與其事者或有寺院僧人在內。現存《開寶藏》殘卷多為後世晚刷本，其卷末題記中或有「莊主僧」「管居養院僧」「庫頭僧」「供養主僧」「都化緣報願主持沙門」等人姓名，但皆為後世僧人姓名，其中並不包含初印本承擔校勘職責者，疑

〔註331〕呂祖謙《宋文鑒》皇朝文鑒卷第一百三十一，《四部叢刊》景宋刊本。

最初參與其事者多爲無職務之年輕僧人，故未能署名其後。據《佛祖統紀》記載，《開寶藏》的雕刻地點不在北宋都城，而在益州（今四川成都一帶）。推測之所以要下益州雕刻，一是此地的印刷業較爲繁榮，二是此處佛法昌盛，又經歷兵火較少，當地寺院應藏有較爲完整的《大藏經》。因典籍未載《開寶藏》的具體刊刻地點，歷來學者皆未曾考證得出，而據筆者推斷，或當在大聖慈寺。大聖慈寺是玄奘法師的受戒之地，唐玄宗曾敕書匾額，「賜田一千畝，敕新羅全禪師爲立規制，九十六院，八千五百區」。〔註332〕唐武宗滅佛時，大聖慈寺亦不在除毀之列，此後直至宋代，它仍然是成都規模最大的寺院。《開寶藏》下成都雕造，既需要大批僧人校勘，又需要較大規模的工程場所，很難找到比大聖慈寺更爲合適的地點。李之純《大聖慈寺畫記》云：「諸院爲國長講，計七十三座，諸院《大藏經》計一十二藏。」〔註333〕李之純爲宋神宗熙寧三年（1070）進士，此時大聖慈寺的講院仍有七十三座，見存《大藏經》十二藏。《開寶藏》刻成後，大聖慈寺縱在頒賜之內，但決計不會頒賜十二種之多，而如此多種《大藏經》也不太可能是人力重複所抄，顯然只能是近水樓臺所得。蓋《開寶藏》既在大聖慈寺內雕造刷印，本寺自然可借機留存多種。益州所雕刻《開寶藏》板片，最終被運回北宋都城東京汴梁，而所刷印經藏曾分賜天下若干寺院。山西高平縣博物館藏《妙法蓮華經》卷七末端，除「大宋開寶四年辛未歲奉敕雕造」題記外，另有「熙寧辛亥歲仲秋初十日中書札子：奉聖旨，賜大藏經板於顯聖寺聖壽禪院印造。提轄管勾印經院事演梵大師慧敏等」題記，可知熙寧四年朝廷曾將《開寶藏》板片賜於聖壽禪院刷印。《開寶藏》在刊刻完成之後，後來由於一批新經又被譯出，還續有增補。據釋惟白《大藏經綱目指要錄》卷八云：「其餘隨藏添賜經傳三十帙，未入藏經二十七帙，天下寺院藏中或有或無，印經官印板卻足。」〔註334〕若保護完善，一套板片的使用壽命可長達數百年，即使部分板片損壞，也只需要針對性地修補或補刻，而不會耗費龐大財力全新雕刻。釋惟白爲北宋徽宗時東京法雲禪寺住持，其時距離《開寶藏》甫刻完成約百餘年，則其所指「印經官印板」當即指《開寶藏》印版。按此，後來新譯補刻之佛經數量頗爲可觀，而有不少寺院未獲頒賜補足。靖康之役，京城被金兵所破，不僅圖書大

〔註332〕志磐《佛祖統紀》卷四十，大正新修大藏經第 49 冊，No.2035。
〔註333〕程遇孫《成都文類》卷四十五，清文淵閣補配清文津閣《四庫全書》本。
〔註334〕惟白《大藏經綱目指要錄》卷八，宋刻本。

量散失，連板片也多被掠走。《三朝北盟彙編》卷七十七：「凡人間有用之物，京師蓄儲，取之畢足。……又取書錄及所藏古器，又取車輅冠冕及女童六百人、教坊樂工數百人，鴻臚卿康執權、少卿元當可、寺丞鄧肅押道釋經印板，校書郎劉才、邵傳宿、國子監主簿葉將、博士熊彥詩、上官悟等五人押書印板並館中圖籍，往營中交割。」〔註335〕道釋經印板均爲金兵掠走，此後下落不明，極可能毀於戎馬之中。今《開寶藏》全本已亡佚，唯有殘卷存世，不能不說是一大遺憾。《開寶藏》雖已不存，但首印本曾數次頒賜高麗國，〔註336〕又曾頒賜日本沙門奝然，並由其攜入日本，〔註337〕稍晚的校訂本又先後傳入西夏、高麗等地，成爲彼國翻雕《大藏經》的底本。

《開寶藏》殘卷局部

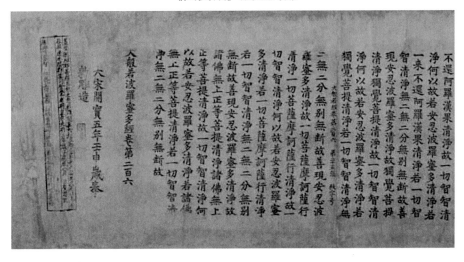

〔註335〕徐夢莘《三朝北盟會編》卷七十七，清許涵度校刻本。

〔註336〕典籍可確考者，其一：《宋史》：「先是，治遣僧如可齎表來覲，請《大藏經》。至是賜之，仍賜如可紫衣，令合歸本國。」其事在宋太宗端拱二年，距離《開寶藏》雕刻完工方六年。其二：《宋史》：「（淳化）二年，遣使韓彥恭來貢。彥恭表述治意，求印佛經。詔以《藏經》並御製《秘藏詮》《逍遙詠》《蓮花心輪》賜之。」此事《佛祖統紀》載於淳化元年：「高麗國王治遣使乞賜《大藏經》並御製佛乘文集，詔給之。」其三：宋眞宗天禧三年十一月，「（高麗）又進中布二千端，求佛經一藏。詔賜經還布，以元信覆溺匱乏，別賜衣服、繒綵焉」。《佛祖統紀》亦載：「東女眞國入貢，乞賜大藏經。詔給與之。」以上三次皆可確認爲首印本，此後宋朝還曾數次頒賜高麗《大藏經》，恕不一一羅列。

〔註337〕《宋史・日本傳》：「奝然復求詣五臺，許之，令所過續食；又求印本《大藏經》，詔亦給之。（雍熙）二年，隨台州寧海縣人鄭仁德船歸其國。」按，奝然回國在雍熙二年（985），距離《開寶藏》完工方兩年。

　　《開寶藏》的出現，導致《大藏經》最終定型，不僅讓全國各地寺院都有了相對完善的經藏儲存標本，也成為國家之間外交關係的紐帶。北宋雖與西夏戰爭頻發，但出於宗教信仰的需要，西夏國主一樣會請求北宋朝廷給賜《大藏經》。嘉祐三年十二月，歐陽修所撰《賜夏國主贖大藏經詔》云：「詔夏國主：省所奏伏為新建精藍，載請贖大藏經帙籤牌等，其常例馬七十疋充印造工直，俟來年冬賀嘉祐四年正旦，使次附進，至時乞給賜藏經事，具悉封奏。……所載請贖大藏經帙籤牌等已令印造，嘉祐四年正旦進奉人到闕，至時給付。」〔註338〕又，《續資治通鑑長編》：熙寧六年，「夏國主秉常進馬贖《大藏經》，詔特賜之，而還其馬」。〔註339〕雕印本《大藏經》的出現，徹底改變了過去佛教的流通方式，由輾轉抄寫個別部佛經，改為一次性整體輸入，不僅極大提高了佛法傳播的效率，也使異國僧侶自行閱讀經藏、體悟佛法成為可能，不再完全被動地依賴中國的高僧詮釋。與此同時，入藏的佛經（除「疑偽部」之外）確立起了一定程度的權威性，成為被公認的真實佛法，在帝制時代不再有人懷疑其真偽性，而未能入藏的佛經因為缺少轉寫繼承者，最終逐漸散失亡佚。後世高僧的佛學著作是否能夠被編選入藏，逐漸演變為一種價值評判標準，而這種決定權通常掌握在帝王手中，因而朝廷也藉此加強了對宗教的控制。譬如宋初天息災、施護、法天等人所譯佛經，即經宋太宗下令，最終「奉詔入藏」；明初已入南藏的《夢感功德經》《聯珠頌古》《古尊宿語》《續傳燈錄》，則被永樂皇帝下令不得收入《永樂北藏》。取捨之間，昭顯帝心。

【契丹藏】

　　遼代與北宋並峙而立，而國內佞佛之風甚興，從太后、王妃至帝王無不信教，故亦曾雕刻《大藏經》，習慣上稱之為《契丹藏》。據遼代燕京天王寺沙門志延所撰《大遼陽台山清水院創造藏經記》：「咸雍四年（1068）三月四日，捨錢三十萬，葺諸僧舍宅，厥道人是念。界獄將逃，非教門而莫出；法輪斯轉，趣覺路以何遙？乃罄捨所資，又五十萬，及募同志助辦印《大藏經》，凡五百七十九帙，創內外藏而龕措之。」〔註340〕此碑記只云「辦印」而不

〔註338〕歐陽修《歐陽文忠公集》內制集卷第五《賜夏國主贖大藏經詔》，《四部叢刊》景元本。

〔註339〕《續資治通鑑長編》卷二百四十八，清文淵閣《四庫全書》本。

〔註340〕此處文字據拓片錄入。王昶《金石萃編》卷一百五十三收錄此文，題為《陽

云「雕」，恐五十萬只是紙墨印刷費用，尚不含雕刻之費，然則此時《契丹藏》蓋已刻成，並可提供付費刷印。另據近年來河北省涿州市文物保管所徵集到的一件遼代刻石記載：「大遼國涿州范陽縣歧溝關天王院大眾等，各捨淨財贖雜寶《大藏經》，圓滿周畢。……咸雍二年十月日，大通田免稅，至四年六月七日，新贖《大藏經》建立香幢記。」〔註341〕付費請人代印經文，習慣上稱爲「贖經」，譬如西夏多次向北宋求取《開寶藏》，皆以馬匹等物充當刷印資費，並上表請求贖經。天王院贖經在咸雍四年，與清水院募同志印經幾乎同時，此事應當並非巧合，兩寺地理位置相去不遠，不排除清水院爲之代印的可能。又據《妙行大師行狀碑》：「欲營大刹一區，而勝處未獲，且先如法造經一藏，止以燕都隨緣誘化，旬月之間費用充足。……以糯米膠破新羅墨，方充印造，白檀木爲軸，新羅紙爲幖，雲錦爲囊，綺繡爲巾，織輕霞爲條，斫蘇枋爲函，用錢三百萬。談笑之間能事畢□，在持安厝於寺中。適值天火焚寺。□□間運經於阡陌。」〔註342〕妙行大師諱志智，字普濟，姓蕭，爲當時名僧，其所刷印皆用最昂貴之材料，故費用亦超乎尋常。據碑文記載，志智印經藏之事在清寧五年（1059）營建大昊天寺之前，即上文所謂「欲營大刹一區，而勝處未獲」，而「適值天火焚寺」則指咸雍三年（原文作「咸和」，避金諱而改）天火焚毀大昊天寺之事。天火焚寺後不久，朝廷隨即出資重修大昊天寺，志智又請經還寺，最後一卷還因機巧湊全，亦可佐證志智用錢三百萬是印刷費用，而非雕造成本。志智刷印《大藏經》早於天王院、清水院約十年，蓋因志智身在遼代都城（燕都），兼之身份尊貴（志智營建大昊天寺，秦越長主施捨宅邸，懿德皇后、道宗皇帝先後施捨鉅資，且道宗皇帝親自御書寺名），又不惜資費，故刷印較速。從常理推測，若此時經板已刻成多年，字跡難免漫漶，似不必如此大費周章，然則《契丹藏》當完工於清寧五年之前不久，蓋十餘年後方允許天王院等寺院付錢私印。另據《高麗史》卷八記載：文宗十七年「三月丙午，契丹送《大藏經》，王備法駕迎於西郊」。〔註343〕高麗文宗十七年即遼道宗清寧九年（1063），與志智印經的時間前後相合，可確證最遲清寧年間《契丹藏》已雕刻完工，且已

　　　　台山清水院藏經記》。清嘉慶十年刻同治錢寶傳等補修本。
〔註341〕楊衛東《與〈契丹藏〉有關的一件石刻》，《文物春秋》，2007 年第 3 期，第77 頁。
〔註342〕向南《遼代石刻文編》，河北教育出版社，1995 年，第 584～588 頁。
〔註343〕【朝鮮】鄭麟趾等《高麗史》卷八，西南師範大學出版社，2014 年，第 225 頁。

頒送高麗。又據《興中府安德州創建靈巖寺碑銘》云：「重和二十二年，有寺僧潛奧與悟開上人鳩集淨財，締結信士，與邑人尹節、李敬、張士禹、高聳等購經一藏，用廣流通。二十四年，建九聖殿，以龕置焉。」〔註344〕靈巖寺僧購得《大藏經》在重熙（即「重和」，亦作「崇熙」）二十二年（1053），距離清寧五年（1059）不過六年，時間上與上述推測正相吻合。筆者又核《大金國西京大華嚴寺重修薄伽藏教記》云：「及有遼重熙間，復加校澄，通制為五百七十九秩，則有太保大師《入藏錄》具載之云。」〔註345〕《大藏經》「五百七十九帙」的數目與清水院所私印數目恰相吻合，則咸雍時所印之藏亦即重熙時所成之藏。按此，則《契丹藏》最初雕成於重熙二十二年之前殆無疑問。

雕造《契丹藏》的主持者，過去學者多認定「太保大師《入藏錄》」之「太保大師」即覺苑，其依據為《陽台山清水院創造藏經記碑》末有「燕京右街檢校太保大卿大師賜紫沙門覺苑」的款識。但此落款頗為另類，覺苑既非此碑文撰者，又非書者、鐫者、供養者，未知何故獨署名於後，疑為受邀署名以壯聲勢者。今考覺苑所撰《大毘盧遮那成佛神變加持經義釋演密鈔序》，署名為「燕京圓福寺崇祿大夫檢校太保行崇祿卿總秘大師賜紫沙門覺苑」，〔註346〕然則「大卿」當指「行崇祿卿」，「大師」當指「總秘大師」，覺苑的確可簡稱「太保大師」，惟其身處燕京圓福寺，與清水院、華嚴寺無干。重熙為遼興宗年號，今考《契丹國志》「（興宗朝）尤重浮屠法，僧有正拜三公、三師兼政事令者，凡二十人」，〔註347〕故當時官銜為太保者恐不止覺苑一人而已，此事恐不可輕易認定。太保大師於重熙時重新編目入藏，應當是為大藏經刊刻之需要，觀「五百七十九帙」之數目與《契丹藏》相合即可確證。此語前後文義極為關鍵，但學者均未援引前文，今亦摘錄於此：「至大唐咸通間，沙門從梵者，集成經源錄，以紀緒之。其卷帙、品目、首末次第，若網在綱，有條而不紊，可使後人易為簽閱爾。及有遼重熙間，復加校澄，通制為五百七十九秩，則有太保大師《入藏錄》具載之云。」〔註348〕

〔註344〕向南《遼代石刻文編》，河北教育出版社，1995年，第593頁。

〔註345〕此處文字據碑文拓片錄入，石碑原件位於山西大同華嚴寺。

〔註346〕覺苑《大毘盧遮那成佛神變加持經義釋演密鈔序》，卍新纂大日本續藏經第23冊，No.439。

〔註347〕《契丹國志》卷之八，元刊本。

〔註348〕此處文字據碑文拓片錄入，石碑原件位於山西大同華嚴寺。

從《大金國西京大華嚴寺重修薄伽藏教記》的前後文意來看，太保大師所校之經藏，乃是西京大華嚴寺歷代收藏之抄本佛經，而此位太保大師很可能正是大華嚴寺之主持。若此論屬實，則學界通常認為《契丹藏》是據《開寶藏》翻刻的觀點，頗有商榷之必要。《契丹藏》之底本是大華嚴寺自唐代以來所收藏之抄本佛經，既非翻刻《開寶藏》，亦與後者所據底本有不同的來源。又，遼、宋兩國長期以來都存在書禁，如北宋景德三年（1006）九月壬子詔：「民以書籍赴邊榷場博易者，自非九經書疏悉禁之，違者按罪，其書沒官。」〔註349〕元豐元年（1078）四月又令：「諸榷場除九經疏外，若賣餘書與北客，及諸人私賣與化外人書者，並徒三年，引致者減一等，皆配鄰州本城，情重者配千里。許人告捕，給賞。著為令。」〔註350〕遼代書禁同樣十分嚴厲，據沈括《夢溪筆談》卷十五稱：「契丹書禁甚嚴，傳入中國者，法皆死。」〔註351〕沈括曾出使遼國，此記敘當確有其事。兩國雕印出版物流通不便，更何況是《開寶藏》這樣大部頭的叢書，而目前文獻中也尚未發現《開寶藏》被輸入遼國的記載。〔註352〕在這樣的情形之下，遼國依據境內所藏古代抄本經卷自行雕刻《契丹藏》，也屬十分自然之事。

1974年，山西應縣佛宮寺釋迦塔（俗稱「應縣木塔」）內釋迦塑像中，發現有遼代《大藏經》刷印經卷數種，其經名、譯者、千字文編號與房山石經中石刻《契丹藏》相符合，可知即為遼代雕版所印之《契丹藏》。此種《契丹藏》為卷軸裝，有絲製縹帶，大字楷書，每紙27行，行17字，經背多有「神坡雲泉院藏經記」的朱文印章。兩年後，河北省豐潤縣西南天宮寺第四至第八層塔心室內有經卷數種，其中《大方廣佛花嚴經》八冊一帙，八十卷全，正文蝴蝶裝，外形包背裝，半葉12行，行30字，密行小字，每十卷末有大契丹國燕國大長公主刻經題記，末屬「重熙十一年歲次壬午孟夏日雕造」。此經與應縣木塔所出者各冊千字文編號相符，書名亦皆寫作「花嚴」而非「華嚴」，足證為另一種小字本《契丹藏》。高麗僧宓庵《丹本大藏慶贊

〔註349〕《續資治通鑒長編》卷六十四《真宗》，清文淵閣《四庫全書》本。
〔註350〕《續資治通鑒長編》卷二百八十九《神宗》，清文淵閣《四庫全書》本。
〔註351〕《夢溪筆談》卷十五，《四部叢刊》續編景明本。
〔註352〕繆荃孫《遼文存》卷四載蔡忠順《大慈恩玄化寺碑陰記》：「昨令差使將紙墨價資去入中華，奏告事由，欲求《大藏經》，特蒙許送金文一藏，卻不收納所將去價資物色。」呂澂曾據此認為遼代曾獲頒賜一部《開寶藏》，但據劉浦江考辨，此碑實為高麗石刻，蔡忠順為高麗顯宗朝參知政事。碑陰記使用了遼代「太平二年」的年號，故繆荃孫誤將此文載入《遼文存》。

疏》云：「念茲大寶，來自異邦，帙簡部輕，函未盈於二百，紙薄字密，冊不滿於一千，殆非人功所成，似借神工而就。」〔註353〕學者推測僧宓庵所見之小字本契丹《大藏經》，與豐潤縣所出者當爲同一版本。按此，則遼代所刊刻之《契丹藏》至少有兩種，一種大字本，一種小字本。出土經卷中有部分已經超越了《契丹藏》的完工時間，這說明在《契丹藏》刻成之後，遼國還在陸續雕印本朝僧人之著作，甚至不排除會含有北宋新譯出之佛經。譬如覺苑所撰《大毘盧遮那成佛神變加持經義釋演密》，據序文敍述，「詔赴行在，面奉進呈，敕令雕印」，〔註354〕而應縣木塔所出土《釋摩訶衍論通贊疏》卷十、《釋摩訶衍論通贊疏科》卷下均有「咸雍七年十月日，燕京弘法寺奉宣校勘雕印流通，殿主講經覺慧大德臣沙門行安勾當，都勾當講經詮法大德臣沙門方矩校勘，右街天王寺講經論文英大德賜紫沙門志延校勘，印經院判官、朝散郎、守太子中舍驍騎尉、賜緋魚袋、臣韓資睦提點」的刊記。這項活動一直持續到遼末，並有印經院專司其事，而增補的著作也很可能被補收到了《契丹藏》中。

目前所發現的《契丹藏》經卷雖然殘缺不全，但能與房山石經遼代部分相互印證，這也就提供了與《開寶藏》相比對的可能性。初步比較的結果，《契丹藏》在卷數、千字文編號、內容文字、行款方面都與《開寶藏》有較大差異，〔註355〕這也進一步佐證了筆者的結論：《契丹藏》的底本並非《開寶藏》，而是自有其來源。整體而言，《契丹藏》的底本（唐代抄本經卷）在很多方面都優於《開寶藏》所採用的益州《大藏經》底本，不但錯訛相對更少，也更能反映出佛經的原始原貌。遼代《契丹藏》在刻成之後，主要傳入高麗等臣屬國。據《高麗史》記載：高麗肅宗四年（遼道宗壽昌五年，1099）四月「丁亥，遼遣橫宣使寧州管內觀察使蕭朗來，兼賜藏經」，又，高麗睿宗二年正月「庚申，遼遣高存壽來賀生辰，仍賜《大藏經》」。〔註356〕除了頒賜之外，高麗國還曾主動採買《契丹藏》。據高麗僧人一然撰《三國遺事》記載：「本朝睿廟時，慧照國師奉詔西學，市遼本《大藏經》三部而來。一

〔註353〕【高麗】僧宓庵《丹本大藏慶贊疏》，載徐居正《東文選》卷一百一十二，太學社 1975 年影印朝鮮時代刻本。

〔註354〕覺苑《大毘盧遮那成佛神變加持經義釋演密鈔序》，卍新纂大日本續藏經第23 冊，No.439。

〔註355〕詳細的對比結果，可參考羅炤《〈契丹藏〉與〈開寶藏〉之差異》一文，載《文物》1993 年第 8 期，第 59～65 頁。

〔註356〕【朝鮮】鄭麟趾等《高麗史》，西南師範大學出版社，2014 年，第 317、356 頁。

本今在定惠寺。（海印寺有一本，許參政宅有一本。）」〔註357〕

《妙法蓮華經》第四卷卷首佛畫

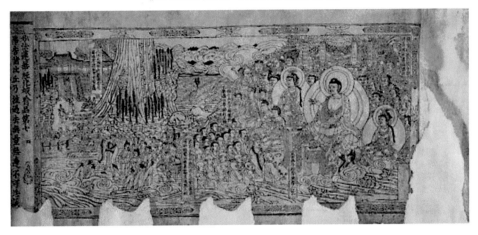

【崇寧藏】

就中國境內而言，在《開寶藏》與《契丹藏》之後，私人募捐以雕印經藏，被視爲流通佛法的功德之最。此事異常艱巨，不僅耗資巨大，而且往往曠日持久，非信心虔誠、意志果決者不能辦此。當今學者普遍認爲，我國第一部私刻大藏經是《崇寧萬壽大藏》，簡稱《崇寧藏》，由福州東禪寺等覺禪院住持慧空大師沖眞發起勸募，開雕於宋神宗元豐三年（1080），其後經該寺歷代住持普明、智賢等承繼續刻，最終完成於宋徽宗政和二年（1112）。但從現存證據推敲，筆者認爲上述結論似有商榷之必要。之所以將開雕時間確立爲「元豐三年」，是因爲本藏所收《法苑珠林》卷首有「福州東禪等覺院住持慧空大師沖眞，於元豐三年庚申歲，謹募眾緣，開大藏經印板一副，上祝今上皇帝聖壽無窮，國泰民安，法輪常轉」的題記。此條題記中出現的「元豐三年」，在所有題記中時間最早，故被確立爲開雕之年份，似乎此經藏一開始即爲祝賀聖壽之用。然此論疑點頗多：其一，此經卷末的刊記，所題時間爲元豐八年。《法苑珠林》凡一百卷，雖然篇幅不算小，但也決計不至於用時五年之久。其二，《大藏經》通常按《千字文》編號進行雕刻，一經完工再及他經，縱然分批同時刊刻，編號相去亦不甚遠。而此經的編號爲「杜」，排在第 481 位，從常理推測，並無將最早的開雕題記置於此處的道

〔註357〕【高麗】一然《三國遺事》，嶽麓書社，2009 年，第 284 頁。

理。其三，此經卷末元豐八年刊記之後，又羅列主事者姓名，除「都勸首等覺院住持傳法慧空大師沖眞」「天章閣待制知軍州事劉瑾」之外，尙有「請主參知政事元絳」之名。元絳官至副宰相，若爲祝賀聖壽，自可由官府出資雕印，不至讓地方寺院自行「謹募眾緣」，耗費數十年之久。其四，元絳任職參知政事，時在熙寧八年（1075）十二月，後於元豐二年五月被罷黜，直至元豐六年去世時始終沒有官復原職。是故參知政事的官稱，本不該出現在元豐三年、元豐八年的題記之中。筆者認爲，若承認「元豐三年」的題記屬於後來添補，則相關疑問將迎刃而解。今核「天」字號（《千字文》第一字）《大般若經》卷二與卷十，末尾皆有「請主參知政事元絳捨錢開此函，用延臺算」的題記，但未標明年月。按此，則元絳出資助雕經藏之目的，實爲祈求延續自己的官職俸祿，本與慶賀聖壽無關。元絳出資之時必在參知政事任上，考慮到他熙寧八年十二月甫上任，則助資的時間當在熙寧九年（1075）至元豐二年（1079）五月之內，而《崇寧藏》開雕「天」字號《大般若經》的時間，亦必在此間。元豐二年五月之後，元絳雖已不在參知政事任上，但仍有其他官職在身，且仍爲主要出資人，故其「請主」之名仍然保留，但「用延臺算」之語已不合用，故臨時添補「元豐三年」題記，改作「上祝今上皇帝聖壽無窮，國泰民安」等字樣。今《崇寧藏》首經之卷首無題記，並不符合慣用體例（其餘各經卷首均有題記），推測原題記或即敍述元絳等人助資之緣起，但因後者罷職後不合用而被捨棄。這種狀況並非孤證，東禪等覺院僧人在敍述雕造《崇寧藏》的目的時，似乎一直在主動變化，以更大限度地迎合社會輿論。元豐八年二月宋哲宗即位，太皇太后高氏垂簾聽政，《崇寧藏》此年卷首題記即更改爲「謹募眾緣，恭爲今上皇帝、太皇太后、皇太后、皇太妃祝延聖壽，國泰民安」，及時追加了太皇太后等人，一直至元祐六年題記依然如此；元祐八年太皇太后高氏去世，宋哲宗一度欲清算其勢力，追廢其太后稱號及待遇，《崇寧藏》崇寧元年題記遂又改爲「收印經板頭錢，恭爲今上皇帝祝延聖壽，闔郡官僚同資祿位」，不僅及時刪除了太后等人，而且因爲收取「板頭錢」或牽扯同郡官僚，又增添了爲其祈福的語句，直至大觀二年題記依然如此。從寺僧前後態度的轉變之快來判斷，刪除最初卷首題記、添補元豐三年題記，都遠非不可想像之事。崇寧二年十一月，全藏刻完之後，寺僧又託奉議郎、守尚書禮部員外郎、充講義司參詳官陳暘，以爲徽宗祝延聖壽之名，上箚請求徽宗皇帝賜名：「然暘契勘大藏經唯都下有板，

嘗患遐方聖教鮮得流通，於是親為都大勸首，於福州東禪院勸請僧慧榮、沖眞、智華、智賢、普明等募眾緣，雕造大藏經板及建立藏院一所，至崇寧二年多方始成就。暘欲乞敕賜東禪經藏《崇寧萬壽大藏》為名，祝延聖壽。」所謂「都下有板」，顯然指都城所收藏的《開寶藏》經板而言。陳暘此箚不但對請主元絳一字未提，而且將功勞全部攬歸自己，宣稱是自己授意寺僧開雕此經，並全程參與直至完工。陳暘為福州人，受本地寺僧之託付亦在情理之中，而元絳此時已去世多年，元家又遠在錢塘，自然無能申辯。陳暘此箚及朝廷准賜藏名的敕牒既被置於《大般若經》卷首，則原本此處與元絳有關的題記或序文當然要相應移除。而實際上，崇寧二年十一月之後，《崇寧藏》仍然在繼續雕印，陳暘所謂已完工的描述也並不符合實際情況，似是為了邀請功勞、求賜藏名而特意為之。

　　《崇寧藏》採用了經摺裝，每版 36 行，折為 6 個半頁（部分頁面每版30 行，折為 5 個半頁），每半頁 6 行，行 17 字，這也成為明代中期以前歷代雕板《大藏經》的標準格式。同時，《崇寧藏》還將原附於各卷末的佛經音義單獨成卷，置於該函之末，這些都是有價值的創新。《崇寧藏》板片的保護狀況似乎並不甚佳，據現存《阿育王經》卷八題記：「皇叔保寧軍承宣使知內外宗正事士衎，伏睹福州東禪寺大藏經板年代浸遠，字畫漫滅，不堪印造，特施俸資，命工損者重修、朽者新刻，圓成一藏，計五百六十餘函，庶傳永遠。……紹興二十六年五月日謹題。」紹興二十六年（1156）距離全藏刻成不過四十餘年，此時已「字畫漫滅，不堪印造」，則似乎雕版所用之木材並不甚佳。但《崇寧藏》由於偏處閩地，幸運地躲過了宋代的兵火，一直到元代仍有留存。據現存《瑜伽師地論》卷四十六題記：「福州路東禪院慧空大師雕造《大藏經》印板五百餘函，歲月浸久，蠹壞滋多。至治年間，比丘祖義募緣雕換萬板，以壽其傳。……時泰定丙寅六月日謹題。」其中「雕換萬板」數目齊整，恐不免有所誇張，但泰定三年丙寅（1326）距離板片雕刻完工已逾兩百年，多所毀壞亦當屬實情。

《崇寧藏》殘卷，遼寧省圖書館藏

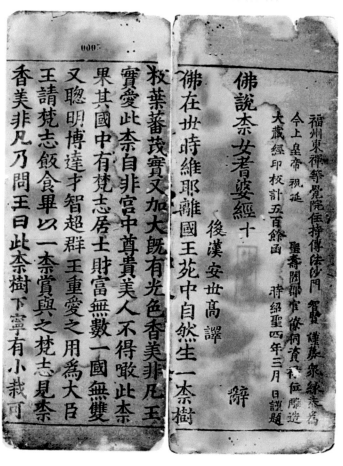

【毗盧藏】

　　《崇寧藏》的成功經歷似乎感染了本地的其他寺廟，就在其完工的同年，另一部由私人募捐所雕刻的《毗盧大藏經》（簡稱《毗盧藏》）在福州開元寺正式開工。《毗盧藏》有明顯模仿《崇寧藏》的痕跡，不但個別經本直接翻雕後者，連題記格式都如出一轍，其意圖也從開始就被確定為「恭為今上皇帝祝延聖壽，文武官僚同資祿位」。靖康之變後，經文題記中又有「上祝今上皇帝早迎二聖，齊享萬年」的變體，但也只是曇花一現，開元寺僧很快明白了朝廷的真實意圖，題記中「早迎二聖，齊享萬年」的字樣隨之消失不見，重新恢復了最初的字句。在《毗盧藏》開雕的過程中，使用了原本雕刻《崇寧藏》的部分刻工，甚至曾經負責《崇寧藏》的個別東禪寺高僧也參與其事，

顯示兩寺之間似乎有所互動。《毗盧藏》直到紹興甲戌年（1154）才刊刻完工，前後歷時四十餘年，此後還經歷過補板、增刻，刷印活動一直持續到元代大德年間。從影響力而言，《毗盧藏》遠不及《崇寧藏》，不但未獲帝王賜名，勸緣募捐方面也不及前者順利，因為缺乏像元絳、士衍之類強有力的資助者，只得細大不捐，錙銖必納。為了方便其事，《毗盧藏》不像《崇寧藏》那樣通過收取「板頭錢」，然後統一施資雕刻，而是允許施主自行認領想要雕刻的經書卷數，並在題記中詳細陳述所祈求事由（譬如為亡者超度、為母親增壽之類）。類似的處理雖然提高了效率，但造成全藏風格、質量並不統一。《毗盧藏》還設立了「都會」機構，其成員最多時將近二十人，且均為非出家人，用以處理各種雕藏之俗務，這似乎顯示真正在幕後串聯其事、招攬錢財者並非開元寺僧人。部分《毗盧藏》經本紙背鈐有「開元經局染黃紙」的長方印記，說明他們一度想要統一印經紙張，以便長期保存。

《毗盧藏》殘卷，天津市圖書館藏

　　福州之所以能連續私刻兩部《大藏經》，一方面是因爲本地出版業發達，是南宋著名的刻書中心，有能力承擔這樣曠日持久的浩大工程，另一方面則是由於地處偏遠，獲得朝廷頒賜《開寶藏》的機會不多，但當地佛教之風大昌，對大藏經的需求量卻極高。《崇寧藏》《毗盧藏》均刻成於福建，主要供應本地寺院的需求，流行中原地區並不甚廣，但由於地理位置之便，卻有若干部經藏流入日本。今國內已無兩藏全本，但日本金澤文庫、東寺、本源寺、醍醐寺等處卻仍有若干部留存，細究之則均爲兩藏之搭配本。這種奇特的現象也表明，即使在宋元之世，兩藏由於彼此之間的相似性，已較難準確地加以區別。一種經藏的板片若出現板裂毀壞、字跡不佳的情形，往往會以另外一種板片所刷的經本進行補配，以求拼成全藏。今所存東禪寺《崇寧藏》經本，亦有採用「開元經局染黃紙」所刷印者，而元代祖義在修補《崇寧藏》板片時，其地點也設在開元寺，可知兩寺無論經板、紙張都曾配合使用，無怪乎日本所購得者均爲兩藏之搭配本。由此看來，在《崇寧藏》完工之後又開雕《毗盧藏》，恐怕亦有爲經藏預留副本之義，此藏板若損傷則據彼板片補雕，如此循環交替，以求佛經永駐世間。

【思溪藏】

　　晚清時，楊守敬從日本購回一部雖有殘缺但基本完整的《大藏經》，此藏國內已經失傳近千年。光緒癸未（1883）二月，楊守敬在《日本訪書志》卷十五記述：「《大藏經》五千七百四十卷，宋槧本，宋理宗嘉熙三年安吉州思溪法寶資福禪寺所刊。是經日本有兩部，一藏近江國菅山寺，一藏山城國天安寺，此即天安寺本也。自天字起至最字止，凡五千七百四十卷，間有抄補，元祿九年丙子（1696）二月日重修。不知何時又缺六百餘卷。……此書宋刻，中土久無傳本，明刊南北藏本兵燹後亦十不存一，況明本魯魚豕亥不可枚舉，得此以訂訛謬，不可謂非鴻寶。」楊守敬回購國寶之舉令人感佩，但彼時所見未廣，以爲此種《大藏經》日本僅存兩部，實際上日本增上寺、最勝王寺、岩屋寺等處仍有若干部存世，而且對應目錄也有《湖州思溪圓覺禪院新雕大藏經律論等目錄》（以下簡稱《圓覺目錄》）與《安吉州思溪法寶資福禪寺大藏經目錄》（以下簡稱《資福目錄》）兩種。《資福目錄》比《圓覺目錄》多出五十一函，而兩者經卷形態又在若干處有所區別，故早期學者多將其視爲兩種不同的《大藏經》，將前者稱爲《思溪資福藏》，後者稱爲《思溪圓覺藏》。

楊守敬所回購之《大藏經》後來入藏今中國國家圖書館，經認眞比對，所缺六百餘卷最主要的部分即該藏起首六百卷《大般若波羅蜜多經》。2001 年至2003 年，文物市場上出現海外輸入的資福藏版《大般若波羅蜜多經》，國家圖書館先後收購到 357 冊（含卷首第一卷、卷末第六百卷），雖仍有若干卷缺失，但全藏已基本完整。

圓覺禪寺本《思溪藏》殘卷，徐乃昌舊藏，今藏蘇州博物館

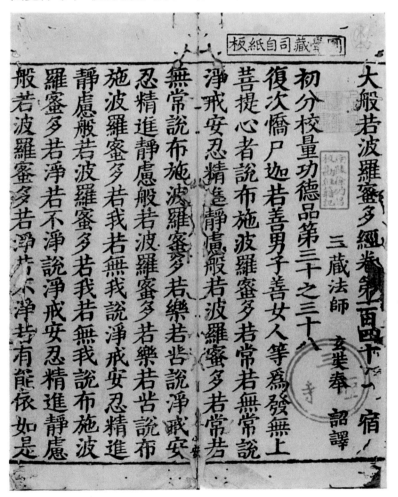

王國維在《兩浙古刊本考》卷下中提出，資福禪寺本《大藏經》是在圓覺禪寺的基礎上增補而成，「未必別有一刻也」。王國維的猜測十分接近事實，經當今學者何梅、李際寧等人的深入研究，證明兩種不同目錄的《大藏經》同出一源，「《思溪資福藏》確爲《思溪圓覺藏》的補版，兩藏原本一版，

只是時間交替，寺院更名，經版亦經過多次補刊，然而整體只有原來的一副經版」。〔註358〕此結論證據確鑿，將《思溪藏》的相關研究推進了一大步，但並不意味著已經釐清了該藏主要的刊印脈絡。由於《圓覺目錄》題為「思溪圓覺禪院新雕大藏經律論等目錄」，歷來學者都想當然地認定《思溪圓覺藏》的雕刊地點在思溪圓覺禪院，而經卷中現存的刊記似乎更「坐實」了這一判斷。據日本京都南禪寺所藏《長阿含經》卷二十二卷首刊記云：

> 大宋國兩浙路湖州歸安縣松亭鄉思村居住左武大夫密州觀察使致仕王永從，同妻恭人嚴氏，弟忠翊郎永錫、妻顧氏，姪武功郎沖允、妻卜氏，從義郎沖彥、妻陳氏，男迪功郎沖元、妻莫氏，保義郎沖和、妻呂氏，與家眷等，恭為祝延今上皇帝聖躬萬歲，利樂法界一切有情。謹發誠心，捐捨家財，開鏤《大藏經板》總五百五十函，永遠印造流通。紹興二年四月日謹題。
>
> 雕經作頭李孜、李敏；
>
> 印經作頭密榮；
>
> 掌經沙門法己；
>
> 對經沙門仲謙、行堅；
>
> 幹雕經沙門法但；
>
> 對經慈覺大師靜仁、慧覺大師道融、賜紫修敏；
>
> 都對證湖州覺悟教院住持傳天台祖教真悟大師宗鑒；
>
> 勸緣平江府大慈院住持管內掌法傳天台教說法大師淨梵、
>
> 勸緣住持圓覺禪院傳法沙門懷深。

另一則刊記見於《觀所緣緣論》卷尾刊記，與此文字大致相同，僅印經作頭、掌經沙門人名分別為金紹、覺清，而最末一行作「都勸緣主持圓覺禪院傳法慈受禪師懷深」。這兩則刊記最末的都勸緣（勸緣）均為圓覺禪院的住持懷深，與《圓覺目錄》的題名可相互印證，而且由於現存《思溪圓覺藏》經卷上方偶有「圓覺藏司自紙版」的戳記，部分學者從而推論圓覺禪院設立了專門的機構「圓覺藏司」，以便營辦雕刊《大藏經》之事，亦即上述刊記中「全套班子的總稱是圓覺藏司」。〔註359〕概言之，《思溪圓覺藏》的主要捐資

〔註358〕李際寧《近三十年新發現的佛教大藏經及其價值》，收入《第二屆世界佛教論壇論文集》，第 102 頁。

〔註359〕何梅《南宋〈圓覺藏〉、〈資福藏〉探究》，《世界佛教研究》，1997 年第 4 期，第 59 頁。

者爲王永從，雕刊地點爲圓覺禪院，實際總攬其事者爲懷深，這些都是被學者們（譬如李際寧、何梅等）所普遍認定的事實。何梅還對懷深的行跡進行了考證，並得出結論：「懷深成爲圓覺禪院的第一任住持，亦是《圓覺藏》開雕的都勸緣者，……由於懷深禪師於建炎元年七月底才離開慧林禪寺，故禪師來至圓覺禪院並籌備開雕《圓覺藏》一事。」〔註360〕但若細讀刊記文字，其中並未言明刊刻地點爲圓覺禪院，而其他勸緣、對經、都對證等人也並非圓覺禪院僧人。前輩學者既預先認定《圓覺目錄》題名中的「思溪圓覺禪院」爲雕刻之地，於是在解讀相關材料之時就出現了謬誤，由此產生的推論越多，相去事實也就越遠。據筆者考證，思溪圓覺禪院並非《思溪圓覺藏》的雕刻之地，而只是經板的收藏之地，而懷深雖然列名刊記之中，但對於《思溪圓覺藏》的雕刊工程幾無貢獻，僅僅是掛名而已，眞正的勸緣者另有其人。

　　何梅等學者之所以會認定懷深是雕刊《思溪圓覺藏》的主持者，主要是受以下兩條記載所干擾：其一，民國《吳興叢書》本談鑰《（嘉泰）吳興志》卷十三云：「圓覺禪院在思溪，宣和中土人密州觀察使王永從與弟崇信軍承宣使永錫創建，賜額爲慈愛和尚道場。寺有塔十一層，及有藏經五千四百八十卷，印板作印經坊。」〔註361〕何梅、李際寧在引用此條材料時皆將「土人」徑改爲「士人」，但後文既有「密州觀察使」等官銜，自然不必重複注明「士人」。實則因王永從居住於歸安縣松亭鄉思村，即思溪當地人，故謂之「土人」。其二，黃溍《金華黃先生文集》云：「宋崇信軍承宣使王公永從，宣和間仕於朝。慈受深禪師時住慧林，永從暇日數與之遊，而咨決心要。間語及有爲因果，禪師言：『起塔之功德最勝。蓋舍利所在，則爲有佛也。』永從既謝事而歸，則捨家造寺建塔，迎禪師爲之開山。其後永從子孫日益衰，悉取故所施田，而寺遂廢。」〔註362〕兩條材料相互印證，則「慈愛和尚」當即「慈受和尚」之訛，亦即慈受懷深禪師。民國《吳興叢書》本《（嘉泰）吳興志》所據底本爲清人自《永樂大典》所輯之傳抄本，筆者覆核《永樂大典》，此條原文正作「慈受」而非「慈愛」。〔註363〕懷深禪師既是圓覺禪院

〔註360〕何梅《南宋〈圓覺藏〉、〈資福藏〉探究》，《世界佛教研究》，1997 年第 4 期，第 59 頁。

〔註361〕談鑰《（嘉泰）吳興志》卷十三，民國吳興叢書本。

〔註362〕黃溍《金華黃先生文集》卷十二續稿九，元鈔本。

〔註363〕此條收錄在《永樂大典》卷二二八一，第二十一頁。中華書局影印本，1986 年，第 926 頁。

的開山祖師，該寺又被賜額爲「慈受和尙道場」，兼之「印板作印經坊」等語，故而形成一種貌似懷深主持開雕《思溪藏》的印象。但據筆者覆查《（同治）湖州府志》卷二十七所引談鑰《（嘉泰）吳興志》，原文作：「圓覺院在府城東南思溪，宋宣和中郡人密州觀察使王永從與崇信軍承宣使永錫創，賜額法寶寺。《縣志》：有塔十一層及藏經五千四十八卷，印板作經坊。」〔註364〕兩相對照，可知民國《吳興叢書》本《（嘉泰）吳興志》錯訛多處：首先，圓覺院賜額「法寶寺」，與歷代方志記載相符，〔註365〕而凡史料所提及或謂「思溪圓覺」，或謂「思溪法寶」，並無「慈受和尙道場」之名，且賜額從來無此體式，應當是後人的注釋文字混作正文。其次，「藏經五千四十八卷，印板作經坊」等語，是《縣志》中語，與前文「宣和中」云云並不緊密連貫，亦未必爲同時之事。再次，懷深和尙勸王永從起塔，以此爲功德最勝，並未牽扯雕造《大藏經》之事。筆者又查《嘉泰普燈錄》所載《東京慧林慈受懷深禪師》傳記，可考知懷深靖康元年（1126）秋自東京慧林辭歸，「徑之天台石橋，尋徙靈巖。久之，敕補蔣山。未數月，退居洞庭之包山。復應王氏請，爲圓覺第一祖」。〔註366〕懷深居靈巖時，維照「自太湖泛舟，登靈巖，謁慈受叟懷深求記其事」，懷深應請而作《觀音院圓通殿記》，落款爲「殿作於靖康二年之二月，落成於建炎改元之七月，作記以是冬之十月初八日也」。〔註367〕按此，則建炎元年（1127）十月，懷深尙在靈巖，與傳記所載行跡吻合。懷深在出任思溪圓覺禪院開山主持之前，乃駐錫於包山禪院，彼時該寺荒廢已久，至懷深而重修一新。王銍《包山禪院記》即敍述懷深重振禪院之事，其中所敍行跡亦與傳記相符，落款云：「其如院廢興歲月，與師居此本心，以待其徒傳永遠而無窮者，亦不可以不記者，於是乎書。紹興二年正月戊寅記。」〔註368〕由此可知，直至紹興二年（1132）正月，懷深仍居於包山禪院。又據懷深傳記，「紹興二年四月望，爲眾小參。僧問末後句，師良久曰：『後五日看。』至二十日，果示微疾，竟爾告終，壽五十六。……分靈骨塔於包山之

〔註364〕宗源瀚《（同治）湖州府志》卷二十七，清同治十三年刊本
〔註365〕譬如《（成化）湖州府志》云：「法寶禪院，在縣南三十里思溪，宋宣和中土人密州觀察使王永從與其弟崇信軍承宣使永錫建。舊名圓覺禪院，後改法寶。」
〔註366〕正受《嘉泰普燈錄卷》第九《東京慧林慈受懷深禪師》，《卍新纂大日本續藏經》第79冊，No.1559。
〔註367〕懷深《觀音院圓通殿記》，載鄭虎臣《吳都文粹》卷八，文淵閣《四庫全書》本。
〔註368〕王銍《包山禪院記》，載鄭虎臣《吳都文粹》卷八，文淵閣《四庫全書》本。

顯慶、思溪之圓覺」。〔註369〕包山禪院曾更名顯慶寺，至懷深駐錫後賜復舊名，故云「包山之顯慶」。懷深紹興二年正月仍在包山禪院，四月二十日即去世，則其改任圓覺禪院主持最長也不到三個月的時間。《釋氏稽古略》亦記載慈受禪師懷深「高宗紹興二年入寂」，〔註370〕可知其去世年份為確定無疑之事。因此筆者主張，懷深雖然掛名於紹興二年四月的《思溪圓覺藏》刊記之中，但甫任主持即已去世，實際並未主持雕刻經藏之事。此外，懷深在包山禪院時還作有《弔王觀察》詩兩首，其一謂：「去年公到包山寺，林底相逢笑不休。今日我來公已去，石羊石虎替人愁。」〔註371〕李際寧、小川貫弌、華喆等人，均將此詩視為懷深弔唁王永從之詩。〔註372〕從常理推斷，在包山禪院遇到另外一位王觀察，而且兩人還是舊相識，這種幾率的確不大，王觀察極有可能就是曾任密州觀察的王永從。按此，則懷深主持包山寺時，王永從已先一步去世，他出現在《思溪圓覺藏》刊記中亦只是追述掛名而已，終成其事者當為其弟王永錫一行。

紹興二年懷深甫任圓覺禪院的開山主持，同年四月的刊記已記載《思溪圓覺藏》總五百五十函雕造完工（詳見下文），故而《思溪圓覺藏》根本不可能在圓覺禪院內雕造經板。若再退一步講，是否有可能懷深在擔任他寺主持的同時遙領此事，亦即圓覺禪院在尚無主持的情況下雕刊經藏？據筆者考證，這種情況仍然不可能存在，因為圓覺禪院在紹興初年尚未建造完畢，經坊之類更是尚未開工。

日本高野山寶壽院所藏宋本《思溪目錄》，卷末署「嘉禾比丘慧明敬書、比丘元偉編集」。何梅等人推斷此目錄並非圓覺禪院所刊之目錄，而是後人所

〔註369〕正受《嘉泰普燈錄卷》第九《東京慧林慈受懷深禪師》，《卍新纂大日本續藏經》第 79 冊，No.1559。

〔註370〕覺岸《釋氏稽古略》卷四，大正新修大藏經第 49 冊，No.2037。

〔註371〕《慈受深和尚廣錄》卷二《弔王觀察》，《卍新纂大日本續藏經》第 73 冊，No.1451。

〔註372〕李際寧《佛經版本》：「王永從去世後，懷深和尚專門寫了《弔王觀察》詩以誌懷念。」江蘇古籍出版社，2002 年，第 78 頁。華喆《〈思溪藏〉刊行者王永從事蹟略考》：「《慈受禪師懷深廣錄》卷二中有七絕《呈王觀察》一首云：『去年公到包山寺，林底相逢笑不休。今日我來公已去，石羊石虎替人愁。』這一『王觀察』即王永從。小川貫弌據末二句認為，慈受禪師應邀至圓覺禪院擔任主持時，王永從已經過世，這一推測大致不差。」按，華喆詩題誤「弔」為「呈」。《中國典籍與文化》，2012 年第 3 期，第 59 頁。

編纂，〔註373〕實因未能考證元偉生平之故。而據筆者考證，《圓覺目錄》即為《思溪圓覺藏》最初的入藏目錄，而元偉不僅是目錄的編集者，也是圓覺禪院實際的建立者。支持筆者上述結論的關鍵史料，來自《（至元）嘉禾志》卷第二十《延恩寺律師行業記》一文：「律師諱元偉，俗姓陳，建溪官族也。……乃於紹興甲寅即嘉興之華亭縣西，訪得接待舊址，建屋數楹。……雪川思溪王氏，以好施名，師嘗謁之。王亦喜聞其戒行，且識其營建塔廟悉有條理，遂設清淨供，留連數月，就所居旁以緣事屬之。師云：『此吾志也。』欣然領略。於是樓閣翬飛，丹堊煥爛，閱歲而就，過者歎仰，咸謂龍天化成曾不是過，即今圓覺寺及經坊、浮圖是也。」〔註374〕雪川即雪溪，湖州之水名，古人多用作吳興之別稱。按此，則圓覺寺（圓覺禪院）的一切實際規劃，包括「印板作經坊」之「經坊」在內，均出元偉和尚之手。今考元偉營建圓覺寺「閱歲而就」，則圓覺寺的最終建成時間不早於紹興甲寅之次年，亦即紹興五年（1135）。即使「紹興甲寅」之「甲寅」可能屬於誤記，但圓覺寺建成於紹興初年當無疑問。按此，則懷深在紹興二年主持圓覺禪院之時，寺廟仍處於草創階段，經坊、浮圖一概尚未成立，充任雕造經藏之場所更是無從談起。同樣，圓覺寺經坊的實際建立者既為元偉和尚，則其所編集之《圓覺目錄》自然是最早的《思溪圓覺藏》入藏目錄。而元偉之所以編訂此目錄，顯然是經坊建成之後，已雕造完工的經板儲存於此處，開始印刷流通售賣，故而所謂「圓覺藏司自紙版」云云，只是刷印時使用的專門紙張。前輩學者既未能詳考懷深前後行履，又未能考證元偉建寺之事，而貿然相信《吳興志》宣和中創立圓覺禪院之說，是以所論多不確。蓋宣和中王永從尚仕於朝，靖康元年才被勒令致仕，〔註375〕「永從既謝事而歸，則捨家造寺建塔，迎禪師為之開山」，然則建造圓覺禪院當在其致仕之後。而從時間上推算，真正完成建寺並迎懷深開山者亦應為王永錫，因為王永從已先故去。「宣和」云云實述該寺

〔註373〕類似的錯誤觀點，譬如何梅《南宋〈思溪藏〉、〈資福藏〉研究》云：「因為至今未發現南宋初年圓覺禪院刊刻的《圓覺藏目錄》，以及淳祐年間資福禪寺雕印的《資福藏目錄》，故可認為現存的這兩部目錄均是後人編集的。」《世界宗教研究》，1997年第4期，第64頁。

〔註374〕單慶《（至元）嘉禾志》卷第二十《延恩寺律師行業記》，清道光刻本。

〔註375〕佚名《靖康要錄》卷五：「王永從、吳潔、楊邦直皆係騷擾東南之人，臣僚累有章疏。永從降授秉義郎，致仕；吳潔、楊邦直並除名，勒停送諸州編管，日下押出門。」清十萬卷樓叢書本。

之緣起，因彼時懷深勸王永從起塔功德最勝，故方志省略言之。

《思溪圓覺藏》中的題記很少，導致目前學界對刊刻起止時間仍然眾說紛紜，未能形成一致的認識。今所見最早之刊記，為日本增上寺所藏《解脫道論》卷一末尾題記：「丙午靖康元年（1126）二月旦，修武郎、閤門祗候王沖允親書此經開板，結《大藏》之因緣。」另一則位於《菩提行經》卷一末尾：「崇敬三寶，我王永從，志誠書寫，《菩提行經》。此第一卷，所褒妙利，上報四恩，下資三有。願與法界，一切含識，速證菩提，如諸佛等。時大宗號，靖康元年，七月望日，謹立斯志。」李際寧等學者將此兩條刊記視為《思溪圓覺藏》的開雕時間，而將紹興二年四月的刊記視為完工時間，稱「到紹興二年，總數有 550 函的大藏經全部刊版完畢」。〔註376〕但自靖康元年至紹興二年，不過區區六年左右的時間，《大藏經》斷無如此迅速完工的道理。歷代大藏經，即使由中央朝廷出資者，亦無一不經過十幾年至數十年之久。其他學者顯然注意到了這一矛盾，因而提出了不同的觀點。日本學者小野玄妙等即將紹興二年刊記中的「開鏤《大藏經板》總五百五十函」理解為經藏開工時間，稱「題記確定於紹興二年四月，則紹興二年應為大藏著手開板之年月，而經典個別雕造，則在其後。」〔註377〕何梅則獨出心裁，因紹興二年刊記所在的經卷約處於《圓覺目錄》的中部位置，故稱「《圓覺藏》的雕版偉業，時至紹興二年已功成近半。若自建炎元年下半年始刻至紹興二年四月，已費時近六年計算，如無意外發生，再用六年，至紹興八年或稍遲一些，全藏刊刻竣工將是可望可及的。依此推算，《圓覺藏》的雕刻前後用了十三年左右的時間。」〔註378〕

何梅的判斷置刊記原文於不顧，純屬一種企圖彌合矛盾的臆測，而且由於事先默認懷深為《思溪圓覺藏》的負責人，又未能準確考證懷深行程，故而推斷建炎元年時懷深已出任圓覺禪院主持，並開啟了《大藏經》的雕刻工作。實則如筆者前文所考證，建炎元年（1127）十月時懷深尚在靈巖，「久之，敕補蔣山。未數月，退居洞庭之包山」，至圓覺禪院時已晚至紹興初年。至於何梅對於兩條刊記出現位置的疑問，其實另有緣故。小野玄妙將「開鏤《大藏經板》總五百五十函」理解為開工時間，實際是對「開鏤」的一種歧

〔註376〕李際寧《佛經版本》，江蘇古籍出版社，2002 年，第 80 頁。
〔註377〕【日】小野玄妙《佛教經典總論》，臺北新文豐出版社，1983 年，第 774 頁。
〔註378〕何梅《南宋〈圓覺〉、〈資福藏〉探究》，《世界佛教研究》，1997 年第 4 期，第 60 頁。

義誤讀。《大藏經》在開工雕刻之前，雖然可能會提前編有相關目錄，但經卷裝函時仍要根據實際的厚度進行調整。「開鏤」後既然帶有具體的函數，顯然應當是完工時的刊記。筆者還可以提出強有力的證據來佐證己說：

其一，靖康元年王沖允書寫《解脫道論》、王永從書寫《菩提行經》，所謂「親書此經開板」云云，顯然是此二經開雕前的寫樣行動。雕版前需要先將文字進行寫樣，使用特殊紙張，行款、間距要大致與板片相合，要求無訛字、塗抹。寫樣完畢，會將紙張反貼於板片上，以供刻工進行雕刻。雖然特殊情況下，寫樣時間也可能與開雕時間相隔很久，但自靖康元年二月至紹興二年四月相去六年之久，在《大藏經》工程順利進行的情況下，顯然無推遲至六年後才著手開雕的道理。

其二，《慈受深和尚廣錄》在《弔王觀察》詩之後，緊隨收錄《謝王七舍人施手寫〈華嚴經〉，並〈大藏〉等經，及彌陀像》一詩，其中有「每日睹佛殊勝相，還如溪上見公時」等句，〔註379〕但此詩並未引起學者注意。唐制，通事舍人隸中書省，如抽卦閣門供職，則稱閣門祗候。《宋史·職官志六》：「東上閣門、西上閣門使各三人，副使各二人，宣贊舍人十人，舊名通事舍人，政和中改祗候。」〔註380〕前述寫樣刊記之落款「修武郎、閣門祗候王沖允」，官職與此正合，且此詩繫於《弔王觀察》詩之下，顯然王七舍人即王沖允。按此，則懷深主持包山禪院時，王沖允已有捐助「《大藏》等經」的舉動，可知此時《大藏經》不僅早已開雕，而且已刷印了若干種佛經。據王銍《包山禪院記》記載，懷深駐錫包山禪院時，該寺已然毀棄，懷深於是募資重建，王沖允的捐助正是雪中送炭之舉。

其三，《直齋書錄解題》於「《五代史纂誤》五卷、《雜錄》一卷」條下云：「宇文時中守吳興，以郡庠有二史板，遂取二書刻之，後皆取入國子監。初，郡人思溪王氏刻《藏經》，有餘板以刊二史，置郡庠。中興，監書多闕，遂取其板以往，今監本是也。」〔註381〕按，宇文時中所刊二書即《五代史纂誤》與前一種《唐書糾謬》，作者均為吳縝。而宇文氏之所以要刊此二書，是因郡庠中已有思溪王氏利用《大藏經》餘板所刊的《唐書》《五代史》二史板片，故可相得益彰。今考宇文時中守吳興，時在紹興六年至紹興八年之

〔註379〕《慈受深和尚廣錄》卷二《謝王七舍人施手寫〈華嚴經〉，並〈大藏〉等經，及彌陀像》，《卍新纂大日本續藏經》第73冊，No.1451。

〔註380〕脫脫《宋史》卷一百六十六《職官志》第一百一十九，清乾隆武英殿刻本。

〔註381〕陳振孫《直齋書錄解題》卷四，清武英殿聚珍版叢書本。

間。〔註382〕然則最遲至此時，《思溪圓覺藏》不僅已刊刻完畢，餘板還雕成了兩種大部頭的史書。從時間上推算，則紹興二年四月之刊記，確定爲《思溪圓覺藏》的完工刊記無疑。也正因如此，元偉才需要在紹興四年著手營造圓覺禪院及經坊等建築，以儲存經板並刷印流通。

那麼，《思溪圓覺藏》的兩條完工刊記，爲何會處於《大藏經》的中部位置呢？今考《圓覺目錄》分上下兩卷，而《觀所緣緣論》《長阿含經》分別位於卷上末尾（倒數第二函最末一種）、卷下開端，然則完工題記爲何置於此二書的疑惑也可以順利得到解決。蓋《思溪圓覺藏》開雕時是從首、尾向中間分兩批同時作業，也正因此才會出現兩則題記中唯有印經作頭、掌經沙門互不相同的結果。

李際寧等學者將紹興二年四月的刊記直接視爲完工刊記，無疑是正確的觀點，儘管並未提出有力證據，但誤將靖康元年的寫樣刊記視爲經藏的開雕時間，結論則顯然有誤。寫樣之刊記，只能說明《解脫道論》《菩提行經》兩經的雕刊時間很可能位於此年，並不能論證所有的經卷皆於此年開雕。龐大複雜的《大藏經》寫樣工作，主要仍是由工匠所完成的，王氏兄弟只是偶然撿取一種或一卷佛典寫樣結緣，並不意味著會承擔所有的寫樣工作。另外，也是學者之所以不能達成共識的關鍵一點，《思溪圓覺藏》的開雕時間不可能僅有六年左右。筆者在排除了懷深主持其事、刊刻地爲圓覺禪院的錯誤認識之後，嘗試尋找《思溪圓覺藏》眞正的開雕時間及勸緣者，最終也有所發現。

據《釋門正統》所載淨梵傳記云：「元豐中，年三十，住新市西庵，遷蘇州大慈無量壽，以音聲言辭爲佛事。……得法弟子遍於吳中，檀施稟戒，滿於城邑。勉思溪王氏建塔造寺，刊大藏版，流傳江浙。大觀庚寅三月，集三七僧，連修法華期。」〔註383〕按此記載，則最初勸緣王家雕造《大藏經》者當爲淨梵，而淨梵也正是刊記中列在懷深之前的一位勸緣者。淨梵傳記全文按年編排，則其事最遲亦在大觀四年庚寅（1110）之前。自大觀四年至紹興二年，前後歷時二十餘年，這也符合一部私刻《大藏經》從勸緣到完工的正常耗時。

在肯定了淨梵爲《思溪圓覺藏》眞正的勸緣者之後，我們還必須面臨一個疑問：既然懷深在最後時刻才加入，爲何得以掛名完工刊記，甚至超越淨

〔註382〕《（嘉泰）吳興志》卷十四：「宇文時中，紹興六年十一月二十五日以左中奉大夫直寶文閣到任，至紹興八年四月初二日，差知建寧府。」

〔註383〕宗鑒《釋門正統》第六《淨梵》，《卍新纂大日本續藏經》第 75 冊，No.1513。

梵而被列爲都勸緣呢？筆者認爲，王家進行這種處理可能有三種原因：其一，根據淨梵傳記，他於建炎戊申（1128）十月四日去世，此時距離《大藏經》全部完工尚有三年半的時間，邏輯上需要一位新的都勸緣（勸緣）；其二，《思溪圓覺藏》雕版完成之後，擬在新建的圓覺禪院構建印經坊存儲刷印，而懷深作爲圓覺禪院開山主持，又是繼淨梵之後另一位勸王永從建塔積德的高僧，掛名經藏於理亦允。其三，可能也是最關鍵的一點，王家需要借助懷深的威望與名氣。懷深入京時，詔住大相國寺慧林禪院，待遇甚優；六年後懷深辭行，「優詔不許，命大丞相喻旨，所以留師者靡不盡也」；〔註384〕懷深再次辭行，獲允後首駐靈巖，「敕補蔣山」；懷深重建顯慶廢寺，「詔復賜舊名」包山禪院。〔註385〕凡此種種，皆可見懷深頗受兩代宋帝賞識，足可上達天聽。靖康元年四月，王永從因花石綱之事而被貶官並勒令致仕，此後王家仍不甘落寞，一直企圖東山再起，而且還曾主動請求向朝廷捐獻巨額錢財以佐國用。王永從於貶官的同年七月寫樣佛經並保留刊記，王家又在紹興二年的完工刊記中注明「恭爲祝延今上皇帝聖躬萬歲」，顯然不無向朝廷獻納《大藏經》之意。延納懷深爲圓覺禪院主持，在刊記中掛名懷深爲都勸緣（勸緣），並由其出面進呈朝廷，無疑是王家所能尋覓到的最佳途徑。然而懷深甫任主持、掛名經藏，隨即去世，獻經之事遂未能行。

由於《資福目錄》比《圓覺目錄》多出五十一函，而且標題有明顯不同，即使在已肯定其主體是同一副經板的前提下，學者們仍然相信《思溪資福藏》是在《思溪圓覺藏》基礎上的大幅度補雕與增刻。經筆者考證，這一看似明確的結論亦有商榷之必要。南宋寶慶元年（1225）改湖州爲安吉州，而圓覺禪院後來改名法寶寺，此皆爲鑿鑿確定之事。何梅、李際寧等學者在確定《思溪藏》主體只有一副經板之後，幾乎又都同時認定《資福目錄》中的「法寶資福禪寺」即圓覺禪院所改名之「法寶寺」，但筆者卻對此有所懷疑。筆者檢索歷代方志，凡提及該寺名稱，或稱爲「思溪圓覺」「圓覺禪院」，或稱爲「思溪法寶」「法寶寺」，從無增加「資福」二字者，而「思溪法寶資福禪寺」的稱呼方式也不符合通常的習慣。譬如《卍新纂大日本續藏經》所收《大方廣佛華嚴經談玄決擇》卷四末，即有「大宋咸淳第七（辛未）歲春中月下七日，於宋朝湖州思溪法寶禪寺借得行在南山高麗教寺之秘本，謹以寫留之畢」的

〔註384〕王銍《包山禪院記》，載鄭虎臣《吳都文粹》卷八，文淵閣《四庫全書》本。
〔註385〕范成大《（紹定）吳郡志》卷第三十四，擇是居叢書景宋刻本。

題記，〔註386〕咸淳七年（1271）距離湖州改名安吉州已將近半個世紀，而僧人仍習慣沿用舊稱，也並無「資福禪寺」之名。又，《金華黃先生文集》稱「永從子孫日益衰，悉取故所施田，而寺遂廢」，則圓覺禪院並未存在很長時間。今考《思溪資福藏》鳳字函《妙法蓮華經》嘉熙三年（1239）二月補刊題記中尚稱「思溪圓覺禪院」，此時距離紹興二年（1132）經藏完工已一百餘年，很難相信此寺院會繼續存世很久。筆者推測，所謂圓覺禪院改名法寶寺云云，很可能是在廢寺基礎上的重修，而補板行為則主要發生於圓覺禪院期間。又考元版《大方廣佛華嚴經卷》第四十卷末尾題記，其中稱「切見湖州路思溪法寶寺大藏經板泯於兵火，隻字不存」，〔註387〕由此可知，直至元代《思溪藏》經板毀於兵火，世人仍無稱之為「思溪法寶資福禪寺」者。

學者們之所以主張資福禪寺曾有一次大規模補刻《思溪藏》的活動，主要是因為《資福目錄》比元偉所編《圓覺目錄》多出五十一函。但據何梅考證，此五十一函除最後一函《資福目錄》外，全部照抄日本慶安元年（1648）刊行的《日本武州江戶東睿山寬永寺一切經新刊印目錄》，且迄今為止未發現任何宋代佛經實物。因為《資福目錄》盲目照抄寬永寺《大藏經》（又名《天海藏》）目錄，還導致多次出現了前後佛經重出的弊病。另，元代《普寧藏》照《思溪藏》目錄重刻，〔註388〕但也僅自行增加了十函，數量上仍比《資福目錄》缺少四十一函，而所增補內容亦不一致，可見元人亦未見《思溪資福藏》這批增補之經。日本學者上杉智英對現存的《資福目錄》進行了核驗，發現它們的底本均出自臺灣故宮博物院所藏南宋刊本，而底本的題簽及後五十一函目錄均屬後世日本所補寫之內容，並非刊本原件所有。〔註389〕遺憾的是，上杉智英僅是提出了疑問，但未能深究幕後之成因。實際上，上杉智英的發現不但佐證了何梅關於《資福目錄》抄襲《天海藏》目錄的結論，也為筆者的判斷提供了最可靠的證據：《資福目錄》從一開始就是個偽命題，其所收經目應當與《圓覺目錄》相符，但由於後世日本僧人率意補題簽名，又雜

〔註386〕《華嚴經談玄抉擇》卷四，《卍新纂大日本續藏經》第 8 冊，No.235。

〔註387〕《大方廣佛華嚴經》卷四十末尾題記，《大正新修大藏經》第 10 冊，No.293。

〔註388〕如瑩《杭州路餘杭縣白雲宗南山大普寧寺大藏經目錄序》：「今思溪浙本，是本寺所刊目錄，照思溪式行於世。考之閩本，則小異焉。」按，此段文字本意謂《普寧藏》據《思溪藏》所收經目刊刻。何梅誤讀此條材料，據此認定「大普寧寺曾刊有《思溪藏目錄》，並流傳世間」。

〔註389〕【日】上杉智英《後思溪藏版大藏經目錄研究——現存文本及其相互內在關係之考證》，《佛教文化研究》第三輯，第 4～25 頁。

抄了後五十一函目錄，因而造成了存在兩種《思溪藏》目錄的假象。由於學界方便易得之《資福目錄》，或爲近代排印本，或爲再抄本的影印件，故而泯滅了底本眞僞摻雜、刊本與補抄兼有的關鍵特徵。《思溪資福藏》與《思溪圓覺藏》並非源出同一副經板，而是自始至終都只有一種大藏經，即使後來修補經板也是在圓覺禪院內完成，從未牽扯到所謂的「法寶資福禪寺」。

在作出以上結論之後，隨之產生了一個新的問題：爲何後世日本僧人會將《圓覺目錄》改題爲《資福目錄》呢？據筆者推測，大致有兩種可能：其一，從補抄《天海藏》目錄而誤添五十一函的行爲判斷，行事者似乎對經藏有所鑽研涉獵，但學力不足，以至於所補之經名與刊本原件重出亦在所不顧。其人注意到經卷有大量的補刊痕跡，於是認定爲後世補刻本，因而改湖州爲安吉州；又由於懷深曾駐錫於資福禪寺（今《慈受深和尙廣錄》尙收錄「資福禪寺語錄」），因而誤在「思溪法寶」之後追題「資福禪寺」。實則懷深舊居之資福禪寺位於福建儀眞，後已改作道觀神宵宮，況且此亦屬懷深早年之事。其二，《資福目錄》中的「資福禪寺」既非經藏的刊刻之地，亦非刷印之地，而是收藏之地。由於圓覺禪院的經坊印售《思溪藏》，因而其他各地寺院常會前往購買收藏。彼時名爲資福禪寺的寺院所在多有，此目錄或本爲該寺收藏之目錄，故而歷代相沿。日本僧人補抄籤題時只是延續了舊題，並未擅自改動，但目錄既已殘缺，故又據《天海藏》目錄補抄，因而誤增了五十一函目錄。相較而言，第二種可能性或許更大。

《思溪藏》屬於私刻《大藏經》，在時間上承繼《崇寧藏》而起，板式上也與後者類似。今國圖所藏經本，均作經摺裝，每版 36 行，摺爲 6 個半頁（部分頁面每版 30 行，摺爲 5 個半頁），每半頁 6 行，行 17 字。根據元偉所編目錄統計，《思溪藏》共 548 函，收經五千八百二十四卷。《思溪藏》經板於元初毀於兵火，未能流傳後世，但圓覺禪院當年既設有印經院，其所刷印《思溪藏》遂因之流入日本，並在異國他鄉延續生命，最終又經楊守敬之手回返中土，不能不是一件中日文化交流史上的奇遇。

【金藏】

女眞本爲契丹所統治下的一個少數民族，後滅遼而建立金國，但遼國佞佛之風難免亦有所浸染。靖康之役，金兵曾將北宋佛教經板裹挾北上，但以當時之局勢，兼之金人游牧之風俗，勢必難以妥善保存。金兵消滅北宋之後，遷都北京，在文化制度上逐漸開始漢化，佛教信仰也得到了進一步的發展。

《大金國志》云：「浮圖之教，雖貴威望族多捨男女爲僧尼，惟禪多而律少。」
〔註390〕北宋私刻《崇寧藏》的宗教熱情似乎感染到了北方的佛教信徒，據
《最初敕賜弘教大師雕藏經板院記》記載，〔註391〕潞州一位名叫崔法珍的
女子，十三歲斷臂出家，發願要雕造一部《大藏經》，「協力助緣劉法善等五
十餘人，亦皆斷臂、燃臂、燃指、剜眼、割肝，至有捨家產、鬻男女者。助
修經板勝事，始終三十年之久，方得成就」。大定十八年（1178），崔法珍始
印經一藏進於朝，敕旨令左右街十大寺僧香花迎經，於大聖安寺安置。崔法
珍稱「所造經板亦願上進，庶得流佈聖教，仰報國恩」，奉詔許之，「其所進
經板凡一十六萬八千一百一十三，計六千九百八十爲卷」，最終被安置於大
昊天寺，遂刷印流通。依據《最初敕賜弘教大師雕藏經板院記》的說法，這
部由私刻而歸公的金代《大藏經》（俗稱《金藏》），是第一部由女信徒發起
倡導並在當世所完工的私刻大藏經，其艱苦卓絕之程度堪稱古代之最。《開
寶藏》《契丹藏》由朝廷出資監刻，《崇寧藏》《毗盧藏》由地方寺廟數代主
持接力續刻，並獲得若干重要官員資助，惟《金藏》則幾乎純由民間信眾自
發聚力集資完成，即使崔法珍本人也不過是一名俗家女信徒，直至經藏完工
後，方由朝廷准許落髮受具，正式出家爲尼。若非信仰之虔誠無比，乃至以
自殘肢體的形式募捐助雕，《金藏》絕不可能順利完工；若非意在流佈佛法，
也不可能在刻成之後，主動要求將所有經板進納朝廷，不計任何回報。

　　但是近年來所發現的《雕藏經主重修太陰寺碑》，〔註392〕卻對《金藏》
的雕刻過程提供了新的材料與證據。根據碑文記載，眞正勸緣募刻《大藏經》
的發起人是「實公律師菩薩矧乃」，本「尹氏之子」，他在前往五臺山禮佛的
途中偶遇宋徽宗一行，因「語契聖心」，「更賜金刀剃髮，玉檢防身」。至五臺
山之後，「感文殊菩薩空中顯化，得法眼淨，見佛摩頂受記，曰：『汝於晉絳
之地大有緣法，雕造《大藏經》板。』」尹矧乃將佛語告知弟子劉居士，劉居
士「慶得見聞，踴躍悲喜，斷於左臂以獻於佛」。返回途中，尹矧乃前往潞州
長子縣崔氏宅化取齋飯，有一童女遂請求追隨出家，其父母不許，「女於隱奧
之處自截左手，父母見其如是，捨令出家」。又至太平縣「有尉村王氏之子投

〔註390〕《大金國志》卷三十五《浮圖》，清文淵閣《四庫全書》本。
〔註391〕《最初敕賜弘教大師雕藏經板院記》收錄於明代永樂年間補刊《磧砂藏》之
　　　　《大寶積經》卷第二十九末尾，由李際寧最先發現，今藏國家圖書館善本部。
〔註392〕下文文字據拓片錄入。拓片由王澤慶提供，刊登於《運城學院學報》2010年
　　　　第3期。

師出家，亦燃左手，法名慈雲。」此後天寧寺請尹矧乃擔任主持，「童女、居士左右輔弼，糾集門徒三千餘眾，同心戮力，於河、解、隰、吉、平水、絳陽盛行化緣，起數作院，雕造《大藏經》板，聲震天下」。隨後「門人劉居士於普救塔前自燃其身供佛舍利，火燼，俄然塔頂五色光現，傾城士庶蠢蠢而往，瞻禮神光，見普賢菩薩身騎白象，冉冉光間」。尹矧乃於金大定十六年去世，遺言：「我終之後，當以未雕大藏經板補雕圓者。」「時童女菩薩主持河府廣化勝剎，振揚教誨，大播宗風，大定十八年將所雕藏經部帙卷目，總錄板數，表奏朝廷」，朝廷因敕賜童女菩薩為弘教大師。慈雲則「遵師遺囑，於新田、翼城、古絳三處，再起作院，補雕藏經，板數圓備」。《雕藏經主重修太陰寺碑》所述經過，可以與《最初敕賜弘教大師雕藏經板院記》相互補充，但碑文中過多的靈異敘述，兼之時間相去甚久，無疑大幅度降低了其可信度。碑文撰於元大德元年，且出於太陰寺一系僧人之手，推崇本寺祖師之意昭然若揭。但碑文其中敘述雕刻經過時，仍謂「童女、居士左右輔弼」，則《金藏》之功當以崔法珍、劉居士兩人為最巨，劉居士又早早燃身而死，則終始其事者實為崔法珍一人。慈雲在崔法珍進呈《金藏》經板之後，乃從事補雕經板，雖名為「尊師遺囑」，推究其情則似被後者之精神、遭遇所感召而行，乃屬後來之事。若尹矧乃果有「以未雕大藏經板補雕圓」的遺囑，至法珍進呈經板時也已過數年之久，法珍似不至違背師囑，在經板尚未雕完時即急於進呈。同心協力輔佐崔法珍營造《金藏》的楊惠溫等七十二人皆由朝廷賜給戒牒，獲准正式出家並拜法珍為師，然則經營其事者本以俗家信徒為主（劉居士亦非比丘），並不包含慈雲這種出家比丘。崔法珍斷臂時年十三歲，《金藏》雕刻耗時約三十年，以此年齡尚未受具足戒出家，只能說明是營造《金藏》之需要。蓋《金藏》化緣、雕刻諸事皆由俗家信眾完成，故方能「糾集門徒三千餘眾」，兼之直接取《開寶藏》以翻刻，亦無須僧人進行校勘。崔法珍獻《大藏經》，似乎對尹矧乃、慈雲無一語及之，故而朝廷並無追封先師、獎掖慈雲等項；慈雲重修太陰寺，「大金大定二十年，與門人法澎、法滿糾集緇素百餘人」，亦不聞法珍參與其事。蓋慈雲、法珍彼此不相統攝，惟共有一師爾，而尹矧乃既為宋徽宗所度之僧，故不宜尊於金朝。過去學者依據《金藏》經板運抵京城的時間為大定二十一年，主張其中亦有慈雲所補雕經板，並認定他也是營造《金藏》的主要功臣之一，此恐屬誤讀文獻。崔法珍「印經一藏進於朝」，時在大定十八年，且「將所雕藏經部帙卷目，總錄板數，表奏朝廷」，

此時距離尹矧乃去世已逾兩年，經板應已完工定型。此後朝廷又召見崔法珍，法珍表態原進經板，此時經板尚儲於山西金臺天寧寺，至大定二十一年方運抵至京。崔法珍所進經片早已「總錄板數」，是與《大藏經》卷目完全對應之板片，只是並非隨紙本經藏同時起運，兼之數量眾多、路途遙遠，因而赴京較遲。慈雲所補雕經片若要增入《金藏》，只能在大定十六年尹矧乃去世至大定十八年進獻經藏之間的兩年內，而且只能與崔法珍密切配合尚有可為。但《雕藏經主重修太陰寺碑》敍述慈雲補雕經板之事，置於法珍被敕封弘法大師之後，而據《最初敕賜弘教大師雕藏經板院記》，敕封弘法大師事在大定二十三年。碑文後又補述，慈雲於大定二十年尚在修建太陰寺，「廚屋、僧廊經年而就」，其餘梁椿、臥佛之類尚在營建之中，此前恐來不及開雕經片，更來不及將板片運抵天寧寺，增補至《金藏》之內。慈云「於新田、翼城、古絳三處，再起作院，補雕藏經」，所謂「再起」亦說明此前刊經作院亦畢功。據筆者推斷，崔法珍進獻經板，朝廷「賜錢千萬，泊內合五百萬」，這些錢財中的一部分可能即成為後來慈雲補雕經板、營建作院的經費。亦即，慈雲補刻之經板當不在「一十六萬八千一百一十三」之數內，其事亦當在大定二十三年之後，而所補經板是否最終增入《金藏》都仍當存疑。

　　1934 年在山西省趙城縣廣勝寺發現了一部比較完整的《金藏》，俗稱《趙城金藏》，後經該寺主持力空和尚、縣長楊澤生等若干仁人志士接力保護，最終在新中國成立後入藏北京圖書館（今中國國家圖書館），現存 4813 件。二十世紀五十年代，在西藏薩迦寺又發現 550 餘件《金藏》，屬於元代北京大寶積寺之收藏品，故又稱寶積寺本《金藏》。此外，在敦煌莫高窟、新疆等地皆出土過部分《金藏》殘紙，說明《金藏》在當年已流行到了邊陲之地。1986年，在北京智化寺發現三卷經本，其版式、裝幀同《趙城金藏》，卷首經牌有文云：「□□□〔皇帝愛〕育黎八力八達刊印三乘聖教經律論三十三大藏……大元延祐丙辰（1316）三月日。」經學者研究發現，此三卷元代《大藏經》殘卷，實際上是用《金藏》板片挖改移動後刷印而成。〔註393〕這也說明《金藏》的板片一直流傳至元代延祐年間，並一直在繼續修補印刷。中國境內現存的各種《大藏經》，要以《金藏》最早且最為完整。從現存的《金藏》版本來看，《金藏》並沒有受到《契丹藏》的影響（崔法珍籍貫潞州，北宋時為隆

─────────────────────────

〔註393〕詳情參見何梅《北京智化寺元〈延祐藏〉本考》，《世界宗教研究》，2005 年
　　　　第 4 期，第 26～32 頁。

德府，由宋入金，遼代始終未佔有此地），而是基本按照《開寶藏》的早期印本進行了翻刻，尤其是佛經部分，尺寸、行款也幾乎完全相同。只是在中國的著述部分，《金藏》多據單行本收入，因而版心、行款不盡統一，每版二十二行至三十行，行十五字至二十七字。《趙城金藏》爲卷軸裝，與《開寶藏》相同，但敦煌所出土經卷卻爲經摺裝，然則《金藏》在流傳過程中可能改變過裝幀樣式。又，查考現存《趙城金藏》經卷所有題記，其時間最晚者爲大定十三年（1173），似可佐證筆者前文推論：慈雲奉師遺命所補雕經板，並未收錄在《金藏》之內。

《趙城金藏》卷首釋迦說法圖及經文

元代之前中國所刊《大藏經》，均已考述如上，由此亦可瞭解佛經流傳之大略。民間所自行抄寫、刊刻之單行佛經，其數量不計其數，無法一一詳考。但在《大藏經》體系建立之後，單行本亦多據《大藏經》所收本而翻刻，部分單行本甚至連源出經藏的千字文編號都依樣照刻，因此歷代《大藏經》實際上還承擔了一種佛經定本的功能。元代以後，歷代朝廷皆曾組織刊刻《大藏經》，但其主體部分均爲宋代經本，又補入中國後代高僧著作及帝王后妃之撰述，累積增補，卷帙也隨之逐漸增加，筆者不再贅述。概言之，在宋代《大藏經》雕刻刷印之後，中國幾乎未再失傳過任何一部古代佛經，由此亦可見《大藏經》留存佛教文獻之力。

第五章　反思與結語

第一節　佛教的哲學化與宗教化

　　中國的佛教研究，其實一直存在著兩條路線：一條是將佛教視爲一種宗教，釋迦牟尼是一位偉大的、慈悲的、法力無邊的教主，各種證悟的高僧是宗教內的聖人，大量神秘、靈異的因素都視爲宗教的神跡，各種傳承有序、流傳至今的佛經都是宗教的聖典，其中記載著種種經佛祖、菩薩開示甚至親身修證過的法門。這條宗教的路線的活動場所主要爲寺院，更看重師門授受與教眾信仰，以出家實修爲根基，遵守世代相傳的戒律教條，甚至對偶像的摩拜也成爲一種常用的修行儀式。宗教的佛學，雖然對於釋迦牟尼無比推崇，但幾乎沒有歷史文獻的考證根底，也通常沒有能力分辨某部佛經是否符合佛陀的本意。在這條路線之中，佛典的權威是先驗的，即便不是釋迦牟尼親自講授，也是境界高深的菩薩或高僧對自己修爲過程的如實描述，均可供入門者依法修行，而種種差異萬千的法門只是爲了適應不同的根器。乃至於文字本身並不重要，因爲一切法無一不是佛法，菩薩也會化身惡魔來磨練修行者的意志，眞正的解脫是超越文字、超越歷史、超越塵世的，原本就不可思議且無法言說，只有放下一切的執著才可以觸及。宗教的佛學研究者，往往一生僅用力於某幾本佛經（一般是所在宗派視爲了義的經典），並參閱古代著名高僧的注疏，以求準確理解此經的內容，並依此終身修行。博覽雜取和著書立說並不提倡，因爲過多的戲論並不能增進善法，而只會耗費實修的時間，甚至成爲證法的障礙。宗教佛學的話語權主要掌控在一些權威高僧的手中，並以講經開示的方式進行傳播，他們的語錄則會被記錄下來，又成爲後世僧

人理解經文的工具，這也是寺院學術的主要特色。這些權威高僧之所以獲得宗教界的認可，並非由於他們學術能力出色，而通常是因爲他們的宗派師承，以及被看重的佛法修爲。宗教的佛學，自古至今都壟斷了絕大部分民眾對於佛教的興趣，因爲宗教儀式會兼具背景、音樂、表演等元素，具有很好的戲劇舞臺效果，而高僧在講經開示時則會以淺顯明白的俗語解說，時常穿插種種因果循環的靈異故事，既方便了普通民眾對佛法的理解，又滿足了人類本能的獵奇心理。佛教的歷代典籍，也就在高僧們不斷的詮釋中緩慢變化，一方面順應了時代發展的需要，另一方面也對舊有的理論體系進行了完善與拓展。中國的佛教徒從來都不是原教旨主義的擁躉，而是一直以近乎無限的包容性來吸納一切可以吸納的養分，並不斷在原始佛教的地基上繼續增磚添瓦，從而蓋起一座座結構複雜、外觀莊嚴的大廈。宗教路線的先天缺陷也十分明顯，佛法或許超越塵世，寺院卻不得不在塵世中謀生。爲了獲得基本的生存資料，寺院經濟或者向世俗政權靠攏，將自身貶低爲維護政權穩定的一種精神工具，以換取上位者的扶持與賞賜，或者迎合民眾的需要，從事驅邪、超度、開光、占卜之類的迷信活動，以維持收入來源。在中國歷代王朝之中，僧侶們很多時候都享有稅務、刑罰特權，再加上可以接受信徒施捨、供養，寺院也可以從事借貸、法事、住宿、旅遊等商業活動，因而生活通常比普通百姓優越。一旦宗教風氣嚴苛，僧侶又可以主動或被動還俗，仍不失爲國境內的一位普通居民。優渥的待遇也讓寺廟中充斥了大量的「職業」僧人，以誦經、念佛、打坐爲職業，名爲看破紅塵而出家，實則貪圖俗世利益，甚至全然不守戒律，背後作奸犯科。這類「職業」僧人的數量越多，能夠自主思考並進行佛學研究的人才也就越少，因而在宗教界內部，個別權威高僧的話語權也就越發牢固。實際上，即使是個別的權威高僧，自身也往往缺乏縝密的學術思維，又幾乎沒有歷史文獻學功底，因而在佛經的專業研究方面往往乏善可陳，對典籍的解讀也存在大量錯誤，他們所能憑藉的只有自身佛法修爲的高深，但所謂的修爲境界又無法實證，故而很容易名過其實、濫竽充數，變成了自說自話。較爲極端者，則呼籲信眾「老實讀經」「老實念經」，對經文囫圇吞棗，終日計數念誦佛號，認爲一切思考都屬於妄想，只會讓人們產生誤解。這種做法等於背棄了人類的理性思考能力，企圖引領信徒回到蒙昧的遠古時代，但從另一個角度來看，它對於維護寺院的和諧與壟斷卻大有用處。出於自身利益的考慮，寺院佛學通常對外部研究加以排斥，宣稱外部學

者並非眞正的修行者，缺少實修的經歷，因而沒有資格公開講解佛經，對宗教內部事務更加無權置喙。顯然，一旦失去對佛經的權威解釋權，寺廟僧侶將很難以佛法繼承者的角色自居，這將會直接動搖寺廟經濟的根基。有鑒於此，經濟條件較好的寺廟也企圖主動吸納外部人才，借助於圈養的學者鼓吹寺內高僧的佛學境界，乃至假託學術論證之名渲染佛陀、菩薩的慈悲與神通，爲佛法的宗教化張目。這種自我矛盾的心態，背後所折射出的是佛學研究之宗教路線的尷尬，這種佛學研究從一開始就不是純粹的學術研究，而只是爲宗教服務的點綴，是吸引更多民眾信仰佛教的工具。基於這一立場，中國佛教界拼命抵制「大乘晚出」的歷史事實，企圖拔高大乘佛經的出現時間，拒絕相信一度被貶低爲「小乘」的原始佛教才代表著佛陀的本意。宗教化的佛學研究，始終充斥著教派之爭，習慣於以信仰的虔誠取代研究的客觀，它所代表的是往昔歲月的輝煌餘暉，而非科學倡明的未來道路。

　　另一條路線則是將佛教視爲一種哲學，依據成熟的學術研究規範，對其進行相對純粹的學術研究。釋迦牟尼是一位傑出的哲學家，他繼承了《奧義書》將欲望與解脫相對立的精神立場，提出了一條全新的擺脫世界痛苦、實現涅槃超脫的途徑。釋迦牟尼是一位歷史上的眞實人物，他並沒有任何法力和神通，而且一樣具有因爲肉身存在所帶來的習氣。由於歷史的侷限性，釋迦牟尼對於世界的認識與描述也會犯錯，也曾使用錯誤的教學方法，甚至會因爲弟子們太吵鬧而負氣出走。佛教作爲一門新誕生的哲學，在古印度當時的社會背景下的確有其顯著的創新性與先進性，但盲目推崇其哲學理論，將其拔高至無法匹敵的高度，顯然是不恰當的。儘管宗教徒們習慣將佛經中的一切理論都歸功於釋迦牟尼的個人覺悟所得，但原始佛教實際上借用了吠陀典籍中的許多概念、邏輯、世界框架設定以構建自己的體系。釋迦牟尼雖然否定了咒語、祭祀等婆羅門教的傳統修行方式，但並沒有否決其追求「梵我一如」的最終目的，而僅是提出了另外一條更具理性和邏輯的途徑。簡言之，佛教是以婆羅門教修正者而非革命者的形象出現的，儘管佛教廣泛傳播之後實際上動搖了後者的統治根基。佛教即使在古印度漫長的歷史中，也從來都不是主流，而之所以在中國的土地上發揚光大，所依賴的主要是後世發展並變異了的大乘佛教。將佛教視爲一門純粹的哲學，看似是學術研究之必然，但實際操作起來卻並不容易。古人並沒有清晰的科學思維，因而所結集書寫的各類佛教典籍也總是與神通、靈異之事蹟糾纏在一起，充滿狂熱的、宗教

式的渲染與誇大，然而這已經是我們所能接觸到的「第一手」材料。依照第二條路線來研究佛教，必須先剔除掉佛經中的靈異因素，再對不同的佛經進行分期斷代，甚至考證某一部佛經中某些章節成型的先後次序。然而這一切的設想過於理想化，實際上很難完成。舉例而言，佛經中的種種靈異事蹟無疑會妨礙我們準確地考察佛教的歷史，但靈異事蹟形成、演變、定型的過程，卻又是佛教歷史之一環，還將為我們判定佛經的先後次序提供有力的佐證。此外，靈異事蹟很少單獨出現，往往與佛教人物的真實經歷混雜在一起，後世又在最初的記載上層層累積，最終才會演變成我們所看到的面貌。若欲研究古代僧侶的生平、性格、思想，捨此之外幾乎別無出路。如果真要對佛經進行有意識的刪減、擇取，乃至將某些佛經劃分為後世假託佛陀之名的再創造，研究者將會立刻面臨宗教界的巨大壓力。佛教徒無法忍受這種違背佛經原文的釋讀，而將其視為魔子魔孫對佛經的扭曲與破壞，甚至以護法的犧牲精神對其群起而攻之，並詛咒這類學者永墮無間地獄。堅持哲學路線的研究者，對佛教缺乏宗教式的熱情，難以認可佛教超出其他哲學的莊嚴與偉大，而其論述又趨向消解民眾信仰的虔誠度，因而很難與宗教徒進行和諧的對話。雙方的立場存在著根本的分歧，而這種分歧是無法調和與共存的，因為哲學路線所消解的正是佛教作為一種宗教的神聖性。宗教路線的核心，在於默認以釋迦牟尼為首的各種高僧，已經完成了對於物理世界和人類侷限性的超越，成為了超然的存在，而若將釋迦牟尼身上這層超然的光芒剝離，他只是一位出色的哲學家，與蘇格拉底、老子甚至黑格爾、尼采並無本質的差異。

　　哲學的佛教與宗教的佛教，本就是兩條目標、趨向截然不同的路線，但作為現實世界中的人，任何研究者都可能存在著人性的弱點。一位純粹的研究者，必須超越自己的階級立場，拋棄一切約定俗成的陳規教條與評價體系，才能以歷史文獻學的角度，去追求歷史的真實。但絕對理性的研究者是不存在的，現實世界中的研究者要受限於個人的生活閱歷、國家行政的規定、學術評價體系等等因素，甚至對於生命的未知領域，一樣也需要精神的慰藉。因此緣故，中國的佛教研究者——即使是哲學路線的研究者——也大多都是處於夾縫之中的人，他們一方面承認釋迦牟尼是一位切實存在的歷史人物，另一方面又暗自相信他已經證得了涅槃解脫，實現了對人類生命的超越，因而具有了種種不可思議的神秘力量。這種弔詭的學術現狀，不僅存在於古代的中國，同樣存在於當代的中國。宗教徒姑且不論，一位不承認釋迦牟尼為

聖者的中國學者，通常不會選擇去從事佛教研究，而一位以飽滿熱情去深入鑽研佛教的學者，他研究的最初出發點往往是因爲宗教信仰的因素。這種奇怪的狀況，導致中國嚴重缺少眞正的、哲學路線的研究者，因而所謂的佛學研究往往流於碎片化，或被宗教界裹挾前行。

即使從宗教的路線出發，佛教也只是宗教之一種，相對於其他宗教而言，並無當然的超越之處。對於信徒而言，幾乎一切宗教都強調無前提的盲目信仰，至於信仰的對象是佛陀而是耶穌並無本質差別。絕大多數信眾只是由於生存環境的影響，預先接受了其中的一種，而宗教又存在先入爲主的特質，故而基督教徒很難轉而信仰佛教，佛教徒也不容易轉信伊斯蘭教。由於佛教在中國歷史悠久，不僅與中國傳統文化融爲一體，而且寺院更是遍布大江南北，大多數民眾自小就接觸到了佛教，因而它也成爲中國民眾最「方便易得」的宗教。佛教能夠在中國歷代相傳，至今長盛不衰，一方面是依賴於上層政權的大力扶持，另一方面也是基於龐大的中國人口所形成的信仰慣性。民眾總是需要精神慰藉，只要是代表著超然的存在，就可以給心志不夠成熟、不夠堅韌的人提供有效的精神支撐，並在一定程度上約束他們的言行，倡導行善去惡，形成良好的、穩定的社會風氣。即使在科學較爲倡明的今日社會，民眾的素質也遠沒有達到完美的地步，法律條令更無法涵蓋社會的一切領域，所以宗教始終都有存在的價值和必要。從這個意義上而言，完全消解掉佛陀的神聖性，摧毀佛教生存的根基，只會讓其他宗教趁虛而入，填補佛教缺位後所遺留下的空白，並不見得是一件好事。更何況，目前存世的絕大部分佛教的典籍資料，其書寫成員主要爲古代的僧侶，他們的思維是宗教式的，他們的觀點是宗教性的，即使是他們所描述的客觀事實，也往往帶有宗教化的色彩。就算我們使用哲學的手術刀對佛教進行剖析，但所面對的原材料皆源自於宗教，我們又能在多大程度上還原歷史的眞實呢？譬如原始佛經《阿含經》中記載，天神夜間前來拜見佛陀，請問佛法要義，佛陀爲其宣說，天神歡喜禮拜而去，佛陀於次日將此事告知弟子。這只是原始佛經中十分常見的一幕，而大乘佛經中天神問法的排場更大，情節也更爲複雜，極盡誇張渲染之能事。在宗教徒看來，「天神問法」是理所當然之事，因爲他們相信佛陀的法力，也相信天神的存在，甚至將他們視爲五趣（後世增入阿修羅道，演變爲「六道輪迴」）之一道。若將佛教定義爲一門哲學，將佛陀視爲沒有神通的人類，「天神問法」的事情當然絕不會眞實發生。我們面

臨的選擇只有：其一，佛陀妄語，借天神之名抬高自己的地位。其二，佛陀產生了幻覺，他誤以爲眞的見到了天神。其三，佛陀故意捏造了這樣一個故事，以喚起弟子們學法的熱情。其四，後世爲了抬高佛陀的地位，編造出了這樣一個故事。很顯然，我們在排除宗教的神秘因素之後，實際上面臨著一個邏輯上的困境，我們無法判斷事情的眞相究竟是哪一種，因而也就無法描繪出佛陀眞正的模樣：他究竟是一位富有權謀的宗教領袖，或是一位擅長教學的老師，抑或是一位被後世所神格化的無辜學者？更令人遺憾的是，這些記載已經是我們所能發現的、關於佛陀事蹟的最早記錄。若想從更晚出現的大乘佛經中剔除各種神秘因素，以尋找歷史眞相，事情將更爲棘手，甚至連它們本身是否含有佛陀活動的眞實元素都大有疑問。如果連基礎資料都是虛構的，想要進行哲學路線的研究自然屬於空中樓閣，根本無從談起。

　　前輩學者的中國佛教史著作，多從釋迦牟尼誕生寫起（如任繼愈《中國佛教史》），或從佛教開始傳入中國寫起（如蔣維喬《中國佛教史》），又或只選取一個時朝的佛教狀態進行研究（如湯用彤《隋唐佛教史稿》），而往往僅關注佛教發展中的重大歷史事件，不僅對孕乳佛教形成的古印度《吠陀》文獻關注度不夠，而且也未能以佛經的形成與演變作爲考察對象，因而經常將一部佛經視爲一個整體，無法區分不同歷史時期所摻雜的思想與內容。換言之，他們所研究的不過是佛教的產生背景、歷史遭遇、寺廟經濟、高僧生平、文化藝術等衍生物，而非佛教哲學本身；他們更關注中國宗派的形成與延續，關注佛經的翻譯與印刷，關注古代高僧對佛經的注釋方法，而不關心佛經中哲學思想的源流與脈絡。當研究者默認大乘佛教的教義出於釋迦牟尼之口時，對大乘佛經中的哲學思想進行甄別與回溯，就變得毫無必要；當研究者默認原始佛教的哲理源於釋迦牟尼在菩提樹下證悟所得時，爲原始佛經中的哲理尋覓更早的源頭，就變成了緣木求魚。但若將釋迦牟尼定性爲一位古代的哲學家，而非一位創教的教主，許多原本習以爲常、不言而喻的「事實」，都會開始逐漸鬆動，猶如一尊飽經風霜的塑像，只有將它外表所糊滿的泥塊一層層剝離下來，才能看到塑像本來的面目。佛陀借助了吠陀時代大量的概念設定、修行方法來搭建自己的體系，這其中眞正原創的東西實際上很少。釋迦牟尼從來無意於成立一種新的宗教，甚至於他修行的目的都與後吠陀時期的僧侶並無二致，他只是企圖提出另外一條解脫的路徑，一種不依賴於苦行與祭祀的法門。無論是因果律還是輪迴框架，都不是佛教的原創理論，甚

至於將欲望與解脫對立起來，也不過是早期《奧義書》中十分普遍的觀點。佛教所倡導的眾生平等，固然對當時等級分明的古印度社會造成了一定的衝擊，甚至一直被後世視為佛教最難得、最重要的觀點之一，然而這種觀點在佛陀誕生之前就已經在社會上流行，正是當時十分新穎而頗具吸引力的一種反傳統思潮。這種思潮的倡導人及其信眾，為了與婆羅門僧侶分開而自稱「沙門」，佛教正是在這種思潮的影響之下才被催生出來。釋迦牟尼的理論貢獻，是解釋了「苦」的成因（集），以及提出了滅苦的方法（道），但這些獨特之處，只是沙門思潮中的一種哲學分支而已。當時古印度的僧侶階層，多居住於密林之中，終日所尋求的正是滅苦的解脫方式，而主要的修行方式則為禪定，即在定境中捨棄自己的肉體以實現解脫。釋迦牟尼嘗試了這種坐禪的方式，但認為過度追求定境的高深無法獲得真正的解脫，解脫所需要的禪定並不需要達到非想非非想的境界，而只需要四禪的高度就已足夠。四禪的定力，再加上領悟佛陀所提出的解脫之道，就構成了原始佛教的兩大支柱（定慧雙運），此即「俱解脫法門」。古印度傳統的祭祀法門，在後吠陀時代已逐漸遭受挑戰，而禪定之法逐漸成為僧侶階層中最普遍的修行方式，佛陀早期的理論框架也藉此搭建起來。但佛陀真正的創新之處並不在禪定方式，而在於新的解脫之道，因而他更強調其中「慧」的部分，並指出不借助於禪定之力實際上一樣可以獲得解脫，此即「慧解脫法門」。佛陀雖然肯定俱解脫法門較之慧解脫法門會具有一些更殊勝之處，但這些優點只存在於肉體未滅之前，若就解脫境界而言雙方並無差別。聯繫當時的社會背景推測，俱解脫法門很可能是為了吸引傳統僧侶，而慧解脫法門則是為了吸引新入學的普通弟子。從原始佛教的經文描述來看，許多並未出家的老人（年老根熟）或外道之人，只是在機緣巧合之下，甚至僅在臨終之前聞聽了一番佛理，就立即證得了解脫，完全跳過了修行四禪八定的階段，可見至少在當時禪定並不被特別強調。這一證悟模式，實際上即為後世「頓悟」法門的濫觴。在早期的《阿含經》之中，佛陀除了曾指點自己年幼出家的兒子羅睺羅修行出入息念（安般守意）外，幾乎看不到指點其他弟子修行禪定的記載，但這並非說明禪定法門甚少普及，反而是這一法門早已在僧侶階層中流行，而並非始於佛教的真實反映。

　　釋迦牟尼在哲學理論上的創新之處並不多，將佛教視為一種全新的哲學未免言過其實。如前所述，佛教更類似於婆羅門教的修正者而非革命者，佛

陀自己就一度以「眞正的婆羅門」自居。從另外一個角度來看，釋迦牟尼實際上對於哲學創新也絲毫不感興趣，他關注的只是何爲正確的解脫之道，哪怕自己提出的觀點只是對舊理論體系的部分修正，但這種修正在他眼中卻是正確與錯誤的差別，而錯誤的理論將無法導向解脫。佛教之所以能在當時超越其他沙門思潮而大行其道，一是源於轉輪聖王的古老傳說，另外則是依賴佛陀本人的獨特魅力。從原始典籍中可以推測，轉輪聖王的傳說在當時流行甚廣，幾乎波及到古印度的大小諸國。古印度當時大小國家林立，長期處於戰亂、分裂的狀態，社會上盛行一種渴望聖王出世以統一諸國的傳說並不爲奇，而對轉輪聖王的相貌描述也集合了當時所公認的高貴相貌。轉輪聖王所具有的三十二種奇特相貌之中，足下安平立相即扁平足，馬陰藏相即隱睪症，這些特徵在今日醫學皆視爲遺傳疾病，但因其稀有性而在古代被視爲異相。原始典籍中敍述佛陀具備所有三十二種異相，甚至許多權貴都是爲此而專程拜謁佛陀，[註1] 可知這種外貌特徵給他帶來了極大的聲譽。相貌雖爲四大和合而生之皮囊，但卻頗爲世俗人看重，人們更願意相信一位具備了轉輪聖王相貌的王子，勇於捨棄權位出家而最終獲得正覺。佛陀本人也十分看重威儀，舉止修養十分得體，並以此來要求自己的弟子，因而佛教僧團的整體素質在當時的宗教團體中十分突出。佛陀本人相信自己的體系才是眞正的解脫之道，因而堅持「不因說法故，受彼食而食」。佛陀主張說法的目的是爲饒益眾生，不爲求取飲食，若信眾因爲聞聽說法歡喜而酬謝飲食，佛陀反而會拒絕接受。佛陀本人出身王族，少時又一度沉迷於富貴美色之中，後來爲追求生命的解脫而斷然出家，因而對於一切世俗財富並不渴望熱衷。不僅如此，佛陀也無意成爲一個宗教團體的管理者，儘管他希望越來越多的人追隨他的腳步而獲得覺悟，但這一切應當建立在個體的自覺求取之上。佛陀不但放任僧團中的弟子自由來去，而且對反覆製造混亂、破壞僧團和合的弟子會採取「默擯之」的做法，要求其餘弟子不再與其交往甚至對話。弟子們在聞聽佛陀說法之後，也往往會「獨一靜處，專精思惟，不放逸住」，去做個體的離群禪思，而並不強調僧團的共修與共住。只是因爲追隨佛陀的弟子越來越多，動輒至數千人之眾，所到之處勢必需要較完善的公共設施才能安置，兼之古印度的

〔註1〕 譬如北傳《中阿含》、南傳《中部》共有之《梵摩經》，即記敍了梵摩婆羅門專程命優多羅前往查看佛陀是否具有三十二相之事。但南傳《梵摩經》中梵摩爲弟子眾多之婆羅門高僧，北傳《梵摩經》中梵摩雖屬婆羅門，但爲富可敵國之財主。

雨季甚長，彼時不利於遊行各地，因而佛陀才接受了竹林精舍、祇樹給孤獨
園之類的捐贈，僧團開始擁有了幾處固定的居所。權威核心、活動基地、大
批信眾，三者同時具備之後，佛教才眞正擁有了宗教化的前提與基礎。但這
種宗教化的基礎只是發生在外在的客觀條件上，其理論內核並未改變，亦即
佛教作爲一門哲學的理論體系仍沒有發生變化。佛陀本人並不認爲證得覺悟
之後佛、阿羅漢（阿拉漢）的境界會有所不同，也不認爲自己會有多少特別
之處，儘管他強調自己是第一位阿羅漢，但僅僅是將自己置於導師的位置。
即使在擁有了固定居所之後，佛陀也並沒有停下周遊的腳步，甚至在彌留之
際仍然接見外道僧人，宣說他的解脫之道。在筆者看來，佛教眞正開始宗教
化的歷程，是始於後世神格化佛陀之時。神格化的後果，不僅盲目拔高佛陀
的境界，將其置於遠遠超越阿羅漢之上，而且通過本生、譬喻之類的故事，
大幅度渲染了佛陀身上超然的神性。佛陀不再是一位哲學家，而是被生生塑
造爲一位法力無邊、慈航普度的宗教教主。佛陀身上的慈悲精神被無限度放
大，以至於一批追隨這種爲了饒益眾生而寧可自我犧牲的偉大精神的信眾漸
次崛起，從而孕育出了菩薩階層，並將堅持原始哲學路線的僧人貶低爲小乘。
改革後的佛教宣稱可以通過佛力加持、菩薩保祐等手段讓信眾逢凶化吉，鼓
勵民眾無條件信仰，乃至大量塑造佛像供信眾跪拜祈禱，其宗教化程度不斷
加深。部派分裂的時代，其爭論的焦點看似集中在教義上（除各種瑣碎的爭
論之外，「阿羅漢是否眞正圓滿」是其中一大關鍵），實際則是針對佛陀是否
應當神格化的路線之爭。若再究其根本，則是佛教哲學性與宗教性的根本分
裂，亦即佛教是作爲一門可供大家研討修習的個人解脫哲學存在，還是需要
演變爲一種公共宗教，並承擔教化大眾、拯救社會的公共職能。這種爭論曠
日持久，無法獲得很好的解決，而且爭論的雙方並非完全涇渭分明：個體哲
學的修證者既然身處社會之中，依賴著民眾的供養，就難免需要承擔一定的
社會責任；宗教僧人在傳教、弘法的同時，雖然作爲團體成員而存在，但一
樣有證得個人解脫的需求，甚至菩薩道還呼籲以出世之心作入世之事。在這
種螺旋式上升的爭論之中，新的佛經被不斷編撰出來，佛教的部派逐漸增多，
其哲學所涵蓋的內容也日益豐富，整個理論體系像滾雪球一樣逐漸擴張增
大。新興的大乘宗教爲了與原始哲學相抗衡，不得不借助幾乎是所有一切古
印度乃至其他地域的宗教或哲學理論，以求在教義的世俗性、實用性、文學
性、高妙性上壓倒對方。大量佛教之外的教義被摻雜進去，儘管它們都假託

佛陀之名，看起來似乎是對原始佛教哲學的進一步深化與拓展，但與最初樸素的哲學精神卻迥然有別。爲了應付各種質疑，大乘佛教宣稱佛教有三萬六千法門，凡是符合「三法印」者即爲眞正佛法，即使並非佛陀所說；凡是違背「三法印」者，即使是佛陀所說，也屬於不了義。但是從三法印「諸行無常、諸法無我、涅槃寂靜」的內容來看，涅槃清淨几乎是當時一切古印度哲學的共同追求，諸行無常、諸法無法也與吠陀《奧義書》的精神有很強的一致性，區別只在於《奧義書》認爲最終存在常我的「梵」，塵世的一切皆從梵中化出，放棄塵世的一切是爲了最終與梵合一，而原始佛教則不承認有常我的梵存在，認爲無我就是最終的歸宿。大乘佛教既然宣稱「一切眾生皆有佛性」，成佛後會有圓滿的報身，甚至可以在證悟之後起用，化身千萬以普渡慈航，其本質不過是以神格化的佛取代了梵，從而在梵身上增添了慈悲的屬性，與原始佛教的哲學精神相去甚遠。從這個意義上而言，「三法印」的標準粗疏而不嚴密，實際上只是大乘宗教化之後的門面裝飾，僅能隔絕非常明顯的外道，而對略加裝飾之後的外道理論卻大開方便之門。

　　佛教宗教化的程度日益加深，編撰的大乘典籍多如牛毛，一位普通的僧人想要耗費光陰通讀一遍都變得十分困難，更遑論從一大堆互相矛盾的理論之中窺探佛陀的本意。要最終證得解脫，就必須先確定入門的路徑，因而在傳播及留存佛教典籍最多的中國，判教之風開始盛行。對現有的佛教進行分類，區分哪些典籍代表了最徹底、最正確的佛法（了義經、圓教），哪些典籍只是佛陀爲了教化特定對象所宣說的方便佛法（不了義經），就可以選擇特定的佛經進行終身研習，而不需要在其他典籍上耗費時間和精力。判教是由中國僧人所發明的一種十分巧妙的策略，也是解決部派紛爭遺留問題的最佳方案。然而再完美的方案，也需要由並不完美的人類執行，因而不同高僧的判教方案也不盡相同，這也導致遵從不同方案的信眾又在後世形成了一個個不同的大乘宗派。儘管早期判教的那批高僧，其本意並非想要分宗立派，而且想要完成判教，就必須對全部或大多數佛經先有相當的瞭解，所以他們並未專執某幾部佛經。但學力弘博者亦難免有所側重，故早在南北朝時期，已有大量「成實師」（精研《成實論》者）、「地論師」（精研《十地經論》者）、「攝論師」（精研《攝大乘論》者）、「涅槃師」（精研《涅槃經》者）之類的稱呼，用以描述某些高僧擅長特定佛經的個性特點。高僧說法，所說者多爲自己所精研之經，他對經文的理解就固化爲佛經的注疏之作，又成爲後世僧

人研習的內容。注疏之作淺易明白，便於後輩僧人閱讀理解，因而在傳播上更具優勢，也更容易形成宗派傳承。後世宗派形成之後，本宗往前追溯其源頭，往往會將判教之初的高僧定義爲初祖，乃至繼續追溯至古印度的佛陀親傳弟子，從而形成一種歷史悠久的假象。實際上嚴格意義的中國佛教宗派形成甚晚，即使是宗派體系最爲突出的禪宗，也要到六祖之後才有開宗之意。若欲不被後世所編纂的法脈圖、傳燈錄、付法傳之類的作品誤導，我們必須認清一個事實：中國佛教在宋代之前仍無制度化、體系化的宗派存在。此前的僧侶雖然有宗旨，卻無派別，而且往往不同宗旨的僧侶群居於同一寺內，各自分院居住。據入唐求法日本僧人圓珍所撰《佛說觀普賢菩薩行法經記》所載：「唐無諸宗，絕惡執論，若同得理，即便休止。我國論議，自是毀他，更無比類。」〔註2〕圓珍是日本佛教天台宗寺門派創始人，他於唐大中七年（853）乘商船帶到中國，而據其所眼耳述聞，彼時中國尙無宗派之風。儘管佛教的各種宗派樂於宣傳本宗教義由祖師代代傳承，然而若從歷史事實上考據，連宗派本身都是由後世所自行建立。中國歷代皆盛行謙虛之風，自我稱許會被當成狂妄自大、缺乏禮數的行爲，然而鼓吹讚美自己的恩師卻被視爲尊師重道的美德，故而尊崇歷代祖師就成爲推崇自己宗派最爲便捷、合理的舉動。在這種風氣之下，本派早期的祖師往往被定性爲覺悟者，他們對於佛法的理解也隨之具有了一種神聖性，甚至可以與佛經的原始文本相媲美。儘管在判教之後，本宗之外的典籍往往被置之不論，但大量本宗祖師的注釋、說法之作又轉而被奉爲本宗要典，進一步加劇了佛教教義的混亂程度。被判別爲了義經的大乘佛經已非原始佛法的面貌，而高僧的再度闡釋之作又往往充斥著大量的釋讀錯誤與個人發揮，導致佛陀的本意越發隱蔽不彰。譬如馬祖云「《楞伽經》以佛語心爲宗，無門爲法門」，後人誤「以」爲「云」，遂指其爲經文之語，稱「《楞伽經》云：『佛語心爲宗，無門爲法門』」、「西天釋迦文佛云：『佛語心爲宗，無門爲法門』」。〔註3〕既誤將「佛語心」視爲全經宗旨，故而對其種種演繹發揮，稱「佛語心者，即心即佛，今語即是心語」云云，〔註4〕郢書燕說，離題千里。又如《普寧藏》所收《華嚴經》末尾有元代高僧所作迴向文跋語，希望「法界含生，同圓種智」，這其實也是

〔註2〕 【日本】圓珍《佛說觀普賢菩薩行法經記》，大正新修大藏經第56冊，No.2194。
〔註3〕 永明延壽《宗鏡錄》卷一，大正新修大藏經第48冊，No.2016。
〔註4〕 永明延壽《宗鏡錄》卷一，大正新修大藏經第48冊，No.2016。

沿襲歷代迴向文「普令眾生，同圓種智」「廣化有緣，同圓種智」「法界有情，同圓種智」的套語。但宋代怡山如然禪師《怡山發願文》將其改為「情與無情，同圓種智」，〔註5〕後世沿襲此說，遂謂「有情無情，同圓種智」，不僅稱其出自《華嚴經》，進而宣稱草木瓦石皆可成佛。蓋「法界有情」本指「法界之中的有情眾生」而言，後世高僧既將其視為「無情法界與有情眾生」的並列詞語，且誤指其為佛經原文，又增多種種訓解，故而謬種流傳，至今不息。今人多憊懶，不肯自力讀經，抑或不通文言，只能道聽途說某某高僧開示，不僅先入為主地接受了大乘體系，且又全盤接受了這類晚出的錯誤思想，再難溯本清源。

第二節　近代以來佛教的革新

近代以來國勢衰頹，而佛教大興，其中太虛法師遙接數家禪宗法脈，宣傳組織革命、財產革命、學理革命，又創辦佛學院，欲以宗教之力推行人間之事業，弟子、道友倡而廣之，即今日所謂人間佛教。此種體系雖可從《維摩詰經》「隨其心淨，則佛土淨」、《增一阿含經》「諸佛皆出人間，終不在天上成佛也」之類的語句中找到些許理論支持，但欲將佛教緊密聯繫人間社會之事業，則屬國人憂國愛民之創新。人間佛教之改革，就過程而言，極類禪宗在中國之建立，雖然託名佛陀，但其精神面貌則完全出於中國。禪宗為維繫法脈正統，曾杜撰出「佛指拈花，迦葉微笑」的典故，但一切經文皆不載此事，直至宋代方有人編造偽經《大梵天王問佛決疑經》而收錄此事。〔註6〕禪宗法脈既不上承佛陀，然則太虛接續禪宗法脈，亦非源出原始佛教之哲學，此事不言而喻。蓋民國諸人皆有救國之心，儒家在新文化運動中成為眾矢之的，被視為令中國國力衰微墮落之元兇，故究竟以何者充任社會主流意識形

〔註5〕《緇門警訓》卷第六《怡山然禪師發願文》，大正新修大藏經第 48 冊，No.2023。

〔註6〕宋晦岩智昭編《人天眼目》卷之五《宗門雜錄》：「王荊公問佛慧泉禪師云：『禪家所謂世尊拈花，出在何典？』泉云：『藏經亦不載。』公曰：『餘頃在翰苑，偶見《大梵天王問佛決疑經》三卷，因閱之，經文所載甚詳。』」按，《大梵天王問佛決疑經・序品》載世尊飛行至震旦（中國之古稱）之五臺山，宣說觀世音菩薩曾三次降世教化中國，分別宣說「天理五行氣變，作吉凶法」「地利百藥醫毒，助人間氣」「人倫心法大道，身法五倫」，其中又摻雜五德（五行）之說，一望即知為國人所造之偽經。

態，藉以收凝聚人心之效，成爲當時爭論的焦點問題。其時備選者，其一爲清朝的遺老、沒落文人所倡議的「孔教會」，其欲將孔子神格化，以儒學爲宗教、孔子爲教主，名爲復古，意在保皇。袁世凱政府曾著力推行，但因逆潮流而動，不得人心，最終衰微消亡。其二爲陽明心學。梁啓超云：「（日本）維新以前所公認爲造時勢之豪傑，若中江藤樹，若熊澤藩山，若大鹽後素，若吉田松陰，若西鄉南洲，皆以王學後輩，至今彼軍人社會中，尤以王學爲一種之信仰。夫日本軍人之價值，既已爲世界所共推矣，而豈知其一點之精神教育，實我子王子賜之也。我輩今日求精神教育，捨此更有何物？」〔註7〕中國近代時陽明心學重新興起，孕育出大批救亡圖存的愛國志士，實多受日本維新風氣之影響。但陽明心學強調「致良知」「知行合一」，要求人人順應心中良知而行，學力不夠者難免錯認自己的意念甚至私欲爲良知，因而服膺陽明心學者雖多，各人政治傾向卻不盡相同，是故薰陶之功雖久，凝聚之力卻薄。其三爲引進基督教。陳獨秀《答劉競夫》云：「吾之社會倘必需宗教，余雖非耶教徒，由良心判斷之，敢曰推行耶教勝於崇奉孔子多矣，以其利益社會之量視孔教爲廣也。」〔註8〕陳氏欲效法歐美，引入基督教以利益社會，代表了當時留學歸來的一部分新式人才的共同見解。但中國的佛教、道教都有廣泛的群眾基礎，基督教雖然已經傳入，仍然比較小眾化，加之近代中國飽受洋人堅船利炮的侵略，普通民眾對於洋教缺乏好感，因而基督教無力擔負起社會道德之責。其四爲馬列主義。中國共產黨人以此作爲精神指引，伴隨著中國工人階級的成長壯大和工人運動的迅速發展，團結工人、農民、知識分子等各種力量，組成了最廣泛的統一戰線，最終成功奪取政權，建立了新的中華人民共和國。從佛教之外的四種備選方案來看，馬列主義被歷史實踐證明可行，其餘三種則難堪大任。太虛法師生於清光緒十五年（1890）臘月，卒於新中國成立之前，是以其成年出家之時馬列主義尚未傳入中國，所見者唯有佛教而已。太虛一度與晚清時廣州的革命黨人來往密切，故宗教革命之念久縈心中，其意蓋欲先整頓佛教，再以全新面貌的佛教教化眾生、收拾人心，此即其倡導人間佛教之最終意圖。

〔註7〕梁啓超《德育鑒》，《飲冰室合集》專集之二十六，中華書局，1989年，第42頁。
〔註8〕水如編《陳獨秀書信集》，新華出版社，1987年，第136頁。

民國「孔教會」徽章

太虛自云：「我國自來重道德，講性理，人皆謹於禮法，安乎分位；洎乎西學東漸，群言繁興，互相反對，互相詆斥，（此為西學之特點，其弊在於諸學分立而無最大之系統以為歸依，是以各樹一幟互不相下。）入主出奴，齗齗逞辯，充耳囂然，莫衷一是。吾國才智之士尤而傚之，本其思想自由、言論自由，遂將從前藩籬一蹴而去。至於今日，道德破壞，性理淪胥，奔突放逸，莫能得一新軌範以為歸依，充其思想之紛飛將不可收拾。唯有佛法廣大圓融，深奧莫窮，具清淨無上之道德，有一真不二之妙理；闢妄見真，摧邪顯正，所以浹洽人心，軌範士論，捨佛法其誰與歸！」〔註9〕然則太虛革新佛教實欲以此為起點，其意並非專在宗教領域，此亦為顯然之事。然而佛教積弊日久、宗派甚多，以一人之力而欲顛覆舊規，此事阻力甚大，故而耗費終生亦未能完成，是以不能旁及其他領域。概言之，主要阻力有三：

其一為佛教舊派系之勢力。太虛著意革除以前在帝制環境中所養成並流傳下來的染習，廢除神道設教的迷信，停止盲修瞎煉的枯禪，規範寺院戒律化管理，以佛教財產而辦公共事業。超度、開光、卜算、驅邪為佛教舊日的重要牟利手段，其事雖不合於佛教主旨，但在中國盛行已久，民眾亦有此心理需求，今若欲一舉蕩清，勢必觸犯到幾方利益。僧人遊學轉益求法，師徒私相剃度，本為禪宗最流行之做法。慧可求法於達摩，調心於酒肆屠門；慧能悟法於黃梅，帶髮食肉邊菜。祖師榜樣在前，而欲皆以戒律繩之，廢止僧人自修自練，與禪宗灑脫不執之精神相悖。至欲接管佛教寺院土地、財產，

〔註9〕《太虛大師全書》第一卷《法藏‧佛法總學一》，宗教文化出版社，2005年，第111頁。

藉以興辦佛教大學，則是撼動寺院經濟根本，傷害諸僧世俗利益。惟太虛果敢莽撞，不能漸次推行其路線，而在金山寺舉行的中國佛教協進會成立大會上，將改革意圖公然拋出，與居士楊仁山強行封管金山寺財務，遂與寺僧矛盾激化，最終釀成流血衝突，事亦不果行。此種效法革命黨人搶班奪權的舉動，遭到舊派僧人的抵制自在情理之中。

其二為理論體系之矛盾。太虛與歐陽竟無皆有跟隨居士楊仁山學習的一段經歷，且兩人慾以佛教收拾人心的意圖若合符節。歐陽竟無云：「中國內地，僧尼約略總在百萬之數。……其大多數皆游手好閒，晨夕坐食，誠國家一大蠹蟲，但有無窮之害，而無一毫之利者。」〔註10〕歐陽竟無亦欲革新佛教，倡言「佛法非宗教、非哲學，而為今時所必需」，並繼承居士楊仁山的遺志，主持金陵刻經處，創辦支那內學院，培養佛教人才甚夥。歐陽竟無所行之事業，與太虛大致相當，且兩人本為志同道合之同窗，但在佛教理論方面卻多有齟齬。楊仁山自《大乘起信論》（以下簡稱《起信論》）悟入，太虛亦執取此論，而歐陽氏則站在唯識宗的立場上，以阿賴耶識緣起論批判《起信論》的真如緣起論，進而認為《起信論》諸家判教皆有錯誤。真如緣起論，強調真如自性清淨，因無始以來一念無明（即「根本無明」），遂虛妄執著而萬象皆生。真如與無明不一不異，無明之自性即為真如。真如亦與無明彼此相薰，真如受無明薰習而有染法，生死輪迴因此而起；無明受真如薰習而生淨業，解脫之果由此而生。歐陽竟無則認為，真如若為清淨本體，則必不受薰染，與無明相對者應為正智。真如與正智有體用、性相之別，不可混而為一，真如本體不當與生滅相應。若論緣起，則只可從阿賴耶識、正智立論，「《起信論》立真如、生滅二門，是也；立生滅門，不立正智為本，而一本於真如，謬也」，「隨緣是相用邊事，不動是體性邊事。《起信論》說真如不動，是也；說真如隨緣，謬也；說真如隨緣而不動，謬也」。〔註11〕中國若干本土宗派，譬如天台宗、華嚴宗，皆以真如緣起立論，故歐陽氏之論屬於從根本上動搖中土佛教的根基，所以包括太虛在內的一干高僧群起而與之論辯，印光乃至直斥「歐陽竟無乃大我慢魔種，借弘法之名，以求名求利。其以《楞嚴》《起信》為偽造者，乃欲迷無知無識之士大夫，以冀奉己為大法王也」。〔註12〕當今佛學者大多亦對歐陽氏頗有微詞，然駁斥之法亦不過用

〔註10〕 王雷泉編《歐陽漸文選》，上海遠東出版社，2011年，第77頁。
〔註11〕 《藏要經敘・大乘密嚴經》，金陵刻經處《歐陽竟無內外學》本。
〔註12〕 《印光文鈔三編》卷四《復李覲丹居士書》，蘇州弘化社，2012年。

其他經典印證《起信論》之文，主張歐陽氏理解有誤，左右不過舊調重彈，難為定論。憑心而論，歐陽氏指斥《起信論》真如緣起論，強調真如本體既然清淨，則必不受無明薰染，而真如亦不能渲染無明，只可為正智助緣，此邏輯並無問題，但正智與真如若非自性同一，則由正智終不能歸入真如，並最終證得無餘涅槃。正智的自性若仍是真如，然則真如、無明的關係仍然是非一非異，中間雖然增加了正智的概念，只不過是多了一層媒介，並不影響最終的結果。歐陽氏欲以唯識論匡正中土佛法，然無論唯識抑或是其他大乘宗派，所面臨的其實都是共同的問題，亦即如何實現解脫之後的起用。因為大乘菩薩階層的存在，在獲得解脫正智之後，不是在肉體入滅時進入無餘涅槃，而是需要繼續出現在人間，化導眾生。大乘這種針對原始佛教教義的篡改與發展，在拔高佛菩薩境界、拓寬佛教宗教化線路的同時，也帶來了理論基礎上的危機。原始佛教可以將世俗緣法與出世涅槃相對立，承認肉體存在即受限於緣法，肉體入滅即涅槃清淨，但大乘諸宗卻需要解決為何已經具有清淨解脫智慧的佛、菩薩，仍可不斷現身於輪迴之中，卻不會再受無明染污。《起信論》宣稱真如、無明不一不異，本是一種巧妙的答案，但隨即帶來了真如若不異於無明，則涅槃本體亦可能被薰染的危機；若像歐陽氏一樣強調真如本體不受薰染，雖然保住了無餘涅槃之境界，但若想令涅槃真心生出萬法，以實現解脫之後的起用，將又會處於正智、真如二者自性不同的悖論。歐陽竟無、太虛皆有意革新佛教理論，但兩人均先入為主皈依大乘，因而其論爭也只是大乘內部派系之爭，既不可能互相說服，也不可能得出此是彼非的結論。因此緣故，大乘諸派系的理論統合工作終究無法完成。

其三為日系佛法的參與。太虛圖謀遠大，其意不止中國一地，另欲聯合日本佛教勢力，以傳佈佛教於歐美。1923 年，太虛恢復廬山大林寺，發起成立世界佛教聯合會，日本代表團佐伯定胤、木村泰賢等聞風而動，率隊參加了第一屆成立會議。日本佛教團亦有意將佛教推向世界，但並非想要襄助太虛之事業，而是欲借機宣講日本佛教之優勢，並認為彼國佛法更契合大乘佛教運動之精神。簡言之，日本希望爭奪佛教運動的領導權，並以此作為親善蒙藏、統率中國的文化跳板，為日軍擔任東亞圈領袖乃至全面侵華充作先導。彼此利用之下，看似佛教全面復興，實則各懷心思，佛教一體化更加難以實現。

太虛本為一卓越社會活動家，其欲整頓中國佛教，亦希望借助政壇權要之力。1935 年 1 月 19 日，太虛寄信蔣介石，其中敘及「李基鴻子寬有願轉

任內政部禮俗司長，以從事整頓中國佛教之僧寺，俾能有益國民而不致徒爲社會贅疣，爲蒙垂許，乞囑黃部長提置之爲幸」，中央黨部秘書處處理意見謂「太虛以方外人，而居然爲他人要官，未免可笑，擬不覆」。〔註13〕不僅代人求官，太虛還多次寄電蔣介石，不僅請求設立「整理僧寺委員會」，並提前擬好了指導或顧問清單，還因爲武昌佛學院地址拆遷、「菩薩學處」經費劃撥等項奔走，又請蔣介石爲中國宗教徒聯誼會頒發訓詞，皆屬借助政治勢力以推行佛教改革，與道安「不依國主則法事難立」一脈相承。太虛對世俗活動之熱切，還可以舉兩事言之：太虛於 1913 年即上書參眾兩院，呼籲佛教徒同有參政之權，〔註14〕此後還申請加入國民黨，但未獲批准；〔註15〕1936年，太虛又因國民大會即將舉行，特撰寫《僧尼應參加國民大會代表選舉》一文，再次主張僧尼應享有選舉權與被選舉權。太虛認爲佛教徒作爲世界的一份子，應當積極關注公共事務，爲自己的階層爭取權益，因而一度被冠以「政治和尚」的外號。歐陽竟無等人對此舉則表現出了明顯的戒心，認爲「出家者應行頭陀、居蘭若，不應參與世事，不應服官，不應赴考，出家參政大違戒律，亦有礙世法」。〔註16〕連佛教革新派內部都無法統一思想，則整頓佛教以收拾人心的美好願景，畢竟只能落空。

太虛的佛教改革運動雖然未能成功，但卻是一次大膽的嘗試，這種熱切關注現實的人間佛教，此前亙古未有。佛教除了哲學化、宗教化兩種路線之外，出現了第三條徹底世俗化的路線，儘管仍然託靠佛教之名，實際上卻試圖將宗教演變爲一種社會化的團體組織。人間佛教完全背離了原始佛教的出世精神，與大乘各宗派的主旨也迥然有別，既不一心尋求個體的涅槃解脫，也不刻意追求彼岸的淨土世界，而是欲在人間建立佛國，導化眾生以止於至善。太虛所開闢的這條路線被當今的許多僧人繼承，甚至一度有發揚光大之趨勢。今日中國大陸之佛教不但積極參政，而且接受中國共產黨的領導，並作爲維繫民族團結的重要手段，在社會現代化建設中發揮著作用。臺灣佛光

〔註13〕臺灣國史館藏《太虛函蔣中正得法尊來信述收服西藏事頗詳轉呈裁擇及請提置李基鴻任內政部禮俗司長》，歸入蔣中正總統文物／特交檔案／一般資料，件號民國二十四年（三）/127。

〔註14〕印順《太虛大師年譜》，臺北正聞出版社，1980 年，第 29 頁。

〔註15〕據太虛自陳，此事爲寺僧以己名義而發起入黨申請。詳見《申報》1928 年 8月 22 日第 21 版文章《風雨瀟瀟憶太虛》。

〔註16〕歐陽漸《因僧尼參加國選辨方便與僧制》，《佛學半月刊》1936 年第 6 卷第 22期，第 17～18 頁。

山、慈濟等佛教組織，也在社會公共秩序中充當了重要的角色。儘管以上寺院、組織未必皆與太虛有直接的傳承關係，但其倡導佛教關注人間、參與人間、建設人間的精神，實與人間佛教一脈相承。佛教的宗教化改革，至此已基本完成，最終在現代社會中找到了自己的定位，至於是非功過，恐怕尚要留待未來評價。若從大乘教義而言，世間萬相原本虛妄不實，所謂以佛法化導人間云云，本為幻上修幻、聚沙成塔，全然是白費工夫，而一切國土、眾生自性本來清淨，既無須後天人為染淨，亦不可後天人為染淨。人間佛教的世俗化改革，很難不將佛教導向功利化、實用化、庸俗化。宏大的框架構思雖然精妙，但當僧人個體尚未覺悟，解脫正智仍未具足，所謂「以出世之心作入世之事」根本無從談起，難保不會成為塵心熾盛的遮羞布。

　　與此同時，歐陽竟無的堅持也後繼有人。太虛與歐陽竟無的爭論，並不僅僅是在大乘教義上、在僧人對社會的態度上，而是有更深層次的意義。儘管歐陽竟無強調「佛教非宗教、非哲學」，並分別羅列了若干條理由，其破除宗教之說尚可立足，蓋佛教本來面目為一原始哲學，與宗教精神並不盡符（譬如佛教並不崇拜至高神），但破除哲學之說未免過於牽強。首先，歐陽竟無稱哲學必執定實有一種真理，而「佛法但是破執，一無所執便是佛也」，然而按此邏輯，「一無所執」即是佛教徒眼中的一種真理。「不執」之執，亦屬執念，恰如《金剛經》云「若人言如來有所說法，即為謗佛」，而此語亦為如來所說法。其次，歐陽竟無又謂哲學一切討論皆不出計度分別，「不達此阿賴耶」，「若必談知識之本源，惟有佛法為能知也」，即使站在唯識宗的立場上，歐陽氏此論亦僅能作證己方之認識論勝於其他哲學，而不能作證唯識宗並非哲學之一種。再次，又謂哲學家所論皆為今日世界，且執現象實有，不知「三界唯心，萬法唯識，故宇宙離識非是實有」。此亦與上條相似，即使論點無誤，也僅能作證唯識論勝過其他哲學。是以縱觀歐陽竟無 1932 年在南京第四中山大學所做演講《佛法非宗教、非哲學而為今時所必需》，其本意雖謂佛法非宗教、非哲學，實則謂佛法非宗教，而勝過其他哲學。凡其所否定哲學之處，皆為哲學理論內部之探討，而非如否定宗教時直擊要害，校驗其必須具備之特徵。蓋唯識論本為大乘佛教諸宗之中最接近現代哲學者，其著力描述世界生成體系與「轉識成智」的解脫方式，既側重理論概念的剖析區分，又強調因明學之邏輯，故可以直接與現代哲學相對話。歐陽氏欲以唯識宗兼容其餘佛教大乘宗派，凡與本宗理論不相融合者，皆在其破除

之列，《大乘起信論》即首當其衝。從根本意義上而言，歐陽竟無的所作所為，是嘗試重新將佛教哲學化，惟其終點並非回歸至原始佛教，而是立足於唯識宗。與太虛的人間佛教類比，歐陽竟無所堅持的這條道路，是一條讓大乘佛教減少宗教因素干擾、更為純粹學理化的道路。遺憾的是，歐陽氏並未鮮明地提出自己的改革主張，而他所力主的唯識宗終究不過大乘佛教之一種宗派，並無徹底兼容其他宗派的能力，反而引發了宗派之間的攻訐與混戰。歐陽竟無的弟子呂澂、王恩洋等人，不僅繼承了其師的思想傾向，而且沿此狹路前進得更遠。以呂澂為例，他不僅認定《大乘起信論》為偽書，而且將《占察》《金剛三昧》《圓覺》《楞嚴》等主張「真如緣起論」的典籍統統認定為中土偽作，實欲將與唯識宗「阿賴耶識緣起論」不合者一網打盡。站在原始佛教的立場之上，此類大乘佛經皆為後世所造，認定為非佛所說之偽作並無問題，但其產生之地卻未必為中土；站在大乘佛教的立場之上，主張「真如緣起論」諸經，其實與唯識宗諸經同源而異支，認定己是而彼偽，其實不過屬內部派系之爭鬥。但是這種宗派間的論爭並非毫無意義，它讓佛教徒從宗教的盲從信仰中抬起頭來，開始關注經文本身的資料性、概念性、歷史性，從而使學理性的哲學研討變得可能。今日中國之佛學院，將佛教視為哲學而進行研究的學者主要有兩類：其一，以哲學研究之名而維護宗教之實。雖然這批學者使用了學術化的語言，但所運用的仍然是宗教的邏輯，其中又以鼓吹人間佛教者居多。其二，使用西方哲學的邏輯體系，對佛教的哲學理論進行分析研究。這類學者大多以研究唯識宗為主，雖然他們的觀點與歐陽竟無及其弟子不盡相同，但所延續的正是歐陽氏當年所開闢的哲學化路線。

第三節　尾　聲

　　佛教從一門古印度的生命解脫哲學，在不斷向外輻射傳播的同時，逐漸演變為一種教義複雜、部派林立的宗教，並在傳入中國之後徹底影響並改變了中國的傳統文化、藝術、思想，最終凝固為中華文明的重要組成部分。在中國數千年的古代歷史中，從未有任何一種外來思潮能夠與佛教所起的作用相提並論。佛教不僅改變了中國的歷史進程，而且深刻地改變了中國人的性格與氣質。中國人習慣於以儒致世，以道養身，以佛修心，在如何對待自己的生命方面，有著一套約定俗成的、相沿不變的理論體系。看似是互相矛盾

的理論，中國人在接受與運用上卻並沒有多少障礙，甚至稱得上是如魚得水，而在其中擔任媒介作用的就是佛教。佛教與儒家理論結合，催生出了宋明理學，幾乎籠罩了中國宋代以後的官方意識形態；佛教又爲道教的理論化、系統化提供了寶貴的素材、方法論與參照物，使道教在外丹派屢屢碰壁之後，又開闢出了內丹派一脈，並頑強地生存下來，延續至今。佛教對於中華文明的啓發、孳乳之功，無論如何描述亦不爲過，「民到於今受其賜」。

　　從佛教自身的發展而言，東漢至魏晉是佛教的初創期，南北朝至晚唐五代是佛教的繁榮期，宋元兩朝是佛教的穩固期，明清兩朝則是佛教的衰滅期。近代以來，佛教革新運動如火如荼，則應當屬於中興期。不同分期的出現，可能與胡僧的外來狀況、佛經的翻譯流通狀況、朝廷對佛教的支持狀況、本土僧人的授受傳承狀況密切相關，但就其本質而言，則不外乎是哲學性與宗教性的兩大衝突。若改以最終目的而論，則屬於「實現個體解脫」與「服務世界眾生」兩條路線之間的衝突。簡括言之，當佛教更加宗教化，以服務世界眾生作爲主要目的時，其寺院經濟狀況往往會較爲樂觀，僧侶數量急劇增加，但教眾的整體素質則大幅度下滑，靈異化、神秘化大行其道。當佛教更加哲學化，以實現個體解脫爲主要目的時，情況則截然相反。若站在原教旨主義的立場上，自釋迦牟尼去世之後，他提出的生命哲學理論就一直在不斷變異，儘管他的境界和地位被吹捧得越來越高，但他當初所堅持的一切，在今日的大乘佛教中卻幾乎被全部扭轉。釋迦牟尼是一位自律甚強之人，不但反對任何形式的偶像崇拜，也拒絕鼓勵任何會滋生欲望的念頭，因而要求弟子不得參與或從事任何商業活動，乃至不得手碰金錢，只許終身乞食爲生。今日中國佛像不盡其數，僧眾以跪拜、讚美佛陀爲日常功課，若干寺院財產數額積累至龐大之數，又以「人間佛教」爲名義參與各種社會活動，乃至從事各種政治學習，種種表現皆與原始佛法相去甚遠。惟佛教之變異並非始於今日，而古德高僧對此也有清醒認識，預先提出了正法、像法、末法三段之說。若準此論，則我輩已處於末法時代。末法時代是佛法衰頹的時代，各種託佛假說遍地流行，聽聞正法極難，證得解脫者更是絕無僅有。當此末法時代，中國佛教除人間化、學理化的兩大思潮之外，另有一股回歸原始佛教、探尋佛陀眞正教義的風氣在漸次生起，雖然仍不成氣候，但卻已暗流湧動。這類原教旨主義者，對於哲學思辨無甚興趣，對於人間功名利祿懷有戒心，也不奢求能慈航普度，而只希望解脫生死，實現個人的清淨涅槃。他們

出生在大乘佛教興盛的中國，亦多由大乘佛教入門，但由於瞭解歷史文獻流變，而對大乘佛經、制度產生了懷疑，開始自覺地學習南傳佛經與教法。站在大乘佛教的立場視之，這是一批「回大向小」的佛教徒，屬於根器不足、不堪承受大乘妙法者；站在原始佛教的立場視之，這一批信眾則是能夠不為像法所擾惑，勇於追尋佛陀本意的虔誠求法者。孰是孰非，筆者難下斷語。若相信釋迦牟尼已經獲得了解脫，則其理論方法至為關鍵，既無需後世修正，也不該增補拓展，因為任何改動都可能導致無法獲得解脫；若不相信釋迦牟尼獲得了解脫，抑或並不以追求解脫為目的，則佛教的世俗化、大乘化、人間化就變得十分關鍵，唯有如此，佛教才能適應時代的發展，並在現代社會中找到自己存在的價值。解脫與否，無法通過科學實驗驗證，而只能通過先驗的信仰來抉擇，這是佛教這門生命哲學的最關鍵、最核心的命題，也是它最終被導向宗教化的根本緣由。

　　佛教未來到底應當如何，是正本清源，回歸到最接近佛陀原始面目的理論體系，還是繼續發展變異，不斷吸收新的營養成分，以更好地順應時代，這並不是筆者想要回答的問題。對於眾生而言，歷史的真相是否最重要，因為唯有最真實的才最具有力量？又或者歷史的真相只是相對的，能令民眾普編相信的真實才更持久有效？——筆者曾對此思索良久，然而仍沒有答案。本書的寫作意圖，只是希望提供一種較為準確、明晰的佛教演變史，以供對佛教有興趣但仍未得其門者參考。筆者研讀佛教典籍已逾二十年，但既非宗教界僧侶，亦非專門的佛學研究者，因而對於當前佛教界的種種情態，更多是採取冷眼旁觀的姿態。作為一位從事古典文獻學研究的後輩學者，筆者只關心文獻內容本身以及版本演變的痕跡，而對一切所謂高僧、權威、菩薩、大師的再次詮釋頗具戒心。任何講經開示、注疏著作若違背了經文的本意，即便是很好的創造發揮，也已非佛經本旨，只能代表其個人的立場。筆者還堅信，一切學術史、普及類著作，若企圖以高深的理論來敍述極為淺顯的道理，則作者跡同詐騙；若不能以淺顯的語言說明高深的道理，則作者原非深知。基於這一立場，本書並不想針對具體的、細微的內容進行繁複的論辯，而只想把握佛教主要的發展脈絡，用簡潔明快的語言予以描述。然而在本書的寫作過程中，許多概念為了力求準確，不少描述為了輔以論據，還是不得不沾染上了較多的學術氣息，儘管這並非筆者的本意。

　　千篇一律、人云亦云的著作，毫無存在的價值，因而本書所及均為筆者

歷年研思所得，絕少模擬前人，細心披閱者自可辨知。其中若干概念、觀點與當前佛學界相左，此亦在所難免，尚祈各位方家予以批評指正。另，在規劃本書的章節框架之時，筆者原本設想另闢一章，對中國當前幾大佛教宗派的宗旨、源流、弊端進行評述，但出於現實的種種顧慮，兼之不欲令全書的篇幅過長，最終並未著筆。筆者讀經多而讀論少，對於後世宗派的瞭解恐不及旁人，也許藏拙不出反而是一樁幸事。如若有緣，以俟來日。

主要參考文獻

一、著作類

（一）經藏叢書

1. 《大正新修大藏經》（及《大正新修昭和法寶總目錄》）。
2. 《卍新纂大日本續藏經》。
3. 中華書局影印本《思溪藏》
4. 線裝書局影印本《磧砂大藏經》。
5. 北京圖書館出版社影印《趙城金藏》。
6. 元亨寺版漢譯《南傳五部經律》。
7. 莊春江譯《南傳四部阿含經》。
8. 明正統刊本《道藏》。
9. 清文淵閣本《四庫全書》。
10. 新文豐版《嘉興大藏經》。
11. 清乾隆武英殿刻本《二十四史》。
12. 商務印書館百衲本《二十四史》。
13. 臺灣成文出版社《中國方志叢書》。

（二）國外著作

1. 【印】K. M. 潘尼迦著，簡寧譯《印度簡史》，新世界出版社，2016 年。
2. 【印】恩·克·辛哈、阿·克·班納吉著《印度通史》，商務印書館，1973 年。
3. 【印】斯瓦米·洛克斯瓦南達著，聞中譯《印度生死書》，浙江大學出版社，2013 年。

4. 【法】迭朗善譯，馬香雪轉譯《摩奴法典》，商務印書館，1982 年。

5. 【朝鮮】徐居正《東文選》，太學社 1975 年影印朝鮮時代刻本。

6. 【高麗】一然《三國遺事》，嶽麓書社，2009 年。

7. 【朝鮮】鄭麟趾等《高麗史》，西南師範大學出版社，2014 年。

8. 【日】小野玄妙《佛教經典總論》，臺北新文豐出版社，1983 年。

9. 邵瑞祺《來自犍陀羅的佛經古卷：大英圖書館藏佉盧文殘片》，華盛頓大學出版社，1999 年。

（三）中國著作

1. 王欽若等《冊府元龜》，明刻初印本。

2. 司馬光《資治通鑒》，《四部叢刊》景宋刻本。

3. 段成式《酉陽雜俎》，《四部叢刊》景明本。

4. 王溥《唐會要》卷八十八，清武英殿聚珍版叢書本。

5. 王昶《金石萃編》，清嘉慶十年刻同治錢寶傳等補修本。

6. 徐松《宋會要輯稿》，中華書局，1957 年

7. 陳智超編《陳垣來往書信集》，上海古籍出版社，1990 年。

8. 白化文等修訂校注《入唐求法巡禮行校注》，花山文藝出版社，1992 年。

9. 向南《遼代石刻文編》，河北教育出版社，1995 年。

10. 中國第一歷史檔案館編《康熙朝滿文朱批奏摺全譯》，中國社會科學出版社，1996 年。

11. 印順《太虛大師年譜》，臺北正聞出版社，1980 年。

12. 呂澂《呂澂佛學論著選集》，齊魯書社，1991 年。

13. 梁啓超《梁啓超全集》，北京出版社，1999 年。

14. 錢鍾書《管錐編》，三聯書店，2001 年。

15. 李際寧《佛經版本》，江蘇古籍出版社，2002 年。

16. 《太虛大師全書》，宗教文化出版社，2005 年。

17. 《全宋文》，上海辭書出版社、安徽教育出版社，2006 年。

18. 黃寶生譯《奧義書》，商務印書館，2010 年。

19. 黃寶生譯《薄伽梵歌》，商務印書館，2010 年。

20. 王雷泉編《歐陽漸文選》，上海遠東出版社，2011 年。

21. 巫白慧《吠陀經和奧義書》，中國社會科學出版社，2014 年。

二、論文類

1. 余嘉錫《北周毀佛主謀者衛元嵩》，《輔仁學誌》2 卷 2 期，1931 年 9 月。

2. 歐陽漸《因僧尼參加國選辦方便與僧制》,《佛學半月刊》1936 年第 6 卷第 22 期。

3. 崔巍《山東省莘縣宋塔出土北宋佛經》,《文物》1982 年第 12 期。

4. 羅炤《〈契丹藏〉與〈開寶藏〉之差異》一文,載《文物》1993 年第 8 期。

5. 韓廷傑《〈島史〉選譯》,《甘露》1995 年第 4 期。

6. 何梅《南宋〈圓覺藏〉、〈資福藏〉探究》,《世界佛教研究》,1997 年第 4 期。

7. 戴建國《唐〈開元二十五年·田令〉研究》,《歷史研究》2000 年第 2 期。

8. 何梅《北京智化寺元〈延祐藏〉本考》,《世界宗教研究》,2005 年第 4 期。

9. 楊衛東《與〈契丹藏〉有關的一件石刻》,《文物春秋》,2007 年第 3 期。

10. 李際寧《近三十年新發現的佛教大藏經及其價值》,收入《第二屆世界佛教論壇論文集》。

11. 【日】上杉智英《後思溪藏版大藏經目錄研究——現存文本及其相互內在關係之考證》,《佛教文化研究》第三輯。